Bert Hellinger   Wir gehen nach vorne

Bert Hellinger

Wir gehen nach vorne

Ein Kurs für Paare in Krisen

Carl-Auer-Systeme Verlag

Über alle Rechte der deutschen Ausgabe verfügt Carl-Auer-Systeme
Verlag und Verlagsbuchhandlung GmbH, Heidelberg, www.carl-auer.de
Fotomechanische Wiedergabe nur mit Genehmigung des Verlages
Typographie: Philipp Luidl, Diessen
Satz: Monika Hendlmeier und Hans-Joachim Reinecke, Regensburg
Schrift: Sabon, entworfen von Jan Tschichold
Papier: Schleipen Werkdruck 100 g, chlorfrei, alterungsbeständig
Diagramme: Bert Hellinger, erstellt mit FAMDraw
von Reinecke Expertensysteme GmbH, Regensburg, www.reinecke.de
Umschlaggestaltung: wsp design, Heidelberg
Druck und Bindung: Kösel, Kempten, www.KoeselBuch.de
Printed in Germany 2000

Erste Auflage, 2000

Die Deutsche Bibliothek – CIP-Einheitsaufnahme
Ein Titeldatensatz für diese Publikation ist bei
Der Deutschen Bibliothek erhältlich.

Inhalt

Einführung

Liebe Leser,

der hier dokumentierte Kurs für Paare in Krisen bringt ans Licht, dass Krisen in Paarbeziehungen oft mit Verstrickungen in der Herkunftsfamilie zu tun haben, ohne dass es den Partnern bewusst wurde und ohne dass man einem von ihnen die Schuld geben könnte. Die Partner leiden, obwohl sie einander lieben, und suchen nach Lösungen im guten Willen und in der Überzeugung: »Wenn wir uns nur genügend Mühe geben, muss uns die Lösung gelingen.« Doch da diese Krisen ihre Wurzeln woanders haben, bleiben ihre Appelle an den gegenseitigen guten Willen und ihre Anstrengungen vergebens.

In diesem Buch wird nun gezeigt, wie man die eigentlichen Hintergründe ans Licht bringt und wie überraschend leicht die Lösungen fallen, wenn sie bewusst sind. Die meisten Beispiele hier zeigen, dass einer der Partner gehen will, obwohl er den anderen liebt. Entweder weil das Kind in ihm jemandem aus seiner Herkunftsfamilie in den Tod nachfolgen will, oder weil er das Schicksal eines Ausgestoßenen oder Vergessenen in der Herkunftsfamilie teilen oder er für einen anderen gehen will, damit dieser bleibt. Manchmal aber hindert auch die Bindung an einen früheren Partner die neue Beziehung, vor allem wenn man an ihm schuldig wurde oder wenn er starb und die Lösung über die volle Trauer noch aussteht.

Die wichtigste Methode, um die unbewussten Bindungen ans Licht zu bringen, ist das Familien-Stellen. Es zeigt auch die Wege zur Lösung. Wer aber meint, man könne diese Methode anwenden wie ein Handwerk, das man beherrscht und mit dem man immer wieder das gleiche gute Ergebnis erzielt, der verkennt, dass die Seele sich solchem mechanischen Eingreifen entzieht und widersetzt. Es würde dann zu einem Mittel des guten Willens gemacht und hätte die gleiche Wirkung wie frühere Appelle an Anstrengung und Vorsatz.

Die Liebe, die zur Verstrickung führt, ist zart. Sie fügt sich der Lösung nur, wenn sie geachtet wird und ihr Raum und Zeit gelassen werden für die Einsicht aus eigenem Suchen und für den Weg aus eigenem Sehnen und aus eigener Kraft. Daher geht der Helfer nur so weit, wie es ihm die Seelen der Partner gestatten, und er zieht sich zurück, sobald das Wesentliche ans Licht gebracht wurde. Doch er schwingt in Liebe mit der Seele der Suchenden mit und findet dann Wege, die über das Familien-

Stellen hinausreichen. Das zeigt sich in den lösenden Sätzen der Kraft. Sie sagen laut, was die Seele sucht, und setzen in Gang, was sie im Innersten will. Obwohl sie für jedes Paar anders sind, haben sie etwas Gemeinsames, das auch andere berührt und ihnen Hoffnung und Kraft gibt.

Um die Familienaufstellungen und die Lösungen besser erfassen zu können, wurde in dieses Buch am Ende jeder Therapie eine Zusammenfassung eingefügt. So können die einzelnen Schritte und die lösenden »Sätze der Kraft« nochmals gesammelt bedacht werden.

Dieser Kurs stand wesentlich im Dienst der Versöhnung, und die meisten Beispiele zeigen, wie diese gelingt. Doch es gab in diesem Kurs auch Paare, deren Beziehung keine Zukunft hatte. Zum Beispiel, wenn der oder die Partner sich leichtfertig von einem früheren Partner getrennt hatten oder wenn sie anderweitig auf eine Weise an ihrem Partner schuldig wurden, die nicht mehr rückgängig gemacht werden konnte. Von diesen Paaren haben die meisten ihre Zustimmung zur Veröffentlichung ihrer Arbeit zurückgezogen, verständlicherweise.

Dass es aber auch Lösungen gibt, wenn die Arbeit aussichtslos erscheint und daher abgebrochen wird, zeigt folgendes Beispiel, das mir eine Familienberaterin vor kurzem in einem Brief beschrieben hat:

»Seit kurzem mache ich selber Aufstellungen, und ich möchte Ihnen ein Erlebnis weitergeben, das mich sehr beeindruckt hat. Eine Klientin stellte auf, alles war irgendwie konfus – ich brach ab. Als sie heimfuhr, passierte folgendes:

Je näher sie nach Hause kam, desto schlechter ging es ihr, auch körperlich. Sie machte die Küchentüre auf, ihr Mann (den sie verachtete und von dem sie die Scheidung wollte) wartete auf sie und fragte, was ist. Kaum gab sie Antwort, ging ins Bad, wollte ihr Gesicht und ihre Hände waschen. Als sie so halb gebeugt dastand, blickte sie in den Spiegel, und wie ein Blitz durchzuckte es sie. Sie sah ihre demütige Haltung und wusste: Ich muss in die Knie. Sie tat dies und bat innerlich ihren Mann um Verzeihung. Als sie in die Küche zurückkam, war etwas Unerklärliches geschehen. Alles war anders, die Verachtung war weg. Sie ging auf ihren Mann zu, umarmte ihn und hielt dies gut aus. Die Klientin konnte es nicht begreifen und sagte mir letzthin: Es hält an.«

Alles, was in diesem Buch dokumentiert wird, ist auch als Video erhältlich.

Ob Sie nun diesen Kurs auf Video betrachten oder über ihn in diesem Buch lesen, er lässt die Liebe zwischen Mann und Frau in ihrer Tiefe erleben. Und vielleicht begegnen sich Partner danach mit neuer Achtung vor dem, was sie innig verbindet.

Das wünscht Ihnen

Ihr
Bert Hellinger

Bert Hellinger: **Wir gehen nach vorne.** Ein Kurs für Paare in Krisen.
3 VHS-Kassetten, Gesamtlaufzeit 9 ½ Stunden. Carl-Auer-Systeme Verlag, Heidelberg.
(erhältlich ab Januar 2001)

Dank

Heinrich Breuer hat diesen Kurs umsichtig vorbereitet und organisiert. Ihm und seinen Helfern danke ich herzlich.

Mein besonderer Dank gilt den Paaren. Sie haben vor einem großen Publikum ihre Familien gestellt und der Dokumentation ihrer Arbeit als Video und Buch zugestimmt. Damit haben sie auch anderen Paaren Möglichkeiten der Lösungen gezeigt und ihnen Mut gemacht, der Kraft der Liebe zu trauen.

Danken möchte ich dem Filmteam unter der Regie von Johannes Neuhauser: Wolfgang Lehner, Andrea Rohrmüller, Roman Plank und deren Assistenten. Sie haben diesen Kurs professionell aufgenommen und dadurch diese Dokumentation ermöglicht.

Korrektur gelesen und mir viele wertvolle Anregungen gegeben haben: Dr. Hunter und Colleen Beaumont, Heinrich Breuer, Dr. Otto Brink, Sylvia Gómez-Pedra, Dr. Norbert Linz, Jakob und Sieglinde Schneider, Irmgard Thurmaier und Dr. Gunthard Weber. Ihnen allen danke ich herzlich.

ERSTER TAG

Die Paarbeziehung

HELLINGER Ich begrüße Sie zu diesem Kurs: »Wie Liebe gelingt«, und ich bedanke mich für die freundliche Einladung und Begrüßung und die hervorragende Organisation.

Zu Beginn möchte ich allgemein etwas sagen über Paarbeziehungen.

Der Dienst

Wir geben es zwar nicht gerne zu, aber die Paarbeziehung ist uns das Wichtigste. Sie berührt uns in der Tiefe, ist ein elementarer Lebensvollzug, der weit über uns hinausreicht. Wir meinen: »Ach ja, jetzt habe ich einen Partner gefunden, und jetzt lieben wir uns, und wir werden glücklich.« Aber während wir das denken, sind wir von einer großen Kraft getrieben und von etwas in Dienst genommen, das uns unser ganzes Leben tief bewegt, glücklich macht und schmerzt. An der Beziehung wachsen wir und sterben wir gleichermaßen. Im Wachstum wird etwas überwunden auf Größeres hin. Und so ist es auch in der Paarbeziehung. Was wir dann als Problem erleben oder als Krise, ist Teil dieses Prozesses.

Das Sterben

Wenn ein Paar sich findet, dann sind das nicht nur Mann und Frau, die sich finden. Es sind zwei Familien, zwei Sippen, mit all ihrer Geschichte, mit ihren Schicksalen, Belastungen, mit den besonderen Gaben, die sie haben, und mit unterschiedlichen Werten, die sich verbinden. Das Schwere dabei ist, dass jeder seine Familie und was dort gilt für das Wahre hält und das Richtige. Und da beide das meinen, gibt es einen Konflikt, denn beide Familien sind richtig, obwohl sie verschieden sind. Die Werte der einen und der anderen Familie sind gültig, obwohl sie sich unterscheiden. Und damit fängt der erste Sterbeprozess an.

In der Paarbeziehung gibt jeder etwas auf von seiner Familie, von früheren Werten, von Gewohnheiten, von Auffassungen und Wünschen, und die Konflikte am Beginn einer Paarbeziehung entstehen dadurch, dass jeder meint, er müsste das, was er mitbringt, gegen das des anderen durchsetzen, weil das Seinige das Richtige und Gute wäre. Das ist es aber nicht. Beides ist gültig und daher gleich-gültig. Und so muss man dann über Einsicht und Anerkennung von vielem Unterschiedlichen einen gemeinsamen Weg finden. Dann wird man gelassener. Man hat etwas aufgegeben und etwas ist in der Seele sozusagen gestorben. Es ist überwunden für etwas Neues.

Die Bindung

Etwas anderes ist zudem zu beachten, das bei einer Paarbeziehung oft verkannt wird. Wenn ein Paar sich liebt und die Liebe vollzieht, sind sie beide unfrei. Sie bleiben aneinander für ein ganzes Leben gebunden. Eines der großen Missverständnisse in der Paarbeziehung besteht darin, dass einige meinen, sie seien nach dem Vollzug der Liebe noch frei. Diese Freiheit ist aber vorbei, und das ist nicht steuerbar, sondern vorgegeben. Es gehört zu dem »In-den-Dienst-genommen-Sein«. Wie tief die Bindung ist, werden wir hier, in dieser Arbeit, erfahren.

Also, so weit zur Einleitung. Jetzt beginne ich mit Paaren zu arbeiten. Nachher könnt ihr dazu Fragen stellen, und ich erkläre die Vorgangsweise und die Hintergründe.

Arno und Uschi
»Ich halte dich fest mit Liebe«

HELLINGER *zum ersten Paar* Soll ich mit euch anfangen? Habt ihr nach dieser Vorbereitung noch Mut?
USCHI Mut ja, aber auch Angst.
HELLINGER Um was geht es ?
USCHI Es geht einmal um die Gegenwartsfamilie. Ich denke, da gibt es einige Unklarheiten. Wir tragen zum Beispiel meinen Namen als Familiennamen.
HELLINGER Das ist natürlich schon das erste große Hindernis. *Er lacht.*
USCHI Ja, schon.
HELLINGER Also, noch ein Geheimnis bei Paarbeziehungen: Wer sich durchgesetzt hat, hat verloren.
USCHI Ich habe nicht unbedingt das Gefühl, dass ich mich nur durchgesetzt habe. Ich denke, wir führen da etwas fort, was von beiden Familien mit hereingebracht ist. Das ist mein Gefühl.
HELLINGER Wir werden sehen. Wir werden aufpassen, dass wir das genau herausfinden.
USCHI Mein ganz persönliches Anliegen, unabhängig von der Gegenwartsfamilie, ist auch, meine Herkunftsfamilie aufzustellen, weil ich glaube, dass da für mich persönlich auch noch ein paar Sachen im argen sind.
HELLINGER Wenn ich dich anschaue, stimmt das. Das kann man sehen.
USCHI Ja, wer es kann, kann es sehen. Ich kann es persönlich nicht sehen, aber ich glaube, wer Intuition hat und wer die Fähigkeiten hat, kann es sehen.
HELLINGER Jeder kann es sehen.
zum Mann Willst du auch etwas sagen?
ARNO Ja. Ich denke, es geht in erster Linie um Kompetenzen, wer führt, wer folgt. Da liegt einfach einiges im argen oder läuft einiges gegeneinander. Im Alltag ist das natürlich eine große Schwierigkeit. Ich denke, es ist schon interessant, das auch zu ordnen.
HELLINGER Ja. Die Grundlage der Paarbeziehungen ist die Ebenbürtigkeit. Nur wo sie gewahrt ist, gibt es eine gelungene Paarbeziehung. Sobald einer dominiert, geht die Liebe zugrunde. Habt ihr Kinder?
USCHI Zwei.
HELLINGER Wie alt?
USCHI Knapp drei, knapp fünf.

HELLINGER War jemand vorher in einer festen Bindung?
USCHI Feste Bindung ja, aber keine Ehe. Es gab Beziehungen, die wichtiger waren und ernster waren, aber es gab keine Ehe, es gab keine Kinder.
HELLINGER Okay, wir stellen jetzt auf: den Mann, die Frau und die beiden Kinder.
zu Arno Fängt der Mann an? Hast du schon einmal eine Aufstellung gesehen, wie das geht? Okay, du wählst jetzt für jeden einen Stellvertreter aus, jemand für dich, jemand für die Frau, jemand für jedes Kind. Von hier oder von da, und mache es zügig, es ist völlig egal, wen man nimmt.
HELLINGER *als Arno ausgewählt hat* Ich erkläre dir jetzt, wie man das macht. Du nimmst jeden bei den Schultern, so von vorne mit beiden Händen und stellst ihn an einen Platz, ganz nach dem inneren Gefühl. Du machst es ganz gesammelt, ohne Vorstellung, was du willst, und stellst sie in Beziehung zueinander. Dann sehen wir weiter.
zu den Stellvertretern Und ihr sagt auch nichts. Ihr lasst euch nur aufstellen und achtet auf das innere Gefühl, während ihr da bewegt werdet.

Bild 1a

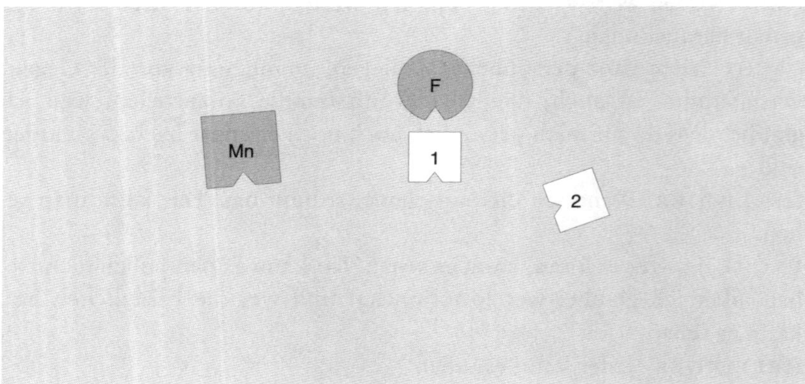

Mn Mann (= Arno)
F Frau (= Uschi)
1 Erstes Kind, Sohn
2 Zweites Kind, Sohn

HELLINGER *zu Uschi* Wie würde die Frau das aufstellen? Gehe ruhig hin. Mache es nach deinem inneren Gefühl.

Bild 1b

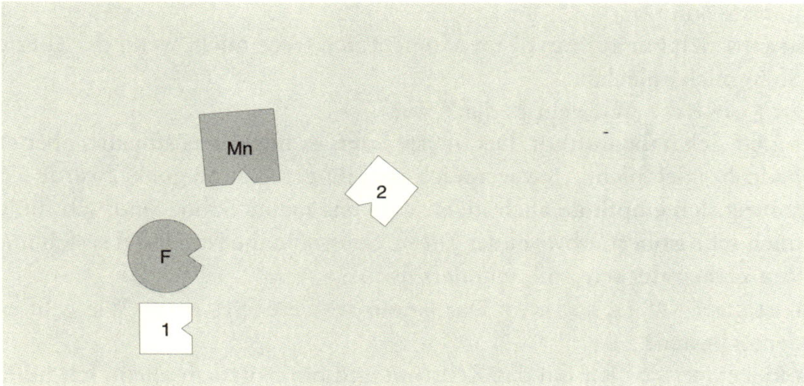

HELLINGER *zu Uschi* Welche von den beiden Aufstellungen ist näher an der Wirklichkeit?
USCHI Also, von meinem Gefühl her natürlich die. So empfinde ich es.
HELLINGER Ich habe nicht nach dem Gefühl gefragt. Welche ist näher an der Wirklichkeit?
USCHI Die hier, ich finde, die hier.
HELLINGER Nein, die andere, die ist viel dramatischer. Die hier ist geschönt.
HELLINGER *zu den Stellvertretern* Stellt euch noch einmal auf die vorhergehenden Plätze.

Bild 2

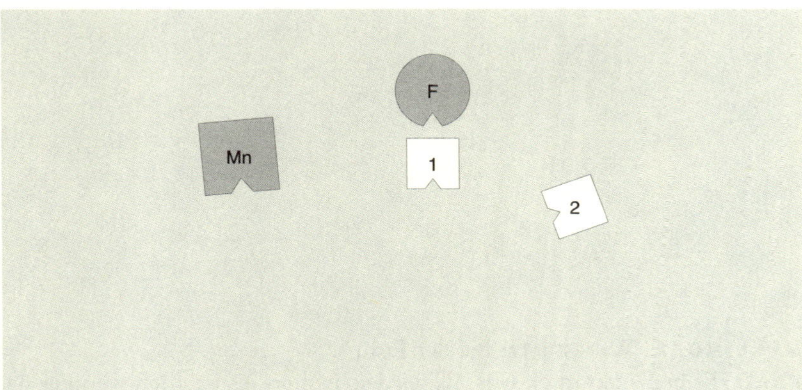

HELLINGER *zum Stellvertreter des Mannes* Wie geht es dem Mann?

Mn MANN Ja, es geht. Ich kann sie nicht richtig einordnen. Ich vergesse zu schnell, wer wer ist.

HELLINGER Also, das ist die Frau, das ist der älteste Sohn, das der jüngste Sohn.

Mn MANN Ich bin außen vor im Moment. Ich freue mich, wenn der älteste Sohn mich anlächelt.

HELLINGER Wie geht es der Frau?

F FRAU Ich habe Luftnot. Der älteste Sohn ist mir etwas zu nahe, aber er bedroht mich nicht. Und wenn ich zum jüngeren Sohn gucke, werde ich traurig. Ich empfinde auch nicht, dass das meine Söhne sind. Ich fühle mich sehr isoliert, obwohl der älteste Sohn so nahe ist. Und dass ich mit ihm verheiratet sein soll, wundert mich.

HELLINGER Ja, so ist es. Das ist ein schweres System. – Wie geht es dem Ältesten?

1 ERSTES KIND Ich bin das Zentrum und bin trotzdem allein. Ich fühle mich unwohl dabei.

HELLINGER Wie geht es dem Jüngsten?

2 ZWEITES KIND Ich bin alleine, ich bin außen vor. Mehr kann ich nicht dazu sagen.

HELLINGER *zur Gruppe* Rein vom Bild würde ich sagen, der älteste Sohn steht da, um die Mutter am Gehen zu hindern. Er versperrt ihr den Weg, dass sie nicht geht.

zum ältesten Sohn Jetzt stelle ich dich einmal raus da.

Bild 3

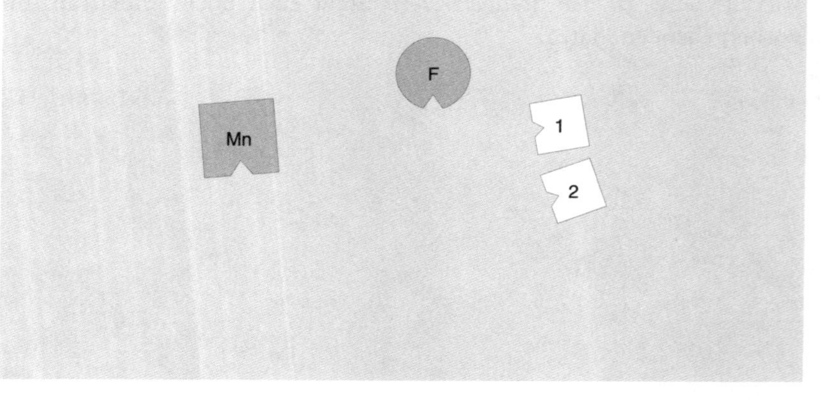

HELLINGER Was ist jetzt bei der Frau?

F FRAU Es bedrückt mich was. Es wird so isoliert, es ist noch weniger da. Eben hatte ich noch etwas Kontakt zum jüngsten Sohn hier. Mit ihm war eigentlich noch am meisten Kontakt. Aber jetzt bin ich ganz allein.

Hellinger stellt die Frau weiter vor.

Bild 4

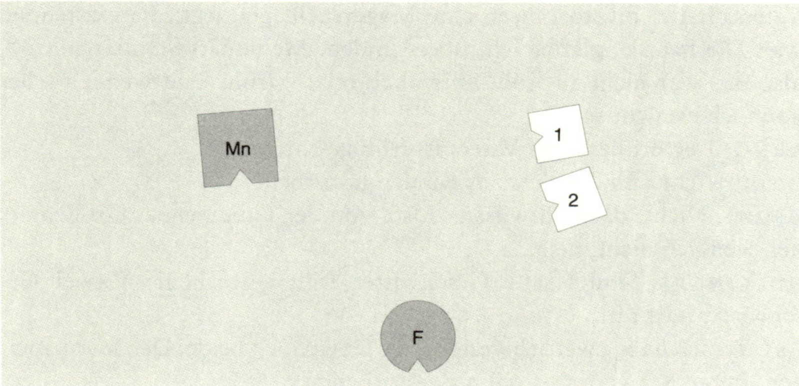

HELLINGER Wie ist das?

F FRAU Besser. Hier habe ich wenigstens Luft.

HELLINGER Also, die Frau will gehen. Die Frage ist, wohin.
zu Uschi Was ist passiert in deiner Ursprungsfamilie?

USCHI Ich habe eine ziemlich enge Bindung zu meinem Vater. Rein gefühlsmäßig denke ich, dass das die engere Bindung war. Mein Vater ist seit einem Jahr tot. Wenn ich lange darüber nachdenke, was in den letzten Wochen hochkam, bin ich überzeugt: Mein Vater war jemand, der gehen wollte, und ich wollte es für ihn tun. Und dass ich da gucken muss, dass ich das nicht wirklich tue. Also, gehen im weitaus dramatischeren Sinn.

HELLINGER *als einige im Publikum schwer verstehen* Du musst deutlich sprechen.

USCHI Ich probiere es noch einmal. In meiner Herkunftsfamilie gab es einen Vater, der meiner Meinung nach gehen wollte, der auch so Andeutungen gemacht hat von wegen: »Da kann ich mir ja einen Strick nehmen.« Er hat mit Suizid gedroht, und ich weiß, dass ich als Kind Angst hatte, dass er es wirklich einmal tun könnte, und wollte als Kind für ihn gehen. Heute ist das noch da. Mein Vater ist vor einem Jahr gestorben, und ich denke, es besteht wahrscheinlich die Gefahr, dass ich ihm jetzt einfach folgen will. Das ist so meines, was ich damit verbinde mit diesem »Gehen-Wollen«.

HELLINGER Ist jemand gestorben in der Familie, früh zum Beispiel?

USCHI In der Familie meines Vaters sind viele früh gestorben.

HELLINGER Wer alles?

USCHI Mein Großvater mit, glaube ich, 49 Jahren, mein Onkel, der Bruder meines Vaters, mit 45 Jahren. Meine Tante, die Schwester meines Vaters, hatte mit 40 Jahren eine Magersucht gekriegt, die existentiell war. Die hat sie, glaube ich, überwunden. Meine Großmutter mit 68, also das war nicht zu früh, aber auch relativ früh. Und weiter vorher kann ich es nicht sagen.
ARNO Der Bruder ihres Vaters ist früh gestorben.
HELLINGER Sind welche als Kinder gestorben?
USCHI Nicht, dass ich wüsste. Also, von der Linie meines Großvaters her, weiß ich nicht, nein.
HELLINGER Sind eigene Geschwister früh gestorben? Wieviel Geschwister hast du?
USCHI Ich habe zwei Schwestern, die leben noch beide. Der Mann meiner älteren Schwester ist mit 35 gestorben.
HELLINGER Der zählt hier nicht. War jemand von den Eltern oder Großeltern vorher in einer festen Bindung?
USCHI Nicht, dass ich wüsste. Also, ich weiß, dass meine Mutter während oder so um die Zeit, als sie meinen Vater schon kannte, einen anderen Mann kennengelernt hat, was wohl auch die Beziehung noch einmal in Frage gestellt hat. Das kam dann durch eine räumliche Distanz gar nicht in Frage. Aber ich weiß, dass sie das erzählt hat und dass es etwas war, was sie sehr bewegt hatte. Das ist das einzige, wo ich weiß, dass bei meinen Eltern noch ein anderer Partner oder ein potentieller Partner eine Rolle spielte. Ansonsten wüsste ich nicht, dass es da andere Frauen oder andere Männer gab.
HELLINGER Also, diesen Mann würde ich noch aufstellen. Wähle jemanden aus und stelle ihn auf.
USCHI Den potentiellen Partner meiner Mutter?
HELLINGER Ja, den die Mutter noch haben wollte. Und dazu auch noch die Mutter und den Vater.

Während die Frau aufstellt, stellt Hellinger die Stellvertreterin der Frau wieder an den vorigen Platz zurück.

Bild 5

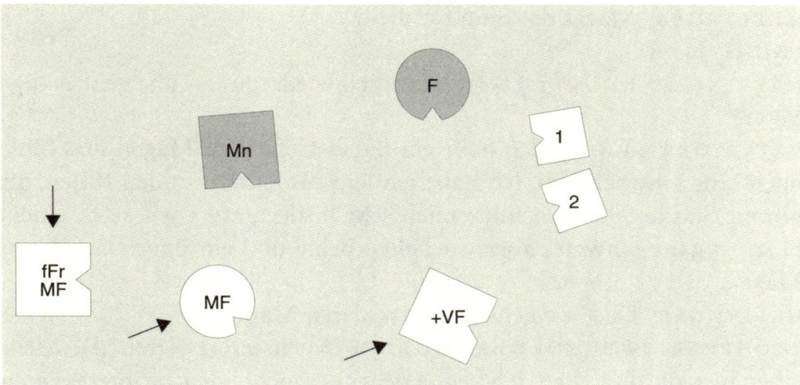

+VF Vater der Frau, verstorben
MF Mutter der Frau
fFrMF Früherer Freund der Mutter der Frau

HELLINGER *zu Uschi* Warst du einmal magersüchtig?
USCHI Tendenziell ja. Also nie wirklich. Ich denke mir, ich bin jemand, der dünn wird, und alles, was Stress ist, schlägt mir auf den Magen. Ich drohe dann abzunehmen. Es geht mir an die Substanz. Aber nicht so, dass es existentiell war.
nach Zurufen mit Bitte um lauteres Sprechen Ich sage, ich bin schon jemand, der auf Stress mit Appetitlosigkeit und mit Nicht-essen-Können reagiert, dass die Tendenz da ist, aber es war nie so, dass es existentiell war, dass ich das Gefühl hatte, ich muss deswegen in medizinische Behandlung. Das hat mich nie bedroht, ich habe es als solches nie erlebt.
HELLINGER Aber die Tendenz ist da. – Was ist verändert bei der Frau?
F FRAU Als ich da am Rand stand und die Familie kam dazu, hatte ich das Gefühl, die schmeißen mich da runter. Ich war vorher gar nicht gewahr, dass da ein Abgrund ist. Und jetzt habe ich das Gefühl, ich kriege noch weniger Luft, vor allen Dingen linksseitig, als würde der linke Hals dick werden. Also, ich fühle mich noch unwohler als vorher.
HELLINGER Wie geht es denn der Mutter?
MF MUTTER DER FRAU Wie die Tochter da vorne stand, ging es mir am besten. Wie sie weg war, habe ich meinen Mann ein bisschen gesehen. Jetzt, wie der andere Mann kam, zieht es mich dauernd nach hinten.

HELLINGER *zu Uschi* Also, mein Bild ist, dass du der Mutter sagst: Lieber gehe ich.

USCHI Kann sein.

HELLINGER Macht das Sinn für dich?

USCHI Ja, ja.

HELLINGER *zu Uschi* Okay, setze dich wieder hin. – Wie geht es dem Vater?

+VF VATER DER FRAU † Ich habe ein flaues Gefühl im Magen und fühle mich sehr schwach hier. Ich habe ein leichtes Zittern in den Knien, als ob mir Stärke fehlt. Ich fühle mich sehr luftleer, etwa wie nach einem Flug, so ganz schwere, aber wackelige Beine und ein flaues Gefühl im Magen.

HELLINGER Und wie geht es dem anderen Mann?

fFrMF FRÜHERER FREUND DER MUTTER Mich interessieren die Menschen hier, die da stehen. Ich kenne sie weiter nicht, aber sie interessieren mich. Ich spüre eine leichte Beziehung zu der Frau, die allerdings nicht besonders angenehm ist. Gegenüber den anderen Familienmitgliedern ist eher so eine Neugier da.

Hellinger stellt den Vater der Frau etwas weiter weg. Die Mutter der Frau stellt er an den Platz, auf dem die Frau vorher stand.

Bild 6

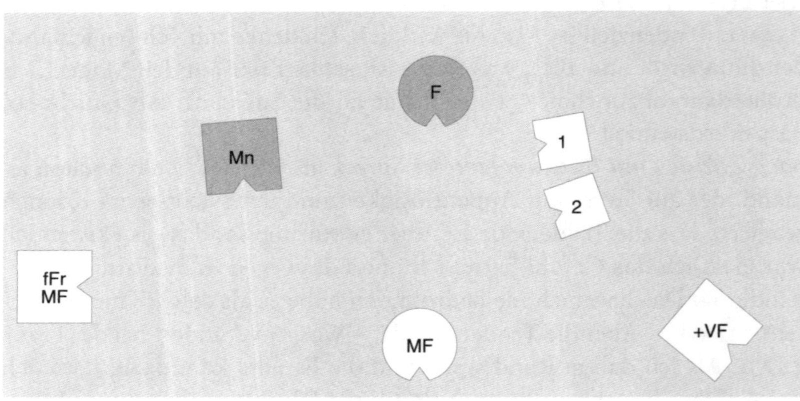

HELLINGER Wie ist das?

MF MUTTER DER FRAU Das ist gut. Ich kann gehen.

HELLINGER Es ist die Mutter, die geht.

zur Stellvertreterin der Frau Was ist jetzt bei dir?

F FRAU Ich bekomme Luft. Also, ich kann richtig durchatmen. Das ist gut so, dass sie da steht.

HELLINGER Beim Mann jetzt?

Mn MANN Ja, ich fühle mich mehr zu den Söhnen hingezogen. Ich würde gerne in die Nähe der Söhne gehen. Die anderen sind mir sehr fremd, auch der Vater der Frau. Ich will mit dieser Familie eigentlich nicht so viel zu tun haben. Ich warte immer darauf, dass ich in der Reihe der Söhne bin, dass wir so ein bisschen stärker sind.

HELLINGER Ja, das ist auch besser.

Hellinger stellt den Mann links neben die Frau und die Söhne näher zum Mann.

Bild 7

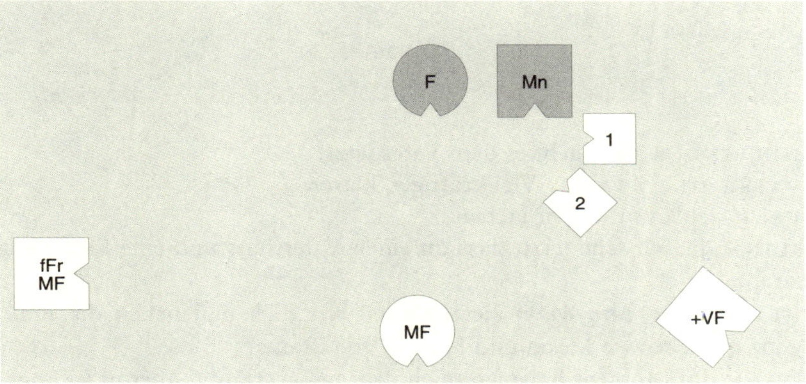

HELLINGER Wie ist das für die Söhne?

1 ERSTES KIND Gut.

2 ZWEITES KIND Besser als bisher, jeden Fall.

Mn MANN Ja, es ist gut. Ja, es ist besser.

HELLINGER Für die Frau jetzt?

F FRAU Ich bin ein bisschen feindselig zu den dreien. Vorher hatte ich mehr Kontakt zum jüngeren Sohn. Der lässt auch etwas nach.

HELLINGER Sollen wir dich ein bisschen stärken?

Hellinger stellt den Vater neben die Frau.

Bild 8

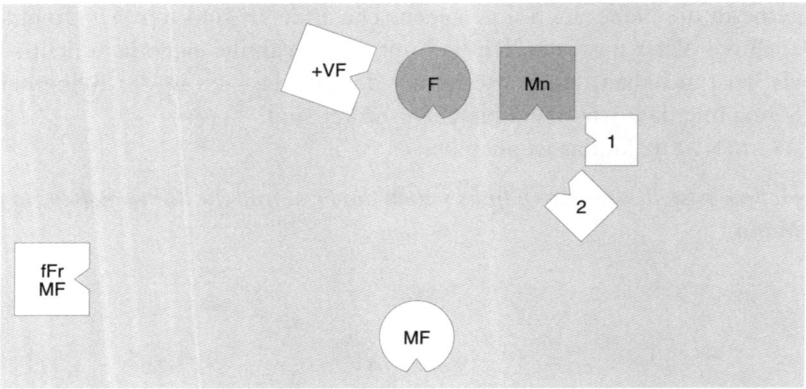

HELLINGER Wie geht es dem Vater jetzt?

+VF VATER DER FRAU † Viel kräftiger, klarer.

F FRAU Ich kann wieder lachen.

Mn MANN Ja, ich sehe jetzt, dass du einen Vater hast und eine Beziehung zu ihm.

HELLINGER *zum Mann* Jetzt stellen wir dich mal neben die Frau, ganz nahe, so wie Mann und Frau. – Wie ist das?

Mn MANN Im Moment habe ich mich dagegen gesträubt, aber es ist angenehmer, Körperkontakt zu haben.

HELLINGER Man muss es nur probieren. Wie geht es der Frau?

F FRAU Es ist neu, aber es wäre eine Möglichkeit.

HELLINGER Und den Söhnen?

1 ERSTES KIND Das ist mir noch zu weit weg.

HELLINGER Ja, gehe ganz nahe heran, so.

zur Gruppe Das System der Mutter ist das belastete System, deswegen müssen die Kinder zum Vater.

zum früheren Freund der Mutter Ich glaube, du bist hier nicht wichtig. Dich drehe ich einfach mal um.

HELLINGER So, was machen wir mit der Mutter?

MF MUTTER DER FRAU Mein Kopfdruck wurde weniger, je mehr Ordnung da hinten hereinkam.

HELLINGER Ach so? Gut, einverstanden. Dann stellen wir dich einmal hierher.

Hellinger stellt sie den anderen gegenüber.

Bild 9

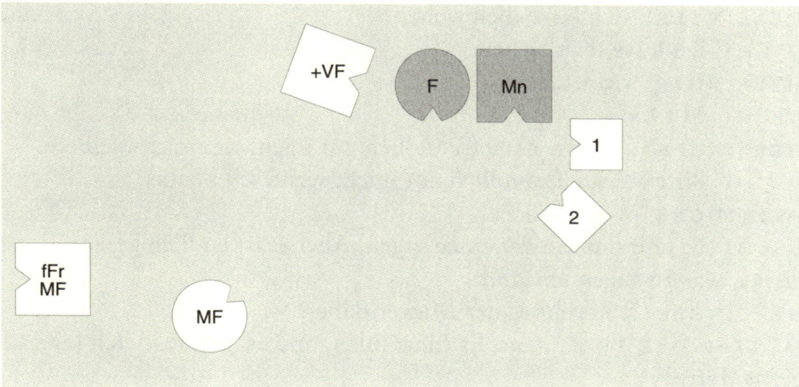

HELLINGER Willst du näher heran?

MF MUTTER DER FRAU Nein.

HELLINGER *zu dem Paar* Okay, jetzt stellt ihr beide euch an eure Plätze. Wie ist das?

F USCHI Ungewohnt, ziemlich ungewohnt. Ich merke schon, dass ich zuerst mal tief durchatmen muss. Das ist einfach etwas Neues. *Sie schaut rüber zum Mann.*

HELLINGER Kennst du meine Geschichte vom Eskimo?

F USCHI Nein, nicht präsent.

HELLINGER Der ging in die Sommerfrische in die Karibik. Er hat sich daran gewöhnt. Einverstanden?

F USCHI Ja, einverstanden.

HELLINGER Wie geht es dem Mann?

Mn ARNO Es ist auch ungewohnt. Ich denke mir, ich möchte lieber rechts stehen.

HELLINGER Nein, das darf hier nicht sein. Nicht wegen einem Ungleichgewicht, sondern weil es im System der Frau eine Belastung gibt, etwas Ungelöstes. Dann steht der Mann auf der anderen Seite.

Mn ARNO Ich habe schon das Gefühl, dass ich die Söhne schützen kann, dass ich sie in Schutz nehmen kann. Das ist ein schönes Gefühl.

HELLINGER Du nimmst sie in Schutz gegen dieses System, aber nicht gegen die Frau.

Mn ARNO Nein.

HELLINGER *zu Uschi* Jetzt schaue die Mutter an. Wie hast du sie angeredet?

F USCHI Mit Mama.

HELLINGER Sage: »Mama.«
F USCHI Mama.
HELLINGER »Ich lasse dich ziehen.«
F USCHI Ich lasse dich ziehen.
HELLINGER »Mit Liebe.«
F USCHI Mit Liebe.
HELLINGER »Bitte schaue freundlich auf mich, wenn ich bleibe.«
F USCHI Bitte schaue freundlich auf mich, wenn ich bleibe.
HELLINGER Wie ist das?
F USCHI Es fällt mir schwer, es zu sagen. Aber es ist endlich gesagt. Es ist etwas, was zu sagen anstand.
HELLINGER Wie geht es der Mutter dabei?
MF MUTTER DER FRAU Gut. Es rührt mich, und es ist gut so. Ich sehe sie gerne dort.
HELLINGER *zu Uschi* Sage ihr: »Mama.«
F USCHI Mama.
HELLINGER »Ich bleibe jetzt bei meinem Mann und bei meinen Kindern.«
F USCHI Ich bleibe jetzt bei meinem Mann und meinen Kindern. *Der Mann schluchzt.*
HELLINGER Schaue den Mann an und sage ihm: »Ich bleibe.«
F USCHI Ich bleibe.
HELLINGER Schaue ihm in die Augen.
F USCHI Ich bleibe.
HELLINGER *zum Mann* Und du sagst ihr: »Ich halte dich fest.« In die Augen schauen!
Mn ARNO Ich halte dich fest.
HELLINGER »Mit Liebe.« In die Augen schauen!
Mn ARNO Mit Liebe.
HELLINGER Wie geht es den Söhnen jetzt?
1 ERSTES KIND Das strengt an.
HELLINGER Liebe strengt an, klar. Das ist kein Kinderspiel.
2 ZWEITES KIND Ich bin jetzt näher dran.
HELLINGER *zum Paar* Ich glaube, ich habe es für euch.

Beide nicken.

HELLINGER Gut, das war's dann.

Zusammenfassung

Die Verstrickung *Der Vater der Frau hat mit Selbstmord gedroht. Sie wollte es als Kind an seiner Stelle tun. Nachdem er gestorben ist, spürt sie, dass sie ihm folgen will in den Tod. Doch wirklich gehen wollte die Mutter. Ihr sagt die Frau innerlich: »Lieber gehe ich.«*

Die Lösung *Der Vater der Frau wird zu ihr gestellt, und die Kinder des Paares kommen in den Bannkreis des Mannes. Die Frau sagt ihrer Mutter: »Mama, ich lasse dich ziehen. Bitte schau freundlich auf mich, wenn ich bleibe. Ich bleibe jetzt bei meinem Mann und bei meinen Kindern.«*

Sie sagt ihrem Mann: »Ich bleibe.« Der Mann sagt ihr: »Ich halte dich fest, mit Liebe.«

Bernd und Barbara
»Auf mich ist Verlass«

HELLINGER Also, was ist los?

BARBARA Bei uns geht es darum, dass wir geheiratet haben und danach in den Ort meiner Schwiegereltern gezogen sind. Mein Mann arbeitet in der Firma seines Vaters mit und seitdem geht es mir gesundheitlich nicht besonders gut. Wir fühlen uns beide auch unter Druck.

BERND Bei mir ist es ähnlich, dass ich auch einen immensen Druck verspüre. Der hängt aus meiner Sicht im wesentlichen mit meinem Vater zusammen und der engen Bindung auch im Betrieb. Dieser Druck führt zu einer starken Belastung, und ich empfinde, dass ich Tendenzen meines Vaters in meine jetzige Familie mit hineintrage.

HELLINGER Wirst du gebraucht in der Firma?

BERND Ich bin jetzt gerade dabei, sie zu übernehmen. Was heißt gebraucht? Wenn ich jetzt wegginge, könnte mein Vater es wahrscheinlich nach wie vor alleine machen, das wäre schon richtig. Ich würde ihn nur massiv enttäuschen.

HELLINGER Wie alt ist der Vater?

BERND Der ist 33 geboren, also 63.

HELLINGER Na, was sagt denn das Herz? Willst du es übernehmen?

BERND Ich will es eigentlich schon übernehmen. Ich habe zwar Schwierigkeiten mit meinem Vater, also, ich hatte sie in der Vergangenheit ziemlich massiv, aber ich merke für mich, dass eigentlich genau da das Problem liegt. Da will ich eigentlich durch, auch wenn es mich belastet.

HELLINGER Okay. Habt ihr Kinder?

BARBARA Zwei, 1¾ und 3¾. Ein Mädchen, die Ältere, und ein Junge.

HELLINGER War jemand vorher in fester Bindung?

BARBARA Nicht verheiratet; also, Beziehungen gehabt, aber nicht verheiratet.

HELLINGER Zusammengelebt mit jemandem?

BARBARA Ja, ein Jahr. Das ist schon lange her, bestimmt schon acht Jahre.

HELLINGER Bei Bindungen spielt das keine Rolle. Wieso ist es auseinandergegangen?

BARBARA Wir hatten unterschiedliche Lebensauffassungen. Ich hätte gerne eine Familie gehabt und Kinder, er nicht.

HELLINGER Ja, das ist schon ein Trennungsgrund.

zum Mann Warst du schon vorher in fester Bindung?

BERND Nein.

HELLINGER Okay, stellen wir mal auf. Ich lasse den Mann anfangen: also Mann, Frau und die beiden Kinder.

Bild 1a

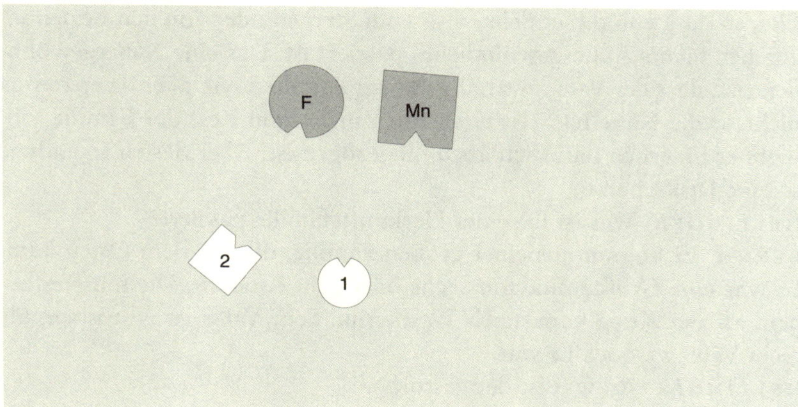

Mn Mann (= Bernd)
F Frau (= Barbara)
1 Erstes Kind, Tochter
2 Zweites Kind, Sohn

HELLINGER *zur Frau* Bist du damit einverstanden?
BARBARA Nicht ganz, nein.
HELLINGER Wie würdest du es aufstellen?

Bild 1b

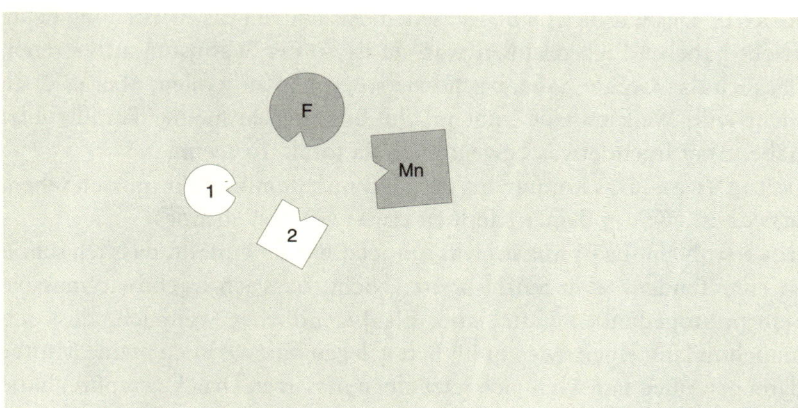

HELLINGER Es ist leicht verändert, aber das gleiche.
HELLINGER *zum Mann* Was ist in deiner Herkunftsfamilie passiert?

BERND Außergewöhnliches eigentlich nicht. Es ist weder jemand gestorben, noch hat sich irgendjemand getrennt. Die Eltern haben auch, soweit ich informiert bin, keine anderen Beziehungen gehabt in ihrer Ehe, so dass von dieser Seite, also vom Sterben oder von den Beziehungen her, nichts Außergewöhnliches passiert ist. Das eine Außergewöhnliche ist, dass der Vater zwar absolut zur Familie steht, aber da er zu sich nicht so die Nähe hat, hat er sie auch nicht zum Rest der Familie, obwohl er innerlich natürlich auch hingezogen ist. Aber das ist irgendwie so eine Diskrepanz.
HELLINGER Was ist in seiner Herkunftsfamilie passiert?
BERND Er kommt aus einer großen Familie, die aus dem Osten kam. Es war eine Großfamilie mit sechs oder acht Kindern. Die musste fliehen, als der Krieg kam, nach Westberlin. Sein Vater ist gestorben, als mein Vater 13 oder 14 war.
HELLINGER An was ist der gestorben?
BERND Das weiß ich nicht genau, ich glaube, an einer Krankheit. Ob es Krebs war, weiß ich nicht genau. Er hat geraucht, wie ich zum Beispiel, als einziger in meiner Herkunftsfamilie. Die ganzen Kinder von dieser Familie haben sich dann ziemlich in die Welt verstreut. Die Bindung ist nicht besonders.
HELLINGER Gab es da frühere Partner in der Familie deines Vaters oder Großvaters?
BERND Ich weiß nichts davon, ob es andere Partner gab. Soweit ich weiß, nicht.
HELLINGER Also, du willst weg.
BERND Das würde ich auch so sehen. Als ich hier die Aufstellung heute erlebt habe und ich draußen war, da ist so der Wahnsinn aufgetreten, dass ich das Gefühl habe, irgendwie weggehen zu wollen, aber es doch nicht will. Weil ich eine unheimliche Bindung zu meiner Familie jetzt habe. Aber irgendetwas bewegt mich da total. *Er weint.*
HELLINGER Das kommt aus der Herkunftsfamilie. Wir müssen sehen, was da ist. War in deiner Kindheit etwas Einschneidendes?
BERND Nein. Es ist nur so, was mir jetzt wieder einfällt, dass ich schon so eine Tendenz zum Suizid spüre. Nicht, dass ich irgendwie massive Selbstmordgedanken hatte, aber als Jugendlicher weiß ich, dass ich manchmal mit einem Messer im Bett gelegen bin, wo mich meine Mutter dann gefunden hat. Wenn ich jetzt einen massiven Druck verspüre, habe ich die Selbstmordgedanken in Ansätzen auch manchmal. Ich weiß, dass mein Vater auch in diese Richtung tendiert. Ich sage einmal so einen Satz: »Das Leben ist ein Sterben auf Raten.« Solche Sachen kommen bei ihm manchmal auch. Also, depressive Züge sind bei ihm auch da. Das

ist auch der Grund bei vielen Konflikten, die ich habe, dass da unheimliche Nähe, eine unheimliche Ähnlichkeit ist, die mich zu ihm hinzieht, aber auch belastet.

HELLINGER Wir brauchen noch zwei Männer, deinen Vater und dessen Vater. Die stellst du jetzt noch dazu.

Bild 2

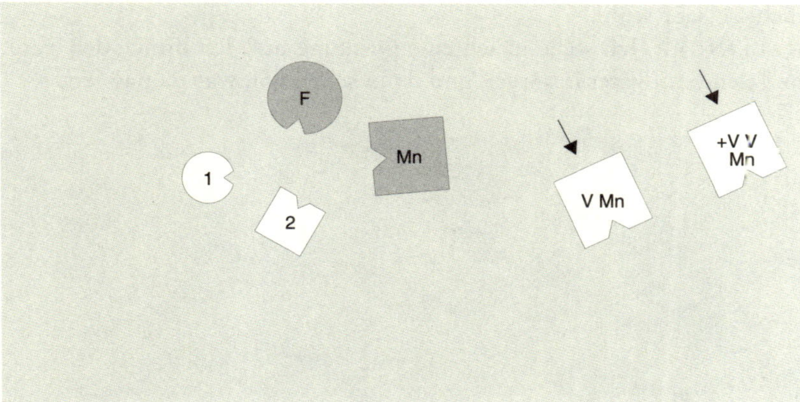

VMn Vater des Mannes
+VVMn Vater des Vaters des Mannes, früh verstorben

HELLINGER *zum Stellvertreter des Mannes* Wie geht es dem Mann?

Mn MANN Mich zieht etwas raus. Ich habe keinen Kontakt. Ich habe etwas Kontakt zur Tochter. Hier nach vorne zum Sohn ist eine ganz starke Spannung, die ich kaum ertrage. Hier zur Frau ist es kalt.

HELLINGER *zum Sohn* Wie geht es denn dir?

2 ZWEITES KIND Vorher habe ich mich plötzlich ganz klein gefühlt und total unterlegen dem Vater gegenüber, und mir war alles zu nahe. Jetzt merke ich, dass ich wieder mehr Größe habe.

HELLINGER Seit wann?

2 ZWEITES KIND Seit die beiden Männer gekommen sind.

HELLINGER *zur Stellvertreterin der Frau* Wie geht es der Frau?

F FRAU Nicht so gut. Ich fühle mich nicht als Mutter und nicht als Frau. Ich habe wenig Beziehung.

HELLINGER Wie geht es der Tochter?

1 ERSTES KIND Ich habe nur eine Verbindung zur Mutter, und zur ganzen anderen Seite habe ich keine Verbindung.

HELLINGER Wie geht es dem Vater?

VMn VATER DES MANNES Es geht mir nicht besonders. Ich habe einen enormen Druck hier im Solarplexus und ein Riesengewicht auf den Schultern. Und es wird mir nicht klar, was da um mich herum los ist.

HELLINGER Dem Großvater?

+VVMn GROSSVATER † Ich fühle mich als Großvater, aber wie außen vor, also nicht so sehr wohl.

HELLINGER Ich stelle gleich eine Ordnung auf. Ich bringe den Vater und den Großvater ins Spiel, und dann sehen wir, was da passiert.

Bild 3

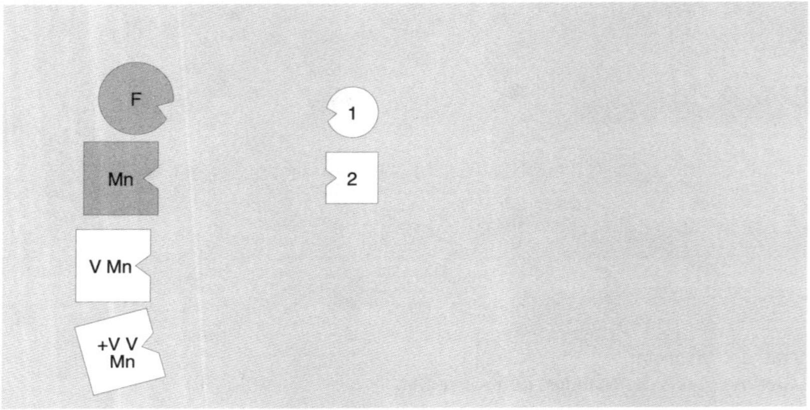

HELLINGER Wie geht es dem Mann?

Mn MANN Viel besser. Es ist rechts fest und gut.

HELLINGER Du musst noch näher heran, glaube ich. *Er rückt ihn näher zu seinem Vater.*

Mn MANN Gut.

VMn VATER DES MANNES Es fühlt sich total verändert an. Es ist Kraft da. Ich bin in einer Linie, ich bin gehalten, es ist total anders.

+VVMn GROSSVATER † Es geht mir genauso.

HELLINGER Wie geht es der Frau jetzt?

F FRAU Jetzt bin ich mehr Frau und Mutter. Es ist gut.

HELLINGER Der Tochter?

1 ERSTES KIND Es geht mir gut, aber ich habe immer noch mehr Beziehung zur Mutter. Und es geht sehr langsam, mit dem Bruder in Kontakt zu kommen.

2 ZWEITES KIND Mir tut es gut mit der Schwester, aber ich möchte noch ein Stück zurückgehen.

HELLINGER Ich stelle euch einmal näher zur Mutter hin. Dann macht einen Halbkreis, damit ihr euch alle sehen könnt.

Bild 4

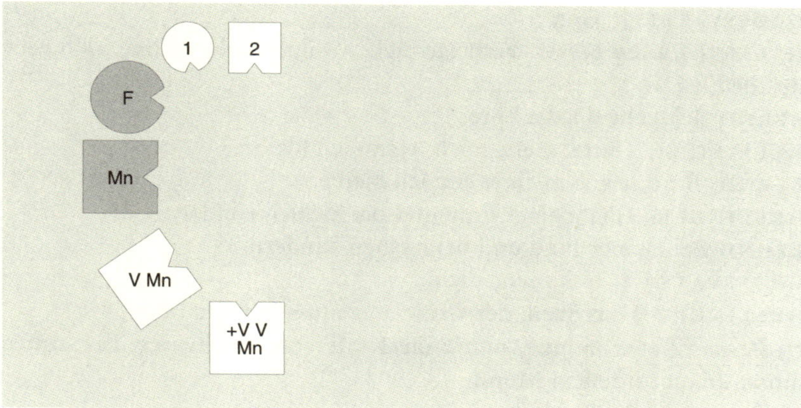

HELLINGER Wie ist das?

F FRAU Ja, gut.

1 ERSTES KIND Ja, es fühlt sich besser an.

2 ZWEITES KIND Es ist mehr Wärme da.

Mn MANN Ich spüre jetzt zum ersten Mal auch ein gutes Gefühl im Bauch zum Sohn.

VMn VATER DES MANNES Ja, da ist mehr Verbundenheit.

+VVMn GROSSVATER † Ja, es ist gut.

HELLINGER *zum Paar* Kommt ihr einmal her, ihr zwei.

als sie in der Aufstellung stehen Das System der Frau scheint weniger belastet, und deswegen kommen die Kinder eher in ihren Bannkreis.

zu Bernd Jetzt kommst du einmal hierher. *Er führt ihn vor den Großvater.* Schaue den Großvater an, sage: »Lieber Opa.«

Mn BERND Lieber Opa.

HELLINGER »Schau, ich bin dein Enkel.«

Mn BERND Schau, ich bin dein Enkel.

HELLINGER »In mir bist du noch da.«

als Bernd sehr bewegt ist Schau ihn an.

Mn BERND *etwas gepresst* In mir bist du noch da.

HELLINGER Sage es doch mal freundlich.

Mn BERND In mir bist du noch da.

HELLINGER Nein, das ist ein bisschen trotzig noch. »In mir bist du noch da.« So wie ein Kind.

Mn BERND *sanfter* In mir bist du noch da.

HELLINGER Genau. Das ist doch viel schöner, siehst du das? Das andere ist ja gar nicht notwendig, er ist ja freundlich. – Wie geht es dem Großvater?

+VVMn GROSSVATER † Gut.

HELLINGER *zu Bernd* Verneige dich vor ihm und sag ihm: »Ich gebe dir die Ehre.«

Mn BERND Ich gebe dir die Ehre.

HELLINGER »Bitte, segne mich, wenn ich bleibe.«

Mn BERND Bitte, segne mich, wenn ich bleibe.

HELLINGER »Bei meiner Frau und bei meinen Kindern.«

Mn BERND Bei meiner Frau und bei meinen Kindern.

+VVMn GROSSVATER † Ich segne dich.

HELLINGER Umarmen, der Großvater muss ihn umarmen, fest.
zu Bernd Tief einatmen, nimm die Kraft vom Großvater. Tief atmen musst du, mit offenem Mund.
nach einer Weile Wie ist das?

Mn BERND *während er noch in der Umarmung bleibt* Warm.

HELLINGER Warm, genau.
als er sich aus der Umarmung löst Sag ihm: »Dir zum Andenken bleibe ich.«

Mn BERND Dir zum Andenken bleibe ich.

HELLINGER »Ich halte dich und dein Werk in Ehren.«

Mn BERND Ich halte dich und dein Werk in Ehren.

HELLINGER Schau den Vater an und sage es ihm auch. Wie hast du ihn angeredet?

Mn BERND Vati.

HELLINGER Sag: »Vati.«

Mn BERND Vati.

HELLINGER »Ich halte dich und dein Werk in Ehren.«

Mn BERND *sehr bewegt* Ich halte dich und dein Werk in Ehren. Ich halte es in Ehren. *Er weint.*

HELLINGER *zum Vater* Der Vater muss ihn nehmen. Nimm ihn in den Arm.

Vater und Sohn umarmen sich innig. Bernd schluchzt.

HELLINGER *zu Bernd* Tief atmen, ohne Ton. Ohne Ton tief atmen, tief im Bauch, so.

HELLINGER *nach einer Weile* Jetzt mache ich noch ein ganz kleines Experiment.

Hellinger stellt den Vater mit dem Rücken an seinen Vater, und Bernd mit dem Rücken vor beide.

Bild 5

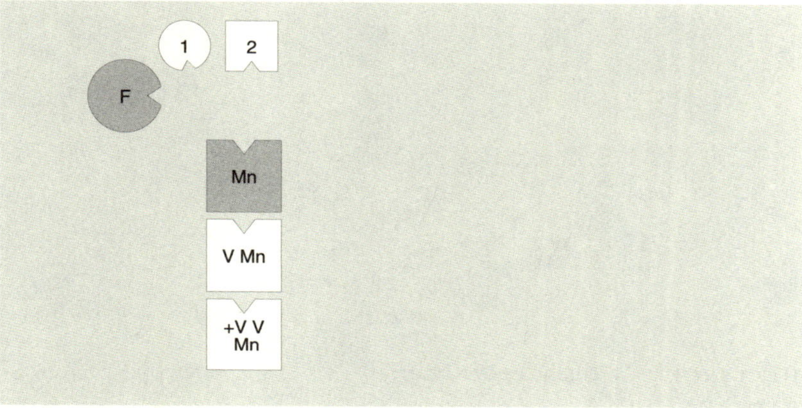

HELLINGER *zu Bernd* Jetzt schaust du deine Frau an und deine Kinder.
als Bernd schluchzt Bleibe bei der Kraft, widerstehe der Schwäche. Spüre die Kraft von hinten, bleibe angelehnt. Sag ihnen: »Auf mich ist Verlass.«

Mn BERND *mit ruhiger, gesammelter Stimme* Auf mich ist Verlass.
HELLINGER Sag es den Kindern auch.

Mn BERND *sagt es der Frau und jedem einzelnen Kind* Auf mich ist Verlass. Auf mich ist Verlass. Auf mich ist Verlass.

HELLINGER Genau, das ist es. Jetzt stellst du dich wieder neben die Frau.

Bild 6

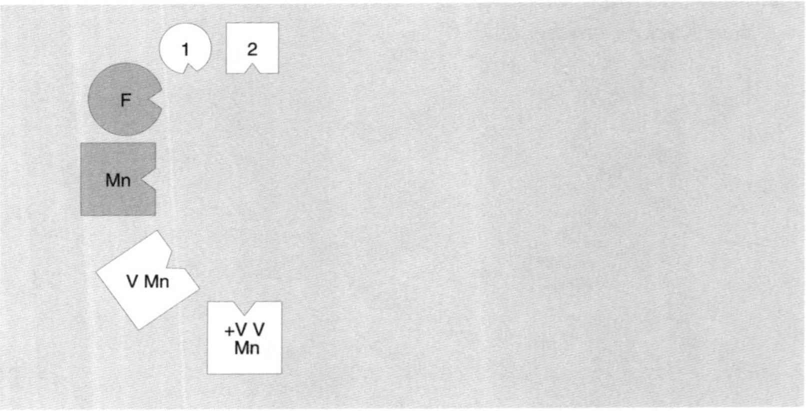

HELLINGER Wie geht es der Frau?

F BARBARA Gut.

2 ZWEITES KIND Mir auch.

1 ERSTES KIND Ja.

HELLINGER *zu Bernd* Die Kraft kommt von den Vätern, ja?

Mn BERND Ja.

HELLINGER Sag ihnen: »Ich stehe in eurer Linie.«

Mn BERND Ich stehe in eurer Linie.

HELLINGER »Und ich führe es weiter.«

Mn BERND Und ich führe es weiter.

+VVMn GROSSVATER † Das ist gut, mein Sohn.

VMn VATER DES MANNES Du bist mein Sohn, das freut mich.

Mn BERND Mich auch.

HELLINGER Was ist mit deiner Mutter?

Mn BERND Das ist eine ganz liebe Frau, die ich sehr lieb habe, die unter der Dominanz des Vaters allerdings etwas leidet, die dadurch etwas verloren hat. Aber ich liebe sie sehr.

HELLINGER Ich brauche noch eine Frau.

Hellinger wählt eine Stellvertreterin für die Mutter des Mannes und stellt sie ihm gegenüber.

Bild 7

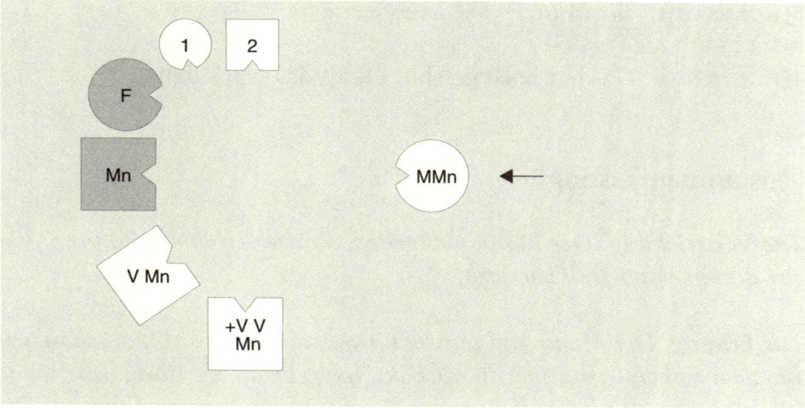

MMn Mutter des Mannes

HELLINGER *zu Bernd* Wie hast du die Mutter angeredet?

Mn BERND Mutti.

HELLINGER Sag: »Mutti.«

Mn BERND Mutti.

HELLINGER »Ich stelle mich neben den Vater.«

Mn BERND *etwas gepresst* Ich stelle mich neben den Vater.

HELLINGER Sage es freundlich.

Mn BERND Ich stelle mich neben den Vater.

HELLINGER »Das ist mein Platz.«

Mn BERND Das ist mein Platz.

HELLINGER Wie fühlt sich das an?

Mn BERND Gut, im ersten Moment ein bisschen ängstlich.

HELLINGER Fragen wir sie. Wie geht es der Mutter dabei?

MMn MUTTER Ein bisschen komisch, unruhig.

HELLINGER Unruhig?

MMn MUTTER Ja.

HELLINGER *zu Bernd* Sag ihr: »Ich mute dir zu, dass ich den Vater liebe.«

Mn BERND Ich mute dir zu, dass ich den Vater liebe.

HELLINGER »Und achte.«

Mn BERND Und achte.

HELLINGER »Wie dich.«

Mn BERND Wie dich.

HELLINGER *zur Mutter* Wie ist es jetzt?

MMn MUTTER Gut.

HELLINGER Das hat noch gefehlt. Okay, das war's dann.

Zusammenfassung

Die Verstrickung *Der Mann will gehen, so wie vor ihm schon sein Vater, dessen Vater früh verstarb.*

Die Lösung *Der Mann sagt seinem Großvater: »Lieber Opa, schau, ich bin dein Enkel. In mir bist du noch da. Ich gebe dir die Ehre. Bitte segne mich, wenn ich bleibe, bei meiner Frau und bei meinen Kindern. Dir zum Andenken bleibe ich. Ich halte dich und dein Werk in Ehren.« Er sagt seinem Vater: »Vati, ich halte dich und dein Werk in Ehren.«*

Er lehnt sich an seinen Vater und Großvater, die hinter ihm stehen, und sagt seiner Frau und jedem einzelnen Kind: »Auf mich ist Verlass.« Dann stellt er sich neben seinen Vater und Großvater und sagt: »Ich stehe in eurer Linie, und ich führe es weiter.«

Er sagt seiner Mutter: »Mutti, ich stelle mich neben den Vater. Das ist mein Platz. Ich mute dir zu, dass ich ihn liebe und achte, wie dich.«

Johann und Ulrika
»Es geht gut weiter«

HELLINGER *zur Frau* Angst? Soll ich was machen?
ULRIKA Ja.
HELLINGER So überzeugend war das jetzt nicht.
ULRIKA Doch.
HELLINGER Um was geht es?
ULRIKA Ich fühle mich immer wieder elendig. Und mir geht immer wieder die Energie verloren, also, ich muss immer kämpfen.
HELLINGER Ich stelle eine Frage. Hast du den Mann verdient?
ULRIKA Ja, es geht mir, seit ich verheiratet bin, wesentlich besser. Mir ging es als Kind viel, viel schlechter.
HELLINGER Meine Frage ist, hast du den Mann verdient?
ULRIKA *lacht* Mir geht es gut bei ihm.
HELLINGER Wie immer, wir haben die Antwort. Vielleicht liegt da das Problem. Männer kriegt man nicht so leicht, da muss man etwas dafür tun. Wie geht es denn dem Mann?
JOHANN Du hast mich im März in Stuttgart aufgestellt, mir geht es blendend.
HELLINGER In Stuttgart habe ich dieses System schon aufgestellt?
ULRIKA Ja.
HELLINGER Und wieso kommt ihr noch einmal?
ULRIKA Wir waren sehr sprachlos und haben viele Dinge einfach vergessen zu sagen, oder es ist untergegangen, was wichtig gewesen wäre: die vielen toten Kinder, die es gibt in unserer Familie, der Vater von meinem Vater, der früh gestorben ist. Mein Vater ist ohne Vater aufgewachsen, meine Mutter ist ohne Mutter aufgewachsen. Das waren Dinge, die damals untergingen. Deswegen haben wir uns noch einmal gemeldet.
HELLINGER *zu Ulrika* Dann stelle ich dein Herkunftssystem auf.
zur Gruppe Da können sich Leute einschleichen, mit denen ich gearbeitet habe, weil ich das immer wieder vergesse.
zum Mann Habt ihr Kinder?
JOHANN Ja, wir haben drei Kinder.
HELLINGER *als die Frau die Stellvertreter auswählt* Ist ein Kind gestorben?
ULRIKA Von meinen Geschwistern ist kein Kind gestorben. Aber in meiner Familie gab es ein großes Problem. Mein Vater war mehr an eine Schwester gebunden als an unsere Mutter. Die Schwester selber war auch verheiratet und hatte eine sechsköpfige Familie. Sie hat vormittags

die Familie versorgt und pünktlich mittags war sie dann in unserer Familie. Sie hat immer den Platz neben meinem Vater gehabt.

HELLINGER Merkwürdig. Okay, stelle mal auf, dann schauen wir mal.

Bild 1

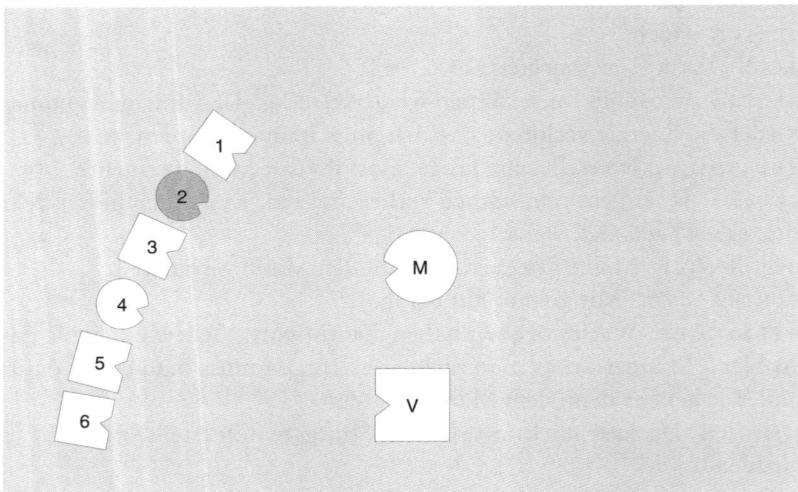

V Vater
M Mutter
1 Erstes Kind, Sohn
2 Zweites Kind, Tochter (= Ulrika)
3 Drittes Kind, Sohn
4 Viertes Kind, Tochter
5 Fünftes Kind, Sohn
6 Sechstes Kind, Sohn

HELLINGER *zu Ulrika* Okay. Was war in der Familie des Vaters?

ULRIKA Sein Vater ist tödlich durch einen Stromschlag verunglückt, als mein Vater drei Jahre alt war. Ich glaube, meine Großeltern waren zerstritten in der Zeit. Er hat drei ganz früh verstorbene Geschwister. Das älteste ist gestorben, dann ist von Zwillingen das Mädchen gestorben und dann der Bruder, der nach ihm kam. Und zwei sind dann im Krieg geblieben. Ja, das war es in seiner Familie.

HELLINGER *zum Vater* Was ist?

V VATER Ich habe keinen Kontakt zu meiner Frau, die existiert gar nicht für mich. Ich habe zu den Kindern fast überhaupt keinen Kontakt, nur zu der ältesten Tochter.

HELLINGER Ich drehe dich um, gehe ein paar Schritte vor.

Bild 2

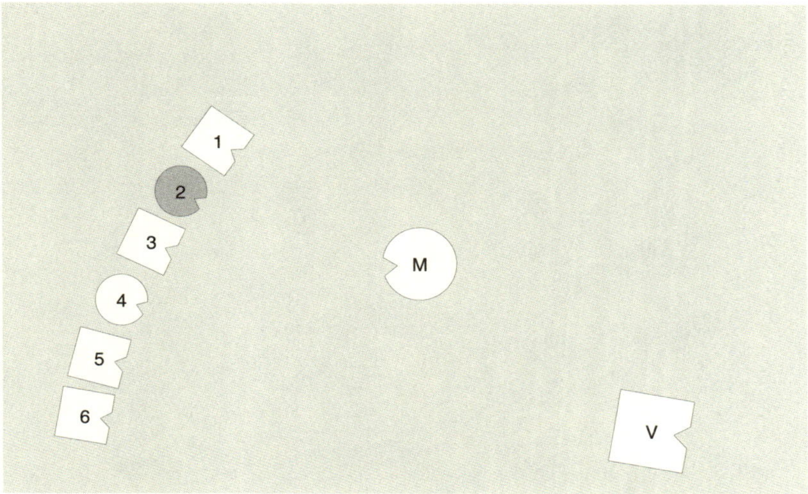

HELLINGER Wie ist das?

V VATER Das ist angenehm, ich kriege besser Luft.

HELLINGER *zu Ulrika* So, wie du das geschildert hast, ist der Vater nicht zu halten. Der will weg zu seinem Vater, zu seinen Geschwistern oder wer immer da noch ist. Und was ist bei der Mutter passiert?

ULRIKA Meine Mutter? Ihre Mutter ist an der Geburt von ihr gestorben, also im Kindbett gestorben, an der Folge von der Geburt meiner Mutter. Sie ist verblutet. Bei der ersten Geburt ist das Kind verblutet, bei der zweiten dann die Mutter. Mein Großvater hat wieder geheiratet. Dann sind alle drei Söhne früh verstorben und noch ein Mädchen mit zehn Monaten nach einer Impfung.

HELLINGER Wie geht es der Mutter?

M MUTTER Ich habe Herzdruck gehabt, wie mein Mann noch da stand. Es wurde besser, als er ging. Ich gucke die Kinder an. Zum Jüngsten habe ich noch am meisten Kontakt, aber sonst habe ich die Tendenz zu gehen.

HELLINGER Dreh dich auch um.

Bild 3

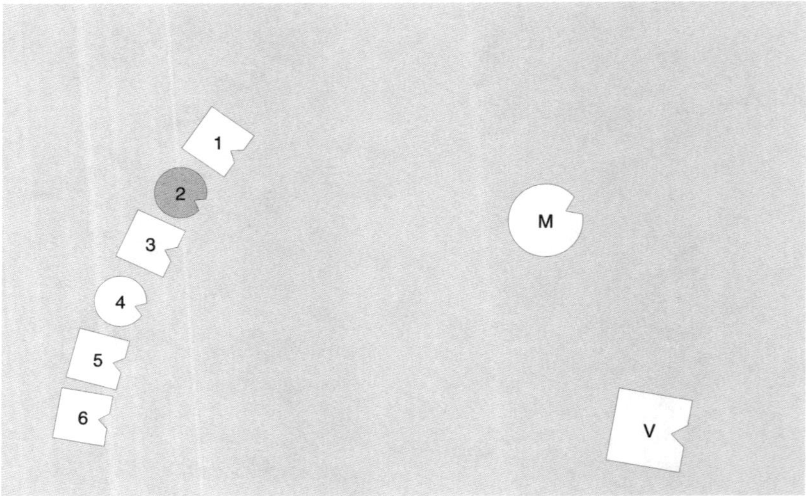

HELLINGER Wie ist das?

M MUTTER Das ist besser.

HELLINGER *zu Ulrika* Beide Eltern sind nicht zu halten.
zu den Kindern Jetzt stellt euch genau umgekehrt auf. Ihr müsst andersherum in der Reihenfolge stehen. Das ist besser.

Bild 4

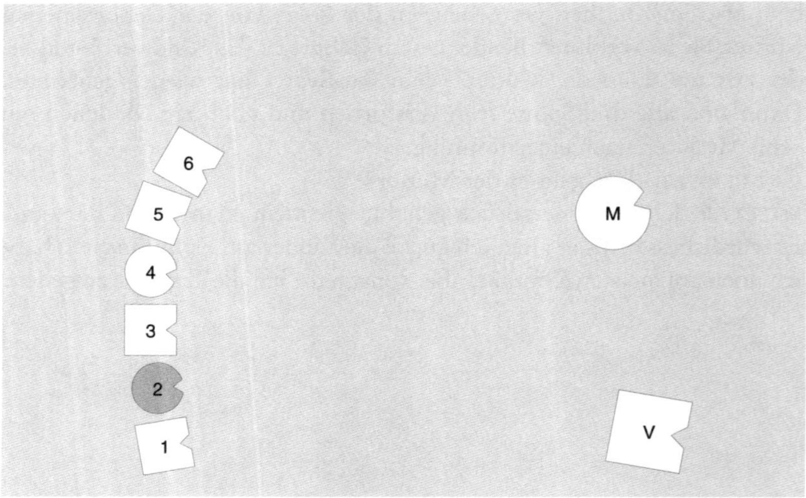

HELLINGER *zum ältesten Kind* Wie geht es dir?

1 ERSTES KIND Jetzt geht es besser. Vorher war es schlimm.

HELLINGER Wie ist es dahin zu den Eltern?

1 ERSTES KIND Jetzt ist es besser. Vorher war absoluter Druck, der immer stärker wurde, als sie sich umdrehten.

2 ZWEITES KIND, STELLVERTRETERIN VON ULRIKA Es ist so besser.

3 DRITTES KIND Es ist schön, Geschwister zu haben. Ich bin in der Mitte, und ich habe mehr Beziehung zu den Geschwistern als zu den Eltern.

4 VIERTES KIND Ich habe auch mehr Kontakt zu den Geschwistern. Vorher hatte ich nur zum älteren Bruder einen Kontakt.

5 FÜNFTES KIND Mir geht es auch besser hier, aber ich habe einen Zug. Mich zieht es zu ihm.

HELLINGER Dem Vater nachfolgen?

5 FÜNFTES KIND *nickt* Ja.

6 SECHSTES KIND Ich kann jetzt zu meinen Geschwistern aufschauen. Vorher habe ich sie verachtet. Mir reichen die Geschwister, also ich spüre jetzt keinen Druck zu den Eltern.

HELLINGER *zu Ulrika* Die Kinder sind ohne Eltern und müssen zusammenhalten.

ULRIKA Ich war selber als Kind – ich kann es nicht beschreiben – in einem furchtbaren Zustand. Ich war wie in den Selbstmord getrieben. Ich habe mich damals nicht getraut, es jemandem mitzuteilen. Also, es war über Jahre furchtbar. Ich habe gemeint, ich werde verrückt, ich war dem Wahnsinn nahe. Es war sehr schlimm. Es geht mir jetzt in der Ehe zum ersten Mal besser.

HELLINGER Naja, bei der Situation! Stelle dich einmal an deinen Platz.

Hellinger wählt eine Stellvertreterin für die verstorbene Mutter der Mutter und stellt sie vor die Mutter. Er wählt einen Stellvertreter für den verstorbenen Vater des Vaters und stellt ihn vor diesen hin. Dann dreht er den Vater um und lässt ihn sich mit dem Rücken an seinen Vater anlehnen. Er dreht auch die Mutter um und lässt sie sich mit dem Rücken an ihre Mutter anlehnen.

Bild 5

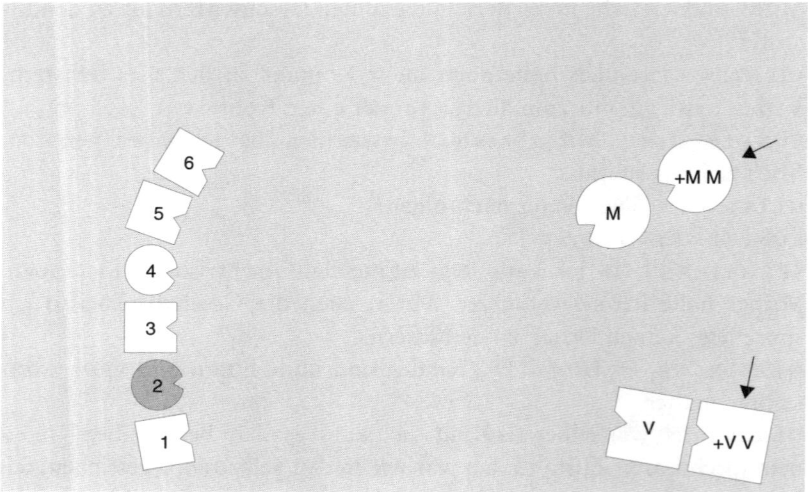

+VV Vater des Vaters, früh gestorben
+MM Mutter der Mutter, bei der Geburt der Mutter gestorben

HELLINGER *zu Ulrika* Sage dem Vater: »Ich lasse dich ziehen.«

2 ULRIKA *weinend* Ich lasse dich ziehen.

HELLINGER Das klingt aber nicht so, als ob du das machen würdest. Sage es mit Kraft.

2 ULRIKA *mit klarer Stimme* Lieber Vater, ich lasse dich ziehen.

HELLINGER »Mit Liebe.«

2 ULRIKA Ich lasse dich ziehen mit Liebe.

HELLINGER »Ich lasse dich bei deinem Vater.«

2 ULRIKA Ich lasse dich bei deinem Vater.

HELLINGER »Schaue freundlich auf mich, wenn ich bleibe.«

2 ULRIKA Schaue freundlich auf mich, wenn ich bleibe.

HELLINGER Wie fühlt sich das an?

2 ULRIKA Ich muss das noch spüren. Das ist noch ein bisschen schwer. Aber es wird besser.

HELLINGER Wie geht es dem Vater dabei?

V VATER Mir geht es sehr gut hier, und ich wünsche mir, dass du da bleibst, wo du hingehörst.

Hellinger stellt den Mann von Ulrika mit drei Stellvertretern für die Kinder auf, unabhängig vom wirklichen Geschlecht. Ulrika stellt er nun als Frau neben ihren Mann.

Bild 6

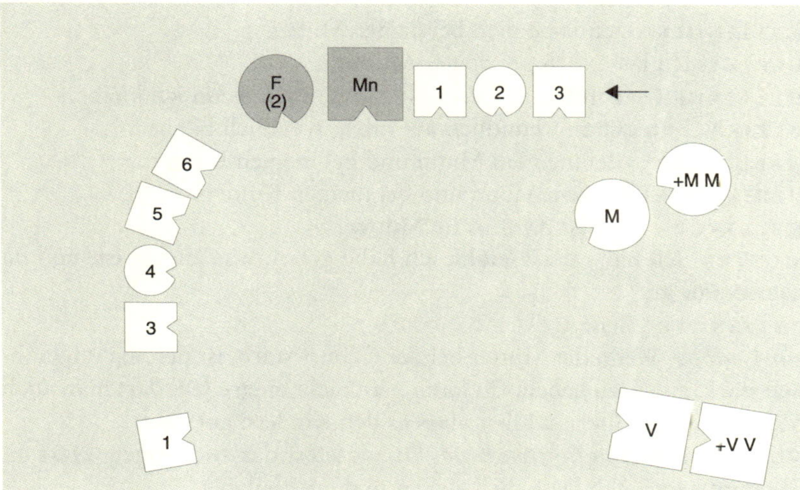

Mn Mann (= Johann)
1 Erstes Kind, Sohn
2 Zweites Kind
3 Drittes Kind

HELLINGER *zu Ulrika* Sag deinem Vater: »Das ist mein Mann, und das sind meine Kinder.«

2 ULRIKA Das ist mein Mann, und das sind meine Kinder.

HELLINGER »Es geht gut weiter.«

2 ULRIKA Es geht gut weiter.

HELLINGER »Schau freundlich auf uns alle.«

2 ULRIKA Schau freundlich auf uns alle.

HELLINGER »Ich bleibe jetzt bei meinem Mann und bei meinen Kindern.«

2 ULRIKA Ich bleibe jetzt bei meinem Mann und bei meinen Kindern.

HELLINGER Wie ist das?

2 ULRIKA Das ist besser.

HELLINGER Die normale Stimme ist die kraftvollste. Jetzt schaue die Mutter an. Wie hast du sie angeredet?

F(2) ULRIKA Mama.

HELLINGER »Mama, ich lasse dich ziehen.«

F(2) ULRIKA Mama, ich lasse dich ziehen.

HELLINGER »Mit Liebe.«

F(2) ULRIKA Mit Liebe.

HELLINGER »Ich lasse dich bei deiner Mutter.«

F(2) ULRIKA Ich lasse dich bei deiner Mutter.

HELLINGER »Bitte schau freundlich auf mich, wenn ich bleibe.«

F(2) ULRIKA Bitte schau freundlich auf mich, wenn ich bleibe.

HELLINGER »Bei meinem Mann und bei meinen Kindern.«

F(2) ULRIKA »Bei meinem Mann und bei meinen Kindern.«

HELLINGER Wie ist das für die Mutter?

M MUTTER Ich habe das Gefühl, ich habe getan, was zu tun ist, und da geht es mir gut.

HELLINGER Genau.

zur Gruppe Wenn die Mutter bei der Geburt starb, ist der Sog unglaublich stark, zu ihr zu gehen. Da kann man nicht eingreifen, darf man auch nicht. Aber die Eltern wollen, dass es den Kindern gut geht.

HELLINGER *zum fünften Kind* Du müsstest das auch sagen. Hast du das mitgesagt: »Ich lasse dich ziehen und ich bleibe«?

5 FÜNFTES KIND Beim Vater habe ich es innerlich mitgesagt und auch gespürt.

HELLINGER Okay, ich führe das jetzt nicht zu Ende. Das reicht.

zu Ulrika Reicht es jetzt?

F(2) ULRIKA Ja, es reicht für mich. Unser Sohn war auch immer gefährdet. Unser ältester Sohn war immer selbstmordgefährdet. Er ist mit dabei jetzt. Er sitzt hier bei den Zuschauern.

HELLINGER Ich stelle jetzt noch die Mutter und die Großmutter hinter dich.

Bild 7

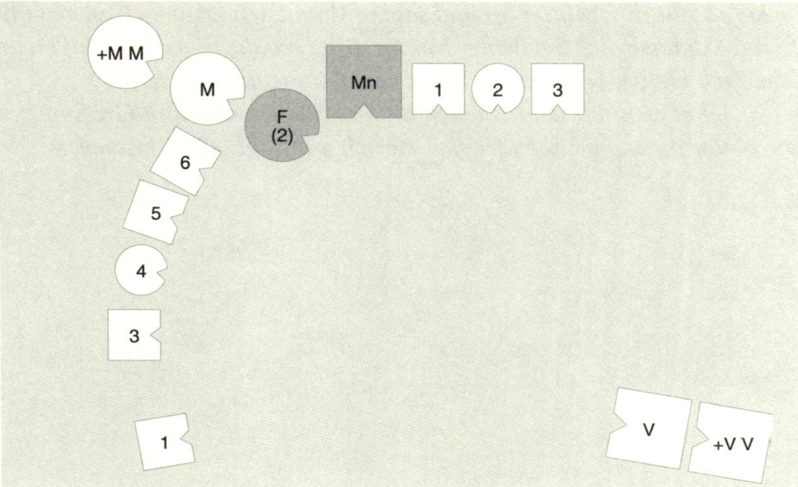

HELLINGER Wie geht es der Großmutter?

+MM MUTTER DER MUTTER † Gut.

HELLINGER *zu Ulrika* Und wie ist es jetzt?

F(2) ULRIKA Es ist gut.

HELLINGER Schaue zurück zur Mutter und zur Großmutter und sage: »Wir Frauen.«

F(2) ULRIKA Wir Frauen.

HELLINGER Okay?

F(2) ULRIKA Okay.

HELLINGER Gut, das war's.

Zusammenfassung

Die Verstrickung *Beide Eltern der Frau wollen gehen. Der Vater will seinem Vater nachfolgen, der früh starb. Die Mutter will ihrer Mutter nachfolgen, die bei ihrer Geburt starb. Die Frau war als Kind selbstmordgefährdet.*

Die Lösung *Die Frau sagt ihrem Vater: »Lieber Vater, ich lasse dich ziehen mit Liebe. Ich lasse dich bei deinem Vater. Schaue freundlich auf mich, wenn ich bleibe.« Dann zeigt sie auf ihren Mann und ihre Kinder* *und sagt: »Das ist mein Mann und das sind meine Kinder. Es geht gut weiter. Schaue freundlich auf uns alle. Ich bleibe jetzt bei meinem Mann und bei meinen Kindern.«*

Sie schaut ihre Mutter an und sagt: »Mama, ich lasse dich ziehen mit Liebe. Ich lasse dich bei deiner Mutter. Bitte schaue freundlich auf mich, wenn ich bleibe, bei meinem Mann und bei meinen Kindern.«

Sie lehnt sich mit dem Rücken an ihre Mutter und ihre Großmutter, die hinter ihr stehen, wendet sich zurück und sagt: »Wir Frauen.«

Walter und Maria
»Das ist jetzt mein Mann, und das sind meine Kinder«

HELLINGER Um was geht es?
MARIA Wir beide sind verheiratet, und ich war vor der Ehe schon zweimal verheiratet. Der erste Mann ist tödlich verunglückt, und von dem zweiten Mann bin ich geschieden. Das ist meine dritte Ehe. Wir haben zwei Kinder. In den anderen Ehen sind keine Kinder. Was mich eigentlich gedrängt hat, hierher zu kommen, ist meine Ursprungsfamilie. Ich habe fünf Geschwister. Von denen sind vier schwer psychisch krank, und der Bruder, der nicht psychisch krank ist, hat eine psychisch kranke Tochter. Es hat mich früher bedroht, aber heute ist es eben immer noch da.
HELLINGER Was ist in den Familien dahinter passiert, also bei Vater oder Mutter?
MARIA Der Vater hat eine Schwester. Diese Schwester hat einen geschiedenen evangelischen Mann geheiratet, obwohl die Familie katholisch war, und der Bruder, der Priester war, hat gesagt, die ganze Familie dürfte keinen Kontakt mehr zu der haben.
HELLINGER Ach so?
MARIA Die haben das nicht gemacht, die haben heimlich Kontakt zu der gehalten, auch die Eltern.
HELLINGER Die gewöhnlichen Leute sind besser als die Frommen.
zum Mann Warst du auch vorher in einer festen Bindung?
WALTER Ja, in zwei festen Bindungen, aber nicht verheiratet. Mein Vater ist gestorben, als ich fünf war. Der Großvater hat Suizid gemacht und die Großmutter väterlicherseits wahrscheinlich auch. Dann habe ich noch vier Halbgeschwister, wovon ich zwei überhaupt nicht kenne.
HELLINGER Da kommt was auf uns zu.
zu Maria Ich fange mal mit dem Naheliegenden an, also mit dem Gegenwartssystem: dein erster Mann, zweiter Mann, dritter Mann, die Kinder. Okay, stelle auf.
als Maria ziemlich schnell aufstellt Ich habe eine Frage an dich. Hast du dir das vorher überlegt, wie du das aufstellst?
MARIA Nein.

HELLINGER Nicht vorher überlegt? Mache es ganz langsam und gesammelt, ja? Fange noch mal von vorne an.

Bild 1

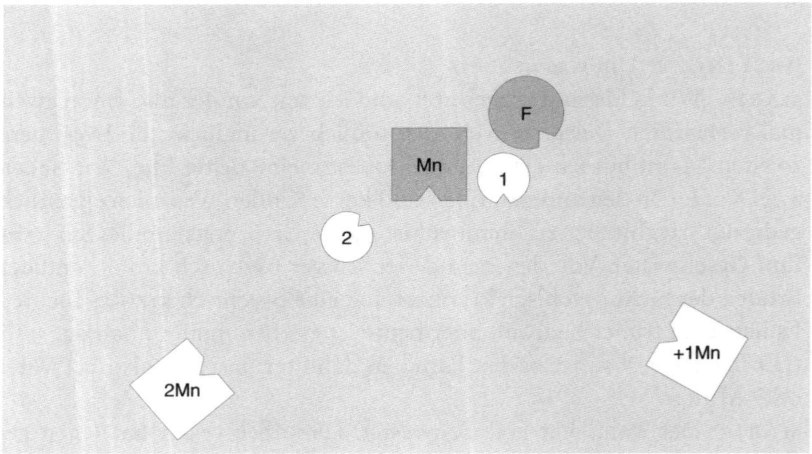

F Frau (= Maria)
Mn Mann (= Walter), dritter Mann der Frau, Vater von 1 und 2
+1Mn Erster Mann, tödlich verunglückt
2Mn Zweiter Mann, von Maria geschieden
1 Erstes Kind, Tochter
2 Zweites Kind, Tochter

HELLINGER *zu Walter* Ist es dir recht, wenn ich es so lasse?
WALTER Ja.
HELLINGER *zu Maria* Okay, setze dich.
zu beiden Eltern Arme Kinder. Die haben eine schwere Bürde.
zur ältesten Tochter Wie geht es dir?
1 ERSTES KIND Nicht so gut. Mehr kann ich im Moment nicht sagen.
HELLINGER *zur jüngeren Tochter* Und wie geht es dir?
2 ZWEITES KIND Ich bin froh, dass der Vater mir gegenüber steht. Mit den Frauen möchte ich gar nichts zu tun haben.
HELLINGER *zum Stellvertreter des Mannes* Wie geht es dem Mann?
Mn MANN Ich habe irgendetwas ausgefressen und bin blockiert. Ich bin jetzt gefangen.
HELLINGER *zur Stellvertreterin der Frau* Wie geht es der Frau?

F FRAU Ich fühle mich konfrontiert von vorne, vom ersten Mann. Obwohl das rechts hier ja meine Familie ist, fühle ich kaum etwas. Hier nach vorne ist eine Begegnung, eine Konfrontation.

HELLINGER Das ist die erste Bindung. Stelle dich einmal neben ihn, einfach neben ihn stellen.

Bild 2

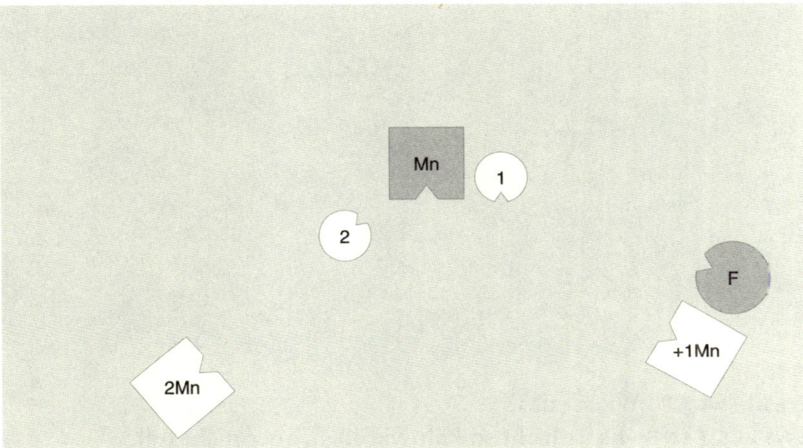

HELLINGER *als die Frau nickt* Genau, das ist die erste Liebe.

F FRAU Ich bin ganz locker hierher gegangen. Das war ganz einfach.

HELLINGER *zum ersten Mann* Wie geht es dir?

+1Mn ERSTER MANN † Es geht jetzt besser. Am Anfang war ich ziemlich sauer, als ich hier außen stand. Ich habe mich ziemlich geärgert.

HELLINGER *zur ältesten Tochter* Was ist jetzt bei der Tochter?

1 ERSTES KIND Ich friere jetzt. Mir ist ziemlich kalt.

HELLINGER *zur Stellvertreterin der Frau* Komm du noch einmal zurück, da wo du standest.

HELLINGER *zur ältesten Tochter* Stelle du dich neben ihn, richtig daneben.

Bild 3

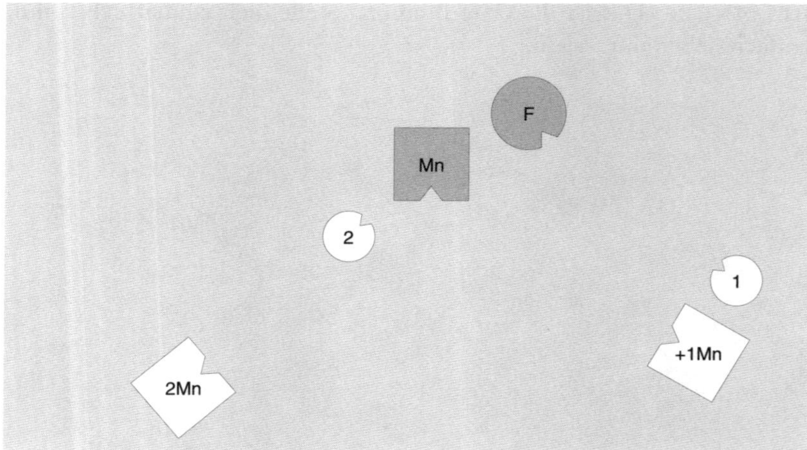

HELLINGER Wie ist das?

1 ERSTES KIND Es ist nicht so kalt wie eben, aber nicht toll.

HELLINGER Ist es besser oder schlechter?

1 ERSTES KIND Besser.

+1Mn ERSTER MANN † Nein, schlechter.

HELLINGER Wie geht es der Mutter jetzt? Geht es ihr besser oder schlechter?

F FRAU Als sie gesagt hat »Ich friere«, da habe ich auf einmal gemerkt, ich kriege Gänsehaut. Ich habe immer noch Gänsehaut. Ich glaube, ich friere auch, also, ich merke meine Haut irgendwie komisch. Das gefällt mir nicht, vorher war es besser, als ich da drüben war.

HELLINGER Und im Vergleich zu hier, ist es besser, wenn die Tochter dort steht, oder wenn sie hier steht?

F FRAU Als ich gehört habe, dass sie friert, hat mich das schon auch berührt.

HELLINGER Nur von der Bewegung, unabhängig von dem, was sie gesagt hat.

F FRAU Ich will da drüben stehen.

HELLINGER Sage ihr das: »Ich will da drüben stehen.«

F FRAU Ich will da drüben stehen.

HELLINGER »Dein Platz ist beim Vater.«

F FRAU Dein Platz ist beim Vater.

HELLINGER *zur ältesten Tochter* Wie ist das jetzt?

1 ERSTES KIND Ja, muss ich ausprobieren.
HELLINGER Ja, probiere aus.
zur Frau, als sie sagt: »Ich möchte da rüber.« Nein, warte noch ein bisschen, warte noch ein bisschen. Es ist keine gute Lösung, es sind alles Zwischenschritte.
zur ältesten Tochter, als er sieht, dass sie sich neben dem Vater nicht wohl fühlt Es ist nicht das Wahre.

Hellinger stellt sie dem Vater gegenüber und ihre Schwester neben sie.

Bild 4

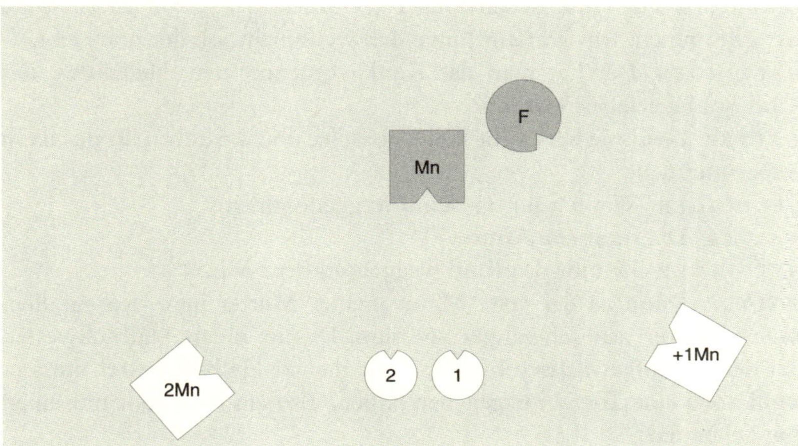

HELLINGER Und so?
1 ERSTES KIND Ja, das ist besser.
2 ZWEITES KIND Das ist auch gut.
HELLINGER *zum Mann* Was ist bei dir?
Mn MANN Vorhin, wie die Frau kurz weg war, wurde es viel leichter. Jetzt ist es immer noch bedrohlich, und ich bin auf einer schuldigen Position.
HELLINGER *zu Walter* Was sagst du zu dem, was dein Stellvertreter sagt?
WALTER Das kann ich so nachvollziehen. Das kann ich nachfühlen, ja. Ich denke auch, dass die Mädchen zusammen stehen, ist auch besser.
HELLINGER Ist da etwas passiert, dass du so fühlst, als hättest du etwas ausgefressen?
WALTER Ausgefressen? Es ist so ein Nicht-genau-Wissen, wie ich da rein gehöre, also so eine Art Bindungslosigkeit. So empfinde ich das.
HELLINGER Ich meine, gab es bestimmte Ereignisse in deinem Leben, die das rechtfertigen würden, zum Beispiel Abtreibungen oder so etwas?

WALTER In meinem Leben? Nein.
HELLINGER Das käme dann mehr von der Ursprungsfamilie her. *Walter nickt.* Was war noch einmal mit deinem Vater?
WALTER Der ist gestorben, als ich fünfeinhalb war. Ich bin ein uneheliches Kind. Ich habe zwei Halbschwestern. Mit einer bin ich aufgewachsen, die andere ist die Tochter meines verstorbenen Vaters. Mit ihr habe ich versucht, Kontakt aufzunehmen, habe sie auch getroffen, aber sie blockt ab. Dann gibt es wahrscheinlich noch einen Bruder, das weiss ich aber nicht. Meine Mutter ist in der Evakuierung von den Russen vergewaltigt worden und ist schwanger geworden. Die haben ihr das Kind weggenommen. Das war ein Junge. Ich weiß nicht, ob der noch lebt.
HELLINGER Der hat man das Kind weggenommen. Heißt das, das Kind ist abgetrieben worden?
WALTER Nein, sie hat es zur Welt gebracht, und die haben ihr das dann weggenommen.
HELLINGER Wer hat ihr das Kind weggenommen?
WALTER Die russische Armee.
HELLINGER Hat ihr das Kind weggenommen? Mh.
WALTER Dann ist der erste Mann meiner Mutter im Krieg gefallen. Meine Mutter war schwanger von ihm. Das ist meine Halbschwester, mit der ich aufgewachsen bin. Und vor meiner Halbschwester muss es wohl noch eine Totgeburt gegeben haben, also ein Kind, das nur einen Tag gelebt hat.

HELLINGER *zu Walter* Also, ich stelle jetzt einmal auf, deinen Vater, das ist der erste, und dann diesen Halbbruder von dir, der von den Russen weggenommen wurde. Stelle sie einfach mal auf.

Bild 5

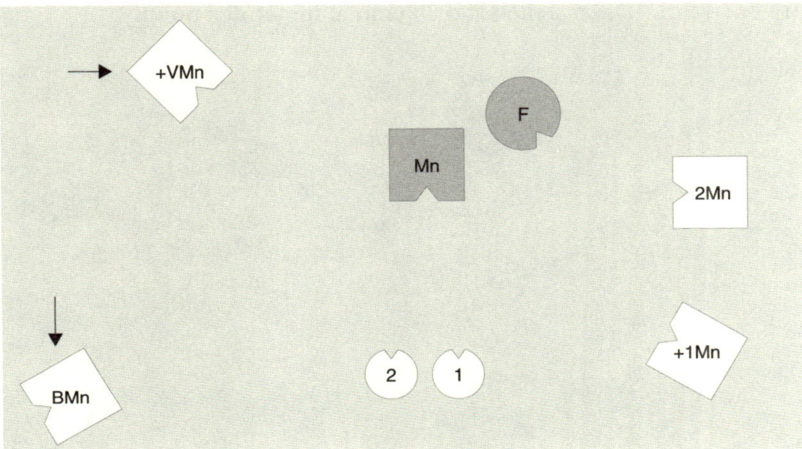

+VMn Vater des Mannes, früh gestorben, nicht mit seiner Mutter verheiratet
BMn Bruder des Mannes, aus einer Vergewaltigung der Mutter, von Russen der Mutter weggenommen

HELLINGER Was ist jetzt verändert?

Mn MANN Es ist mir keine Hilfe, es entlastet mich nicht.

HELLINGER Der Vater?

Mn MANN Ja.

HELLINGER Und der Bruder?

Mn MANN Er ist ohne Bedeutung im Moment. Als ich zugehört habe, wie er es erzählt hat, da wurde es leichter. Aber es bleibt auf dem Niveau, auch jetzt, wenn sie da sind.

HELLINGER Sage es noch einmal, die haben das nicht verstanden da hinten. Sage es deutlicher.

Mn MANN Beim Zuhören wurde es mir leichter, als ich diese Verbindungen gehört habe. Jetzt, wo sie dastehen, bleibt es auf dem Niveau, es wird nicht noch leichter. Es ist so ein bisschen leichter, aber ohne direkte Anbindung. Es ist mir auch keine Hilfe. Das war so mein erstes Empfinden. Sie sind zu weit weg.

HELLINGER Nur weil sie zu weit weg sind, oder weil sie keine Bedeutung haben?

Mn MANN Weil sie zu weit weg sind.
HELLINGER Was ist beim Vater?
+VMn VATER DES MANNES † Ich habe sofort Herzrasen gekriegt, also ich bin total am Vibrieren, innerlich ganz aufgewühlt.
HELLINGER Dann stelle ich dich einmal hinter den Sohn.

Bild 6

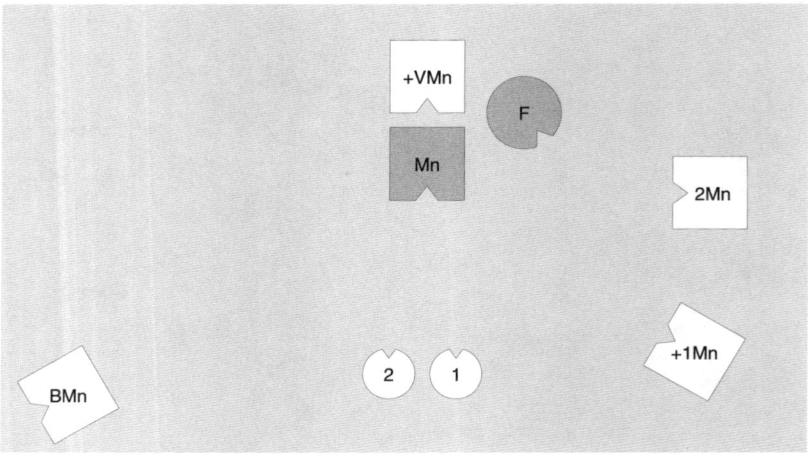

HELLINGER Wie ist das?
+VMn VATER DES MANNES † Es wird langsam weniger. Ich wollte auch zu ihm. Langsam wird es.
HELLINGER *zum Stellvertreter des Mannes* Bei dir?
Mn MANN Es geht noch nicht, es ging zu schnell. Und etwas trennt uns, da steht etwas dazwischen. Ich kann das nicht nehmen.
HELLINGER *zu Walter* Hat dein Vater dich anerkannt?
WALTER Er hat mich schon geliebt, ja. Wir haben nicht zusammen gewohnt, er war so ein Besuchsvater. Er war verheiratet mit einer anderen Frau. Und er kam oft zu Besuch. Wir haben auch viel Zeit miteinander verbracht. Anerkannt? Weiß ich nicht.

Hellinger wählt eine Stellvertreterin für die Mutter des Mannes und stellt sie in seinen Blick.

Bild 7

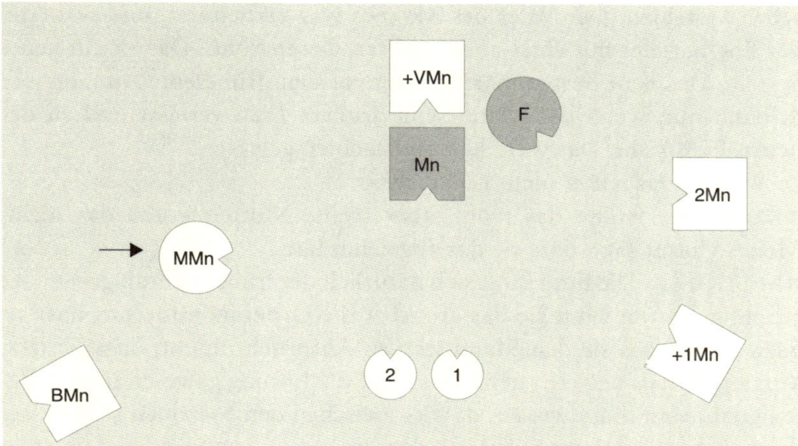

MMn Mutter des Mannes

HELLINGER Was verändert das?

Mn MANN Es wird weniger wichtig, dass der Vater hinter mir steht. Sie fesselt meinen Blick zuerst. Aber den Vater hätte ich gerne auch im Blick und nicht so an mir dran.

2 ZWEITES KIND Jetzt, wo die Oma kommt, ist das für mich eine ganz große Entlastung. Vorher hatte ich ständig das Gefühl, ich würde gerne mich da hinstellen, wo sie jetzt steht, also zwischen den Vater und seinen Bruder.

1 ERSTES KIND *zur Schwester* Meine linke Seite ist warm geworden, seitdem ich neben dir stehe. Sonst hat sich nichts verändert. Ich friere auf der rechten Seite jetzt noch.

+VMn VATER DES MANNES † Ist das meine Frau?

HELLINGER Du hast mit ihr das Kind, aber sie ist nicht deine Frau.

+VMn VATER DES MANNES † Es ist entlastend, wenn sie dazukommt, für mich.

HELLINGER *zu Walter* Sind die anderen Kinder deines Vaters älter als du?

WALTER Eine Halbschwester ist 20 Jahre älter als ich. Von den anderen Kindern, die er vielleicht hatte, weiß ich nichts. Aber das ist klar, die

Halbschwester war seine leibliche Tochter, die er mit der Frau hatte, mit der er verheiratet war, als er die Beziehung zu meiner Mutter hatte.
HELLINGER *zur Gruppe* Ich will etwas sagen über die Ordnung zwischen Systemen. Der Vater des Mannes war verheiratet, und während der Ehe hatte er mit einer anderen Frau diesen Sohn. Das ist ein neues System. Das neue System hat Vorrang vor dem früheren. Ordnung gibt es dann nur, wenn der Mann seine frühere Frau verlässt und zu der neuen Frau zieht. Das wäre hier zu beachten gewesen.
zu Walter Das hat er nicht gemacht.
WALTER Er wollte das wohl, aber meine Mutter wollte das nicht. Meine Mutter sagt, dass sie das abgelehnt hat.
HELLINGER Die Frau fühlt sich natürlich der früheren Frau gegenüber schuldig, darum lehnt sie das ab. Aber die Ordnung erfordert, dass sie dazu steht, dass sie den Mann jetzt in Anspruch nimmt, dass sie jetzt Vorrang hat als neues System. Das wäre die Lösung gewesen für alle Beteiligten. Man muss wissen, dass es zwischen den Systemen so ist, dass das neue System Vorrang hat vor dem früheren, wenn ein Kind geboren wird.
zur Mutter des Mannes Wie geht es denn dir?
MMn MUTTER DES MANNES Ach, ganz gut. Nur, das stimmt schon, der Mann interessiert mich gar nicht. Ich wollte das Kind von ihm, und da sehe ich eher einen Partner in diesem Sohn. So fühle ich das.

Hellinger stellt den Vater des Mannes rechts neben die Mutter.

Bild 8

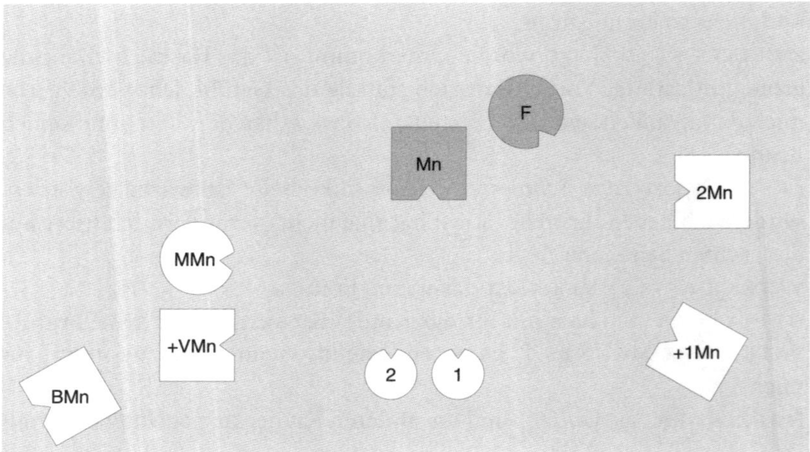

HELLINGER *als die beiden sich anlachen* Na, was ist?

MMn MUTTER DES MANNES Das ist schon etwas besser. Aber der Sohn ist trotzdem noch wichtiger.

HELLINGER Ich glaube, du wolltest mehr als einen Sohn haben. *Sie nickt lachend dem Vater des Mannes zu.* Gewöhnlich ist das so.

zum Stellvertreter des Mannes Was ist jetzt?

Mn MANN Wenn die so zusammenstehen, gehe ich innerlich einen Schritt zurück und werde etwas wütend und traurig und ganz trotzig.

HELLINGER Wütend auf wen?

Mn MANN Auf beide.

HELLINGER Jetzt schaue ich einmal nach dem Bruder. Wie geht es dir hier?

BMn BRUDER DES MANNES Zuerst war ich sehr ausgeschlossen, wie in einer Blase. Und dann kam etwas Warmes von hinten auf mich zu. Mein Bedürfnis war immer mehr, mich umzudrehen. Jetzt ist es so: Ich würde mich immer noch gerne umdrehen, aber ich will hier stehen bleiben.

HELLINGER Ich bringe dich mal ins Spiel. Stelle dich neben die Mutter.

zum Stellvertreter des Mannes Gehe einen Schritt zurück, damit du sie im Blick hast.

Bild 9

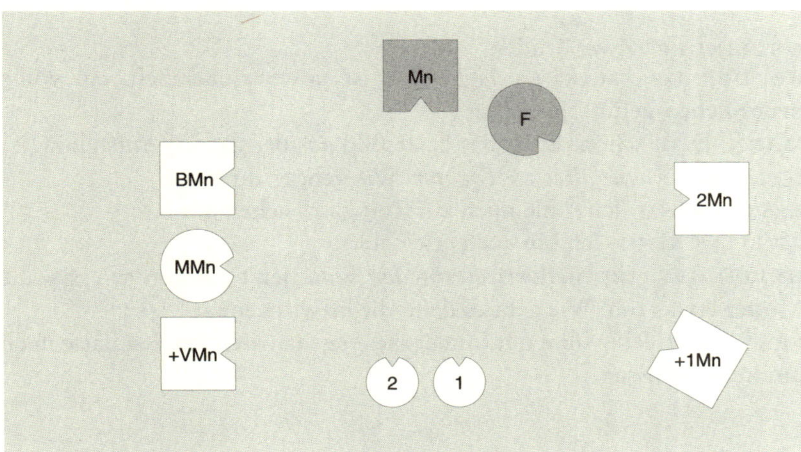

HELLINGER Was ist jetzt?

Mn MANN Das ist ganz neu. Der interessiert mich sehr. Und das mit den Eltern wird etwas leichter.

HELLINGER *zum Bruder des Mannes* Wie geht es dir jetzt?

BMn BRUDER DES MANNES Für mich ist es auch völlig neu, aber es kommt eine unwahrscheinliche Energie in mich hinein, und das tut mir sehr gut. Ich hätte das nie geahnt.

HELLINGER Stelle dich einmal neben ihn.

Bild 10

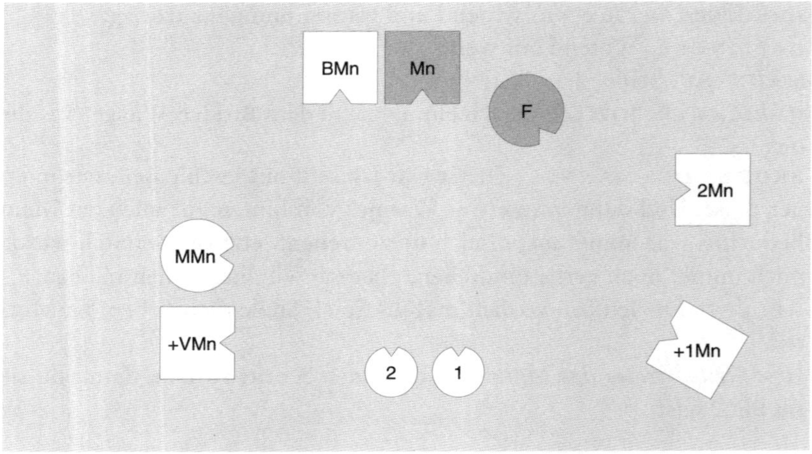

HELLINGER Zwei Brüder.

BMn BRUDER DES MANNES *lacht* Das ist unwahrscheinlich, ein völlig neues Lebensgefühl. Ja, toll.

Mn MANN Es ist schön. Es ist das beste Bild aus der ganzen Aufstellung.

HELLINGER *zur ältesten Tochter* Wie geht es dir jetzt?

1 ERSTES KIND Ich fühle mich zur Zeit ganz sicher, gut.

2 ZWEITES KIND Ich bin auch erleichtert.

HELLINGER *zur Stellvertreterin der Frau* Jetzt müssen wir für die Mutter etwas tun. Wie geht es denn dir inzwischen?

F FRAU *lacht* Ich wollte mir immer die Augen ausrenken. Ich hätte mich umdrehen müssen.

HELLINGER Das brauchst du gar nicht. Du kannst dich ruhig daneben stellen.

Bild 11

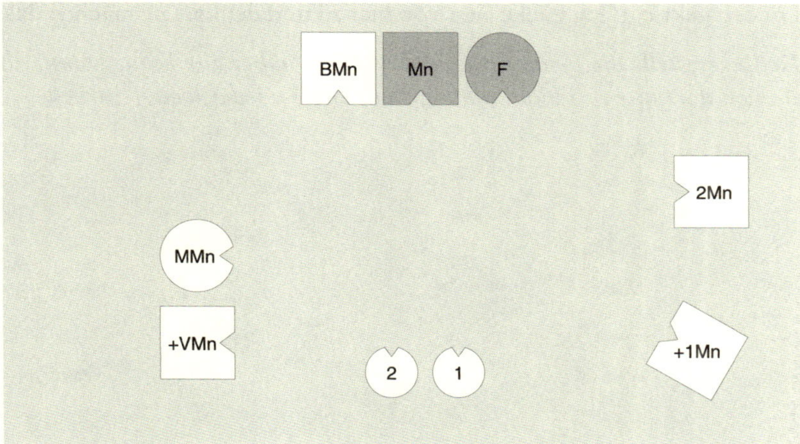

HELLINGER Wie ist denn das?

F FRAU Ja, das finde ich gut. Ja, es geht mir gut hier.

Hellinger verschiebt auch die anderen Mitglieder der Familie, damit sich alle gut sehen können.

Bild 12

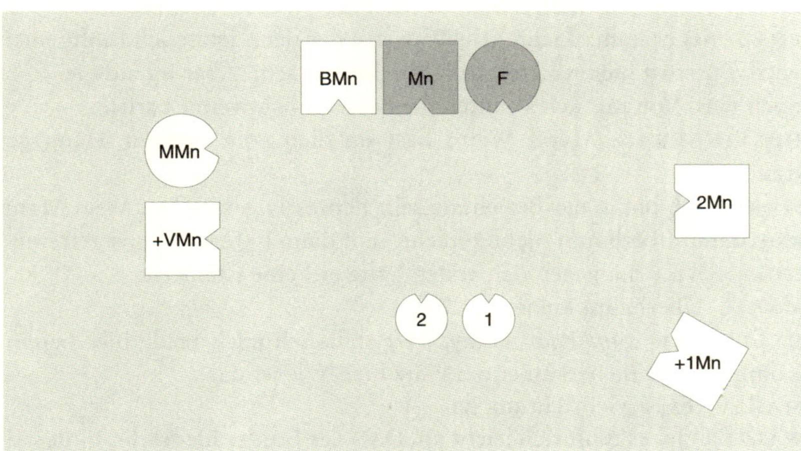

HELLINGER *zum ersten Mann* Wie geht es denn dir jetzt?

+1Mn ERSTER MANN † Ich bin sehr viel ruhiger geworden, als die Frau sich dazugestellt hat. Da hat sich sehr viel in mir beruhigt. Ich habe inneren Frieden gekriegt. Ich gucke jetzt von hier zu und denke: Die machen das.

Hellinger stellt die beiden früheren Männer näher zur Frau. Dann, als sie sich dort nicht so wohl fühlen, stellt er sie wieder weiter zurück.

Bild 13

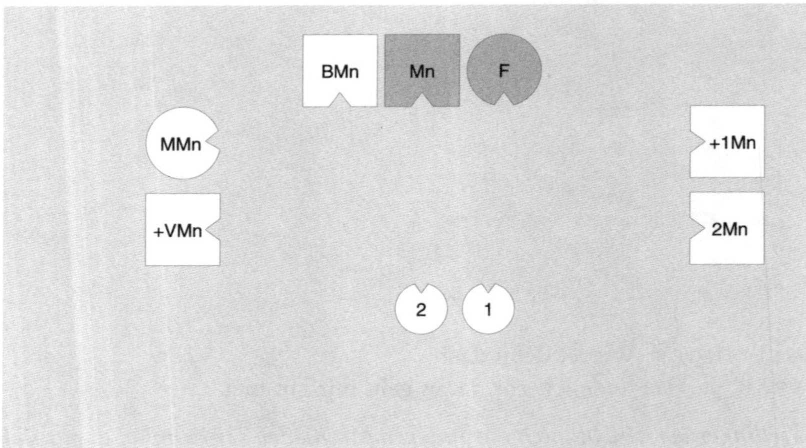

HELLINGER *zur Stellvertreterin der Frau* Was ist jetzt bei dir?

F FRAU Als er kam, dachte ich: Was will der denn jetzt? Ich fühlte mich wieder gestört hier, weil ich froh bin, hier zu sein. Aber irgendwie ist da noch was. Von mir aus könnten die beiden noch weiter zurück.

HELLINGER *zu Maria* Wieso hast du dich vom zweiten Mann getrennt?

MARIA Ich bin in der Beziehung sehr depressiv geworden. Mein Mann kam damit überhaupt nicht zurecht, und dann haben wir uns getrennt.

HELLINGER Ja, gegen den ersten hatte er keine Chancen.

MARIA Überhaupt keine.

HELLINGER *zum Paar* Okay, jetzt stelle ich euch beide hier herein. Kommt ihr beide mal an euren Platz hier. Wie ist das?

F MARIA Es ist viel Achtung da.

Mn WALTER Ja, es fühlt sich leicht an. Dass der Bruder hier steht, fühlt sich sehr gut an. Das also war es, was mir gefehlt hat. Ja, es fühlt sich so rund an.

HELLINGER *zu Maria* Sag dem ersten Mann: »Ich habe dich sehr vermisst.« Schaue ihm in die Augen dabei.

F MARIA *sehr bewegt* Ich habe dich sehr vermisst.

HELLINGER »Doch ich lasse dich jetzt ziehen mit Liebe.«

F MARIA Doch ich lasse dich jetzt ziehen mit Liebe.

HELLINGER »Das ist jetzt mein Mann.«

F MARIA Das ist jetzt mein Mann.

HELLINGER »Und das sind meine Kinder.«

F MARIA Und das sind meine Kinder.

HELLINGER Sage es noch einmal freundlich, mit ganz normaler Stimme.

F MARIA Und das ist jetzt mein Mann, und das sind meine Kinder.

HELLINGER Genau.

zum ersten Mann Wie geht es dir?

+1Mn ERSTER MANN † Sehr gut.

HELLINGER *zu Maria* Sage ihm: »Sei freundlich, wenn ich bleibe, bei meinem Mann und bei meinen Kindern.«

F MARIA Sei freundlich, wenn ich bleibe, bei meinem Mann und meinen Kindern.

HELLINGER Das ist er, siehst du das? Die Toten sind freundlich. Manche Leute meinen, die seien neidisch. Nein, das sind sie nicht.

zu Maria Einverstanden so? *Sie nickt.*

HELLINGER Okay. Schaue die Kinder an. Sage ihnen: »Ich bleibe.«

F MARIA *flüsternd* Ich bleibe.

HELLINGER Mit ganz normaler Stimme.

F MARIA Ich bleibe.

HELLINGER *zu den Töchtern* Wie geht es jetzt?

1 ERSTES KIND Sehr gut. Es rührt mich total.

2 ZWEITES KIND Bei mir hat sich sehr viel verändert, als sie zu ihm gesprochen hat. Ich hatte vorher so eine Konkurrenz zu ihr. Und dann hatte ich plötzlich das Gefühl, jetzt steht sie am richtigen Ort, und jetzt kann ich plötzlich klein werden.

HELLINGER *zum Paar* Haben wir es für euch?

Mn WALTER Ja, ich weiß nicht wie. Da ist jetzt Frieden. Das ist überraschend für mich, aber das ist schön.

F MARIA Ich fühle mich immer noch etwas kontaktlos, also etwas leer. Ich frage mich, ob das aus all dieser Familiengeschichte kommt.

HELLINGER Sag dem Mann doch mal: »Lege mal den Arm um mich.«

F MARIA Lege mal deinen Arm um mich.

HELLINGER Na, wie ist es jetzt?

F MARIA Besser.

HELLINGER So schnell geht Kontakt. Okay so? Gut, das war's dann.

HELLINGER *zur Gruppe* Von all den Informationen, die wir von Mann und Frau bekommen, kann man schließen, dass noch vieles von den Ursprungsfamilien her gelöst werden müsste und könnte.
zum Paar Aber das, was die Paarbeziehung betrifft, ist jetzt in Ordnung. Wir haben das Wesentliche gemacht. *Beide nicken zustimmend.* Aber jeder von euch könnte noch einmal in einem anderen Zusammenhang seine Herkunftsfamilie aufstellen, um Klarheit zu bekommen.
zur Frau Vor allem du. Dein Mann hat, glaube ich, größere Klarheit als du. In der Herkunftsfamilie sind so viele psychisch Kranke, und dem müsste man nachgehen. Aber es ist nicht meine Aufgabe hier, das zu machen. Ich arbeite hier nur mit Paarbeziehungen. Okay?

Beide nicken.

HELLINGER Gut.

Zusammenfassung

Die Verstrickung *Der Mann ist unehelich geboren. Sein Vater war mit einer anderen Frau verheiratet und starb früh. Seine Mutter hatte aus einer Vergewaltigung einen Sohn, der ihr von russischen Soldaten weggenommen wurde und seitdem verschollen ist.*

Die Frau war schon zweimal verheiratet. Ihr erster Mann starb bei einem Unfall. Zu ihm zieht es sie hin. Vom zweiten Mann ist sie geschieden.

Die Lösung *Der verschollene Bruder des Mannes wird ins Spiel gebracht und neben ihn gestellt.*

Die Frau sagt ihrem ersten Mann: »Ich habe dich sehr vermisst. Doch ich lasse dich jetzt ziehen mit Liebe. Das ist jetzt mein Mann, und das sind meine Kinder. Sei freundlich, wenn ich bleibe, bei meinem Mann und bei meinen Kindern.«

Sie sagt ihren Kindern: »Ich bleibe.«

Stephan und Karin
Die Trennung

HELLINGER Hallo.
MANN Hallo. Wir sind Karin und Stephan. Wir sind seit 14 Jahren verheiratet, haben zwei Kinder und unterhalten uns seit acht bis zehn Jahren immer wieder mal über Trennung, zuletzt vor einem halben Jahr etwa.
HELLINGER Da gibt es ein Geheimnis. Weißt du das?
STEPHAN Nein.
HELLINGER Wenn man es beredet, braucht man es nicht zu tun.
STEPHAN Das habe ich wohl erkannt. Also, es hat nicht stattgefunden bislang. Aber es gibt halt immer wieder Auseinandersetzungen, in denen ich mich nicht sehr sicher fühle, nicht sehr stark fühle, obwohl ich glaube, ich habe trotz vieler Jahre widriger Umstände und Erfahrungen mein Rückgrat behalten. Da spielt die Familie meiner Frau eine Rolle bzw. die Tatsache, dass ich 14 Jahre in der Firma meines Schwiegervaters tätig war.
HELLINGER *zur Frau* Ach Gott, der Arme.
STEPHAN Da gibt es nichts zu bedauern. Ich bin daran gewachsen, aber ich habe halt meinen Traum von der Selbständigkeit trotz dieser vielen Jahre nicht verwirklichen können. Ich musste gehen.
HELLINGER Bist du gegangen jetzt von der Firma?
STEPHAN Ich habe mich letztlich entschieden zu gehen.
HELLINGER Sehr gut, meinen Glückwunsch. Also, in der Firma der Frau hat der Schwiegersohn nichts zu melden, und wenn er etwas zu melden hat, ruiniert er sie.
als der Mann protestiert Ich sehe, es gibt Ausnahmen.
STEPHAN Ich bin überzeugt davon, dass es Ausnahmen gibt.
HELLINGER Bei meinen Meinungen habe ich auch manchmal etwas Rückgrat. Man muss mich schwer überzeugen von so etwas. Okay, was sagt die Frau?
KARIN Ich habe das Gefühl, dass ich auf Grund der Tatsache, dass mein Vater, sein Chef, auch bei mir eine sehr große Rolle gespielt hat, ich meine Familie nicht so gesehen habe, wie ich sie sehen müsste. Mein Vater spielt immer noch eine sehr große Rolle in meinem Leben, und ich nehme deshalb den Mann an meiner Seite nicht richtig wahr und bin auch sehr oft ausgebüxt. Ich habe immer sehr viele Probleme gemacht und habe sehr oft auch Abwechslung gesucht. Das ist sicherlich nicht einfach für ihn gewesen, das zu ertragen.
HELLINGER Verdienst du ihn?

KARIN Ich möchte gerne, ja. *Sie lacht.*
HELLINGER Ich habe gefragt, ob du ihn verdienst.
KARIN Ja, ich verdiene ihn.
HELLINGER Nein.
nach einer Weile des Schweigens, als der Mann die Frau streichelt Das verdient sie nicht, nein. Sie muss die Folgen ihres Verhaltens tragen, nicht du. Das tut sie nicht.
KARIN Ich habe mehrfach den Ansatz gemacht und meinem Mann gesagt, wenn ich mich in seine Rolle versetze, dass ich es nicht hätte ertragen können, und dass ich es gut verstehen würde, wenn er mich verlassen würde. Es sind auch immer wieder diese Auseinandersetzungen, in denen ich das Gefühl habe, ich kann ihm das nicht mehr zumuten. Eine Beziehung kann man so nicht leben. Deshalb sind wir auch hier. Natürlich spielt die Schuld ganz klar herein. Ich fühle mich schuldig, ich versuche mich zu ändern, aber es ist sehr schwer.
HELLINGER Versuche mal aufzustehen. Kannst du das?
als Karin aufsteht Das ist kein Versuch. Solange man es versucht, bleibt man sitzen. Entweder man steht auf, oder man versucht es.
KARIN Die Tat ist es, ja.
HELLINGER Okay, jetzt weiß ich nicht, ob ich viel machen kann für euch.
STEPHAN Das wäre aber sehr schade.
HELLINGER Was heißt schade?
STEPHAN Wir möchten gerne Hilfe. Ich möchte gerne ihrer sicher sein und verschiedene Wettbewerber gerne aus dem Feld schlagen.
als Karin ihn aufmerksam macht Da gibt es noch ein Suchtproblem, das sehe ich auch als Wettbewerber.
HELLINGER Was?
STEPHAN Ein Suchtproblem. Ich möchte sie schon gerne für mich.
HELLINGER *zu Karin* So einen Mann hast du, stell dir vor! Der ist zu gut für dich. Da ist die Frage, was machen wir jetzt? Ich stelle jetzt mal euch beide auf, stellvertretend.

HELLINGER *zu Stephan* Stelle auf nach dem gesammelten inneren Gefühl, nicht nach Vorstellung, nach dem unmittelbaren Gefühl.

Bild 1a

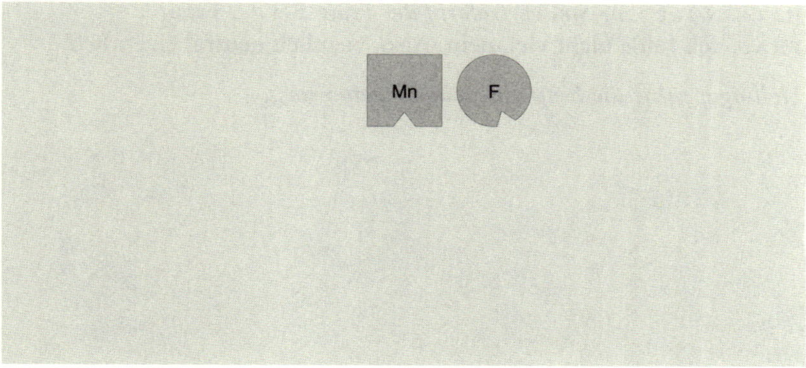

Mn Mann (= Stephan)
F Frau (= Karin)

HELLINGER *zu Karin* Wie würdest du es aufstellen?

Bild 1b

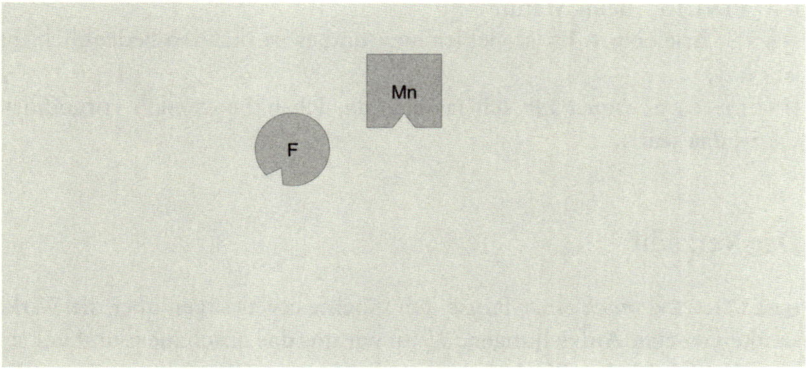

HELLINGER *zum Stellvertreter des Mannes* Wie geht es dem Mann?

Mn MANN Ich hatte erst mal tierisches Herzklopfen, als ob mir das Herz aus der Brust springt. Und jetzt ist es plötzlich so taub. Ich spüre gar nichts mehr. Ich weiß nichts.

HELLINGER Das war, als sie hier drüben stand, oder was?

Mn MANN Ja, ich glaube, ich fand das schön. Das war angenehm. Und in dem Moment, wo sie so rüber ging, war es wie ein Schlag ins Gesicht. Und jetzt ist es irgendwie tot.
HELLINGER *zur Stellvertreterin der Frau* Bei der Frau?
F FRAU Ich fühle nicht viel, nein. Also, ziemlich neutral eigentlich.

Hellinger führt die Frau abgewandt weiter weg.

Bild 2

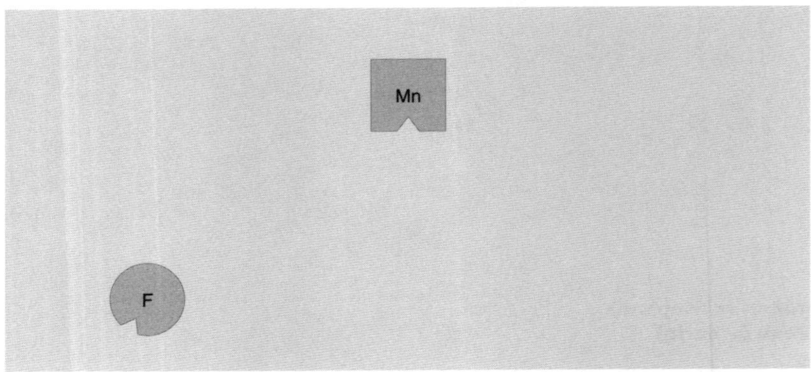

HELLINGER Wie ist es jetzt?
F FRAU Gut, ja.
HELLINGER Beim Mann?
Mn MANN Erleichtert. Es ist viel leichter, und es ist nicht so bedrohlich. Es ist okay.
HELLINGER *zum Paar* Ich lasse es da. Ich habe es euch vorgeführt. Okay, das war's.

Der Verzicht

HELLINGER *nach einer Pause* Ich möchte etwas sagen über die Wirksamkeit solcher Aufstellungen. Wenn wir uns das anschauen, und wir sehen die Kraft der Bindungen an die Herkunftsfamilie und an die Schicksale von Mitgliedern der Herkunftsfamilie, dann wird deutlich, wie schwer es für einzelne ist, sich daraus zu lösen und einer guten Lösung für sich zuzustimmen. Denn die Schicksalsbindung an die Ursprungsfamilie wird, selbst wenn sie schlimme Folgen hat, als Glück erlebt. – So merkwürdig das klingt.

Wer also einem verstorbenen Vater oder einem verstorbenen Geschwister oder wem immer ähnlich werden will in seinem Schicksal, oder wer einem behinderten Geschwister ähnlich werden will in dessen Schicksal, fühlt sich, wenn er das macht, gut und zugehörig.

Wenn er sich trennt von denen, indem er ihnen die Ehre gibt und sich zurückzieht, auch mit deren Wohlwollen, dann erlebt er das wie eine Trennung von dieser tiefen Bindung und es macht Angst. Dann ist das Leiden leichter als das Lösen, und das Unglück sehr viel leichter als das Glück. Deswegen kommt, wenn wir hier so eine Aufstellung gemacht haben, der Sog aus der Schicksalsbindung noch einmal zurück.

Dann muss der Therapeut vorsichtig sein. Er nimmt sich etwas zurück und wartet. Nicht handeln, das ist ganz wichtig, sondern erst einmal warten, wie das, was hier war, sich entwickeln kann. Es ist oft so, gerade wenn es schwere Schicksale gab, dass jemand, nachdem er mitgegangen ist mit der Lösung, wieder zurückfällt in die Schicksalsbindung. Der Therapeut kann nicht dazwischentreten. Er muss es dann lassen.

Es ist nämlich nicht sicher, wo die Größe und letztendlich die eigene Bestimmung liegt. Es geht hier nicht darum, Glück zu produzieren, sondern es geht darum, im Einklang mit Schicksalen eine Lösung zu finden, in der Kraft liegt, und in der der einzelne sich dann auch erfüllt erlebt. Deswegen vorsichtig sein mit der schnellen Lösung! Und vorsichtig sein mit dem schnellen Zurücksinken in das Alte!

zu Stephan und Karin Ein kleines Pflänzchen braucht besondere Pflege. Der große Baum, der kommt allein zurecht. Einverstanden so? Gut.

Das Mitschwingen

HELLINGER Irgendwelche Fragen zu der Arbeit vorher?

TEILNEHMER Die Personen, die als Repräsentanten aufgestellt werden, haben ja ein sehr starkes Empfinden. In deinem Buch schreibst du, dass sie persönlich im Grunde gar nicht damit involviert sind. Gleichzeitig gibst du aber jetzt einzelnen Personen Lösungssätze. Dann vermischt sich das doch. Wenn ich als Repräsentant stehe, empfinde ich Dinge auch für mich und kann etwas für mich lösen, ohne dass ich jetzt extra für mich etwas aufstellen muss.

HELLINGER Manchmal kann man das. Und es soll mir natürlich recht sein. Es ist ja auch so für die, die hier zuschauen. Sie können, indem sie das beobachten, sehen, wo die gute Bewegung zur Lösung ist. Solche Sätze haben schon Kraft, solche guten Sätze. Es sind Lösungssätze im doppelten Sinn. In der Anerkennung einer Bindung kann man sich gleichzeitig lösen.

Die Rangfolge

HELLINGER *nach einer Aufstellung, die hier ausgelassen wurde* Ich möchte etwas sagen über die Ordnung in komplexen Familien. Es gibt eine Rangfolge, und in einer Paarbeziehung gibt es auch eine Rangfolge. Das heißt, Mann und Frau sind in erster Linie ein Paar, und in zweiter Linie werden sie Eltern. Die Elternschaft ist das Ergebnis der Paarbeziehung. Deswegen hat die Paarbeziehung Vorrang vor dem Elternsein. Die Kraft zur Liebe für die Kinder schöpft das Paar aus seiner Beziehung. In den Kindern setzt sich die Liebe des Paares füreinander fort.

Wenn der Vater in den Kindern die Mutter liebt, und die Kraft zur Liebe für die Kinder aus der Liebe zu seiner Frau schöpft, geht es den Kindern gut. Und umgekehrt, wenn die Frau in den Kindern den Mann liebt, und die Kraft zu dieser Liebe aus der Beziehung zum Mann schöpft, geht es den Kindern gut.

Es wirkt hier noch eine andere Dynamik mit. Die Liebe zu den Kindern schöpft ihre Kraft auch aus der Liebe, die jeder von seinen Eltern empfangen hat, und die er jetzt weitergibt an seine Kinder. Wir haben hier also eine mehrschichtige Dynamik. Aus der schöpfen die Eltern die Kraft, und das Paar schöpft daraus die Kraft.

Wenn ein Mann – wie wir hier gesehen haben – mit seiner ersten Frau ein Kind hat, dann hat diese Vaterschaft Vorrang vor der Paarbeziehung zur zweiten Frau. Das heißt, die Sorge und die Liebe für die Tochter hat Vorrang vor der Liebe zur Frau, so ist dann die Rangordnung. Und die Frau muss das anerkennen, dass er zuerst Vater ist für seine Tochter. Erst in zweiter Linie ist er Mann für die Frau, und in dritter Linie ist er dann Vater für das gemeinsame Kind. Das ist die Rangordnung.

Die Frau darf nicht in Konkurrenz treten mit seiner Tochter. Sie muss das anerkennen. Wenn das anerkannt ist, steht dieser Beziehung nichts im Wege.

Vaters Sohn und Mutters Tochter

Wenn ein Mann Schwierigkeiten hat in der sexuellen Beziehung zu seiner Frau, dann liegt die Lösung darin, dass er seinen Vater als Unterstützung nimmt. Wir haben das hier gesehen. Der Vater kam ins Spiel und stand hinter ihm. Damit schöpft der Mann Kraft und Mut, sich der Frau zuzuwenden. Bei der Frau ist es umgekehrt. Die Frau gewinnt die Kraft und den Mut, sich dem Mann als Frau zuzuwenden, von ihrer Mutter.

Wenn aber ein Paar sich findet, bei dem die Frau eher mit ihrem Vater verbunden ist und der Mann eher mit seiner Mutter, haben sie öfters auch sexuelle Schwierigkeiten. Vaters Sohn und Mutters Tochter dagegen, die können's.

Dieter und Gertrud
»Jetzt bleibe ich«

HELLINGER So, um was geht es?
DIETER Für mich geht es die letzte Zeit in erster Linie darum, dass ich sehr stark Tendenzen aufweise, meine Familie zu verlassen oder in irgendeiner Form im Stich zu lassen. Das heißt nämlich ...
HELLINGER Nein, ich will das jetzt gar nicht wissen, ich brauche da keine Details. Du hast eine Tendenz, die Familie zu verlassen? Mhm. Und wie geht es dir dann?
DIETER Ich habe eher das Gefühl, ich würde sie verlassen, um sie zu schützen. Weil ich mir bestimmte Folgen nicht ausmalen kann, die passieren, wenn ich meine Pflichten nicht mehr erledigen kann.
HELLINGER Was heißt das? Bist du krank?
DIETER Nein, aber ich bin selbständig und eigentlich nicht vernünftig abgesichert. Ich habe Schulden und glaube manchmal nicht mehr, dass ich das abtragen kann. Außerdem habe ich einen gewissen Hang, die Sachen sehr depressiv zu sehen, und habe manchmal das Gefühl, dass die Art, wie ich mit mir umgehe, im Grunde genommen so eine Art schleichender Selbstmord ist. Das kann man auf die Dauer nicht machen. Ich habe die letzten Jahre immer öfter das Gefühl gehabt, ich kann das nicht mehr.
HELLINGER Ja, du bist selbstmordgefährdet.
DIETER Ja.
HELLINGER Das ist das Problem.
zur Frau Was ist bei dir?
GERTRUD Ich habe das Gefühl, ich habe ihn von seinen Plänen abgebracht.
HELLINGER Denkst du. Hast du nicht.
GERTRUD Ich versuche es immer wieder.
HELLINGER Ja, aber du hast es nicht geschafft.
zu Dieter Ich stelle deine Herkunftsfamilie auf. Warst du vorher in einer festen Bindung?
DIETER Nein.
HELLINGER Andere Kinder?
DIETER Nein.
HELLINGER Okay, stelle deine Herkunftsfamilie auf. Wer gehört dazu?
DIETER Vater, Mutter und drei Brüder.

HELLINGER Also, vier Kinder insgesamt. Okay, stelle auf.

Bild 1a

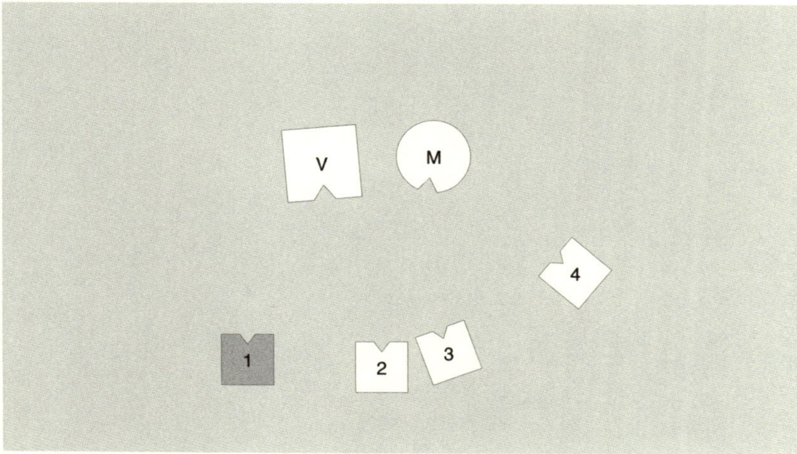

V Vater
M Mutter
1 Erstes Kind, Sohn (= Dieter)
2 Zweites Kind, Sohn
3 Drittes Kind, Sohn
4 Viertes Kind, Sohn

HELLINGER *zu Gertrud* Wie würdest du seine Herkunftsfamilie aufstellen?

HELLINGER *zu Dieter* Setze dich. Ich lasse sie noch aufstellen, damit wir sehen, was sie für ein Bild hat von der Herkunftsfamilie.

Bild 1b

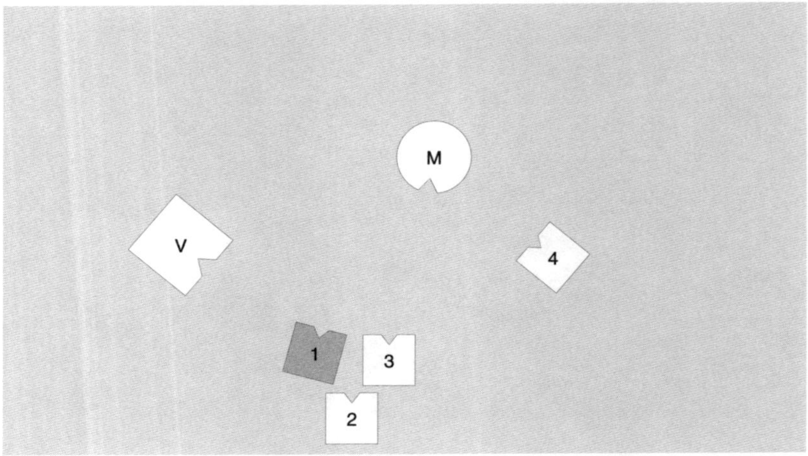

HELLINGER *zu Dieter* War jemand von den Eltern vorher in einer festen Bindung?
DIETER Ja, meine Mutter war verheiratet. Mein Vater war auch verheiratet. In der ersten Beziehung von meinem Vater gab es möglicherweise eine Abtreibung.
HELLINGER Was ist mit dem ersten Mann der Mutter?
DIETER Der ist nach kurzer Ehe aufgrund einer Krankheit gestorben.
HELLINGER Gibt es Kinder aus der anderen Ehe?
DIETER Nein.
HELLINGER Beim Vater?
DIETER Beim Vater gibt es möglicherweise eine Abtreibung.

HELLINGER Okay, wir brauchen jetzt noch die erste Frau des Vaters und den ersten Mann der Mutter. Stelle auf.

Bild 2

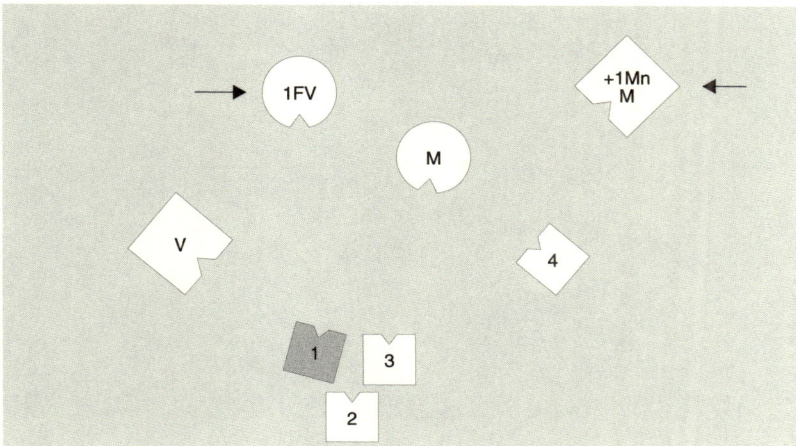

1FV Erste Frau des Vaters
+1MnM Erster Mann der Mutter, früh verstorben

HELLINGER Wie geht es dem Vater?

V VATER Ich bin ein bisschen abseits von meinen Söhnen. Ich bin sehr froh, meine Söhne zu haben, aber sie sind etwas weit entfernt. Meine Frau nehme ich auch nicht sehr wahr, die ist halt ein bisschen aus dem Blickfeld gerückt. Als ich dort stand, habe ich meine Söhne wahrgenommen, fand aber, dass sie sehr entfernt voneinander waren, bis auf die zwei in der Mitte. Und jetzt fühle ich mich selber entfernt davon.

HELLINGER Hat sich etwas verändert, als die frühere Frau kam?

V VATER Ich habe sie nicht gesehen.

HELLINGER Was ist bei der Mutter?

M MUTTER Ja, ich habe zu meinem Mann wenig Beziehung. Ich habe eher das Gefühl, ich hätte mehr Beziehung zu dem ersten Mann. Bei den Kindern habe ich das Gefühl, dem ersten Sohn bin ich irgendwie böse. Und ich habe noch keine richtige Beziehung zu meinen Kindern. Zu den anderen auch nicht.

Hellinger dreht sie um, dem ersten Mann gegenüber.

Bild 3

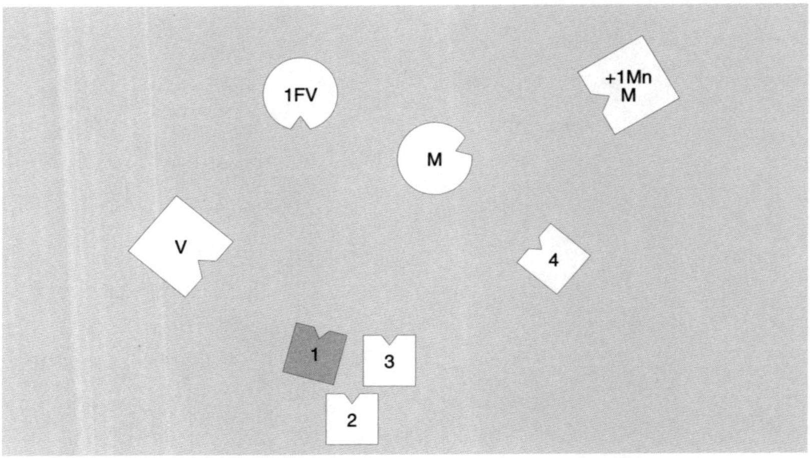

HELLINGER Wie ist das?

M MUTTER Das ist gut. Ich mag den auch. Ich würde gerne neben dem stehen.

HELLINGER Stelle dich hin.

Bild 4

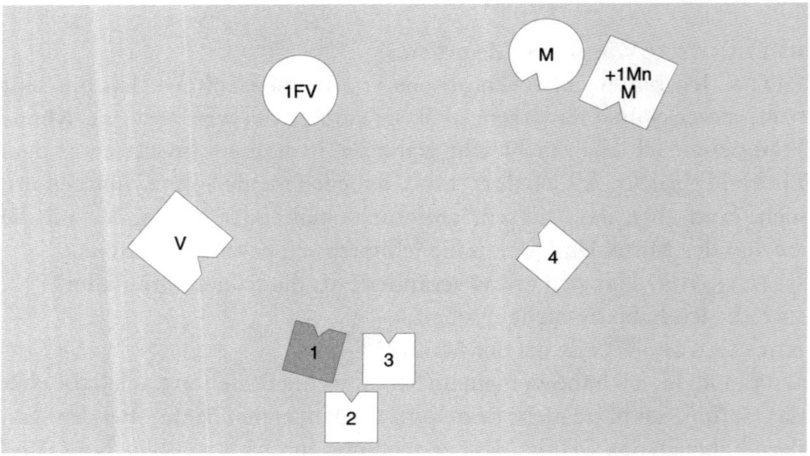

HELLINGER Wie ist das?

M MUTTER Ja, so ist es gut.

+1MnM ERSTER MANN DER MUTTER † Mir ist ein bisschen kalt, so ein bisschen kühl, ein bisschen schwitzig und kribbelig. Ein bisschen drücken auch die vier da vorne. Die sind ein bisschen stark für mich.

HELLINGER *zum Stellvertreter von Dieter* Was ist bei dir jetzt verändert?

1 ERSTES KIND In der ersten Aufstellung wollte ich rausgehen ins Leere. Ich hatte zu keinem Beziehung, nicht zu den Brüdern. Ich wollte Beziehung zum Vater, aber es ging nicht. Und jetzt bin ich ganz auf ihn ausgerichtet *(den verstorbenen ersten Mann der Mutter).*

HELLINGER *zu Dieter* Also, du vertrittst den toten ersten Mann deiner Mutter. Und deswegen bist du selbstmordgefährdet. Macht das Sinn für dich?

DIETER Ich habe nie daran gedacht. Es könnte sein.

HELLINGER *zu Gertrud* Macht das Sinn für dich?

GERTRUD Ich bin mir nicht sicher. Der dritte Bruder verhält sich so, wie ich ihn kennengelernt habe, als wenn er ihn auch vertritt.

HELLINGER Nein, nein, von der ganzen Aufstellung war von vornherein klar, dass der erste Sohn den ersten Mann vertritt.
zum ersten Sohn Stelle dich einmal neben den.

Bild 5

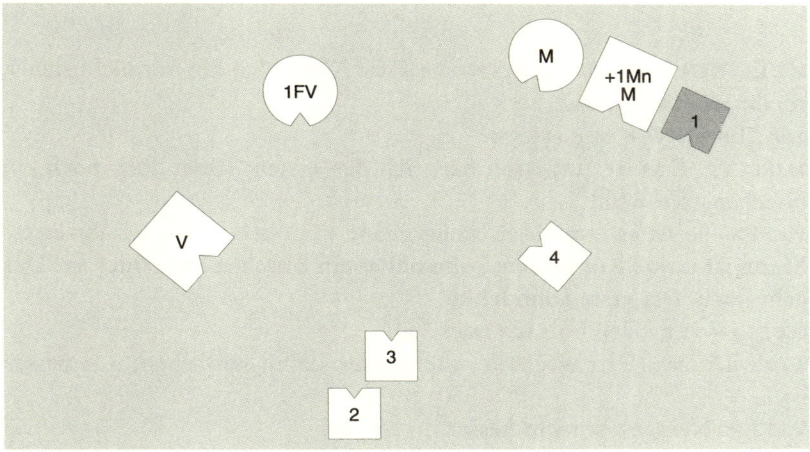

HELLINGER Wie ist das?

1 ERSTES KIND Schön, sehr schön.

Der erste Mann der Mutter nickt.

HELLINGER Das ist der Grabesfriede.
zum ersten Mann Wie geht es dir?

+1MnM ERSTER MANN DER MUTTER † Mir geht es besser.
M MUTTER Ich finde es auch gut.
HELLINGER Schrecklich, was da drin alles passiert, aber so ist es halt.

Hellinger stellt die Mutter vor die Kinder, den Vater links von ihr, den ersten Mann rechts von ihr, etwas abseits.

Bild 6

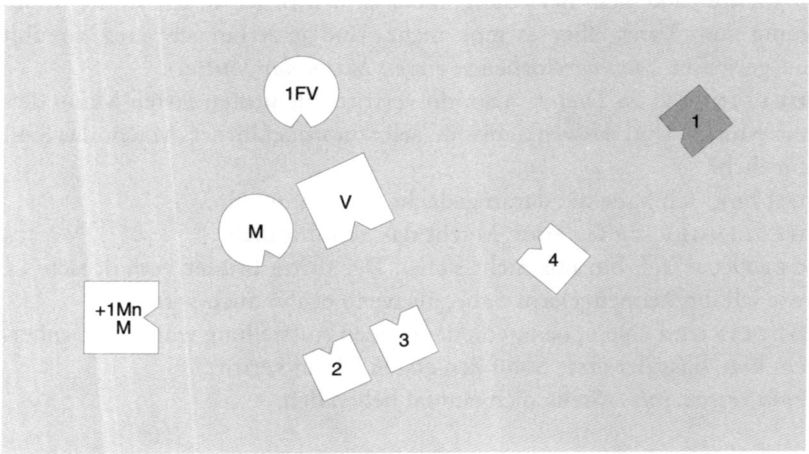

HELLINGER *zu den Stellvertretern der Eltern* Ich bin mir nicht sicher, ob ihr wechseln müsst.
zur Mutter Wie ist das jetzt?
M MUTTER Das ist gut, dann habe ich den ersten Mann auch noch ein bisschen. *Sie lacht.*
V VATER So ist es familiärer, wenn meine Frau neben mir ist. Ihr erster Mann ist etwas Konkurrenz, obwohl er ein bisschen entfernter ist. Das geht noch. Der erste Sohn fehlt.
HELLINGER Den hole ich noch.
zu den Eltern Jetzt wechselt miteinander, damit wir sehen, was besser ist.
V VATER Nein, es ist nicht besser.
M MUTTER Dann ist der Zug zum ersten Mann nicht mehr so stark. Dann habe ich mehr Bezug zu meinem jetzigen Mann.
HELLINGER *zur Mutter* Aber man kann ihn nicht ausschalten. Ich glaube, es muss doch so sein wie vorher.

Die Eltern wechseln wieder ihre Positionen.

HELLINGER *zum ersten Mann* Wie geht es dir?

+1MnM ERSTER MANN DER MUTTER † Mir geht es besser hier. Ich habe mehr Luft. Als sie wechselte, war es schlecht. Und jetzt ist es wieder besser.

HELLINGER Ich stelle dich hinter sie, wie ist das?

+1MnM ERSTER MANN DER MUTTER † Es ist gut.

HELLINGER *zur Mutter* Für dich?

M MUTTER Ja, das gibt mir Kraft.

V VATER Das ist ein bisschen zu nahe vielleicht, aber ich kann es, glaube ich, akzeptieren.

HELLINGER Nein, der kann ruhig ein bisschen weiter weg. Das ist okay.

Bild 7

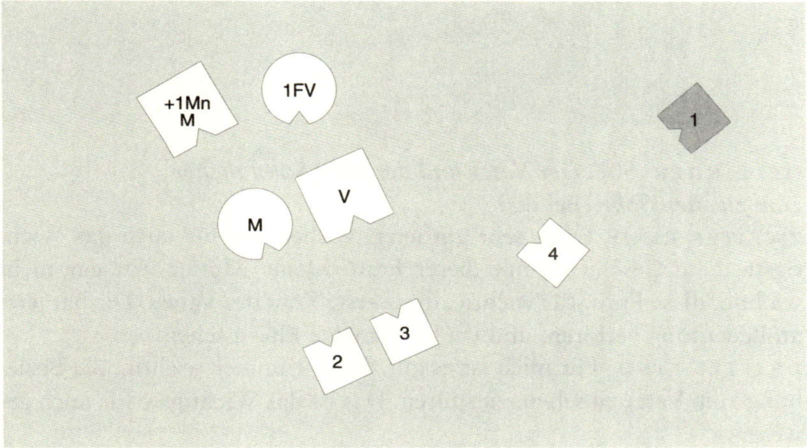

HELLINGER So ist es, glaube ich, besser. *Der Mann und die Frau nicken.*

Hellinger stellt nun die Kinder in der Altersreihenfolge den Eltern gegenüber und dann näher zum Vater.

HELLINGER Wie ist es jetzt?

1 ERSTES KIND Ich habe jetzt meine Eltern. Die Brüder müssen eigentlich mehr so im Halbkreis sein.

HELLINGER Okay, kann sein.

Bild 8

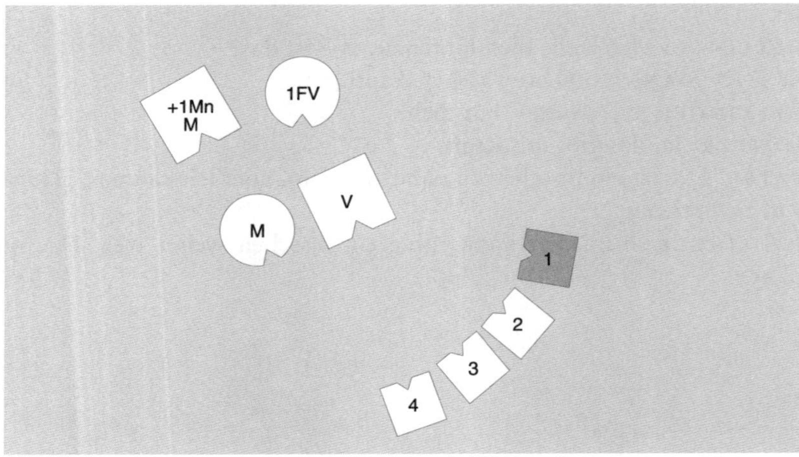

HELLINGER So? *Der Vater und der erste Sohn nicken.*
zum zweiten Sohn Bei dir?

2 ZWEITES KIND Es ist sehr gut jetzt. Vorher war für mich das Wichtigste diese Geschichte mit dieser Frau. Meine Mutter war gar nicht wichtig, diese Frau war wichtig, diese erste Frau des Vaters. Die hat jetzt an Bedeutung verloren, und ich kann meine Eltern sehen.

3 DRITTES KIND Für mich ist es gut. Es war immer wichtig, die Beziehung zum Vater zu sehen, zu spüren. Das ist das Wichtigste für mich gewesen.

4 VIERTES KIND Ich glaube, ich habe meine Position hier gefunden. Vorher fühlte ich mich etwas ausgestoßen und hatte Abstand zu meinem nächstälteren Bruder. Das hier ist okay.

HELLINGER *zur Mutter* Wie geht es dir jetzt?

M MUTTER Ja, ich kann jetzt den ersten Mann hinter mir lassen. Jetzt ist es gut.

V VATER Ja, ich habe meine Kinder. *Er lacht.*

HELLINGER Wie geht es der ersten Frau?

1FV ERSTE FRAU DES VATERS Ich habe immer das Gefühl gehabt, ich bräuchte mehr Gewicht im Ganzen. Ich war so zurückversetzt. Der erste Mann der Frau hat es ein bisschen aufgewertet, dadurch, dass er hierher kam. Aber eigentlich bräuchte ich mehr Beachtung.

Hellinger bringt sie mehr in den Blick.

Bild 9

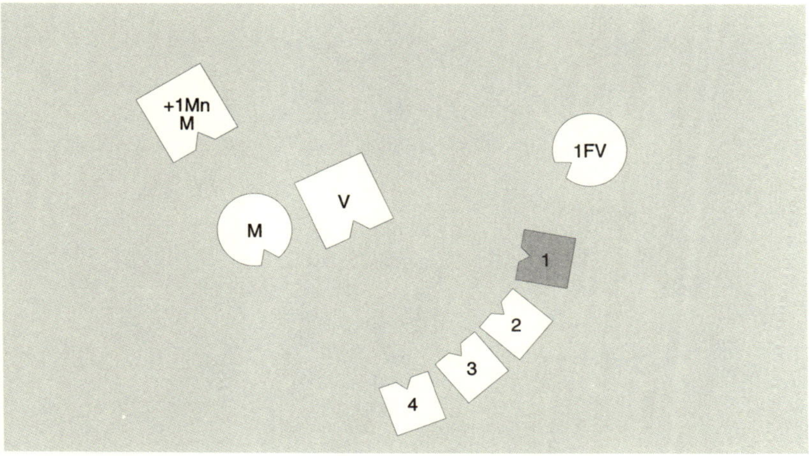

HELLINGER Wie ist es so?

1FV ERSTE FRAU DES VATERS Besser. Es geht um ihn *(den früheren Mann).*

HELLINGER *zum Vater* Für dich?

V VATER Ja, jetzt wo ich hier meine Geborgenheit habe, also eigentlich aus dieser Sicherheit heraus, kann ich sie besser wahrnehmen.

HELLINGER *zu Dieter* Okay, gehe einmal an deinen Platz.

Dieter stellt sich an seinen Platz und schaut sich um. Dann stellt Hellinger ihn vor den Vater.

Bild 10

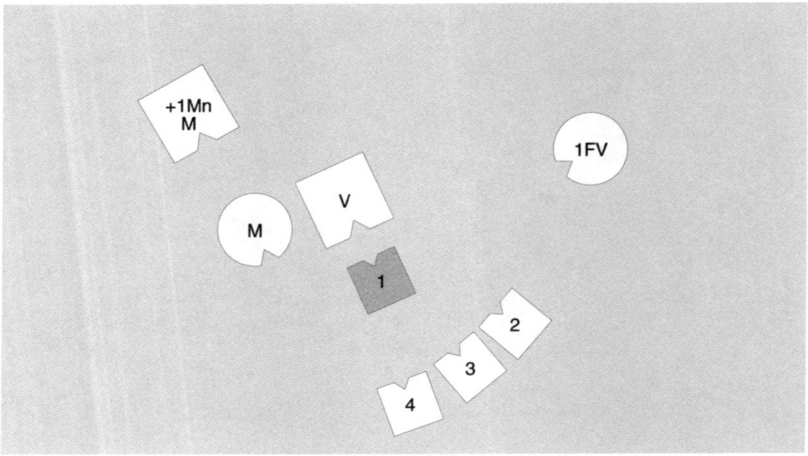

HELLINGER Verneige dich vor deinem Vater. Sag ihm: »Du bist mein Vater, und ich bin dein Sohn.«

1 DIETER Du bist mein Vater, und ich bin dein Sohn.

HELLINGER »Ich nehme dich als meinen Vater.«

1 DIETER Ich nehme dich als meinen Vater.

HELLINGER »Mit Mamas erstem Mann habe ich nichts zu tun.«

1 DIETER Mit Mamas erstem Mann habe ich nichts zu tun.

HELLINGER »Ich bin nur das Kind.«

1 DIETER Ich bin nur das Kind.

HELLINGER Wie fühlt sich das an?

1 DIETER Das fühlt sich ganz befreiend an.

HELLINGER Schaue die Mutter an und sage ihr – wie hast du sie angeredet?

1 DIETER Mutti.

HELLINGER Sage: »Mutti.«

1 DIETER Mutti.

HELLINGER »Er ist mein Vater.«

1 DIETER Er ist mein Vater.

HELLINGER »Er ist der einzig Richtige für mich.«

1 DIETER Er ist der einzig Richtige für mich.

HELLINGER »Ich mute dir zu, dass ich ihn liebe und achte.«

1 DIETER Ich mute dir zu, dass ich ihn liebe und achte.

HELLINGER »Mit deinem ersten Mann habe ich nichts zu tun.«

1 DIETER Mit deinem ersten Mann habe ich nichts zu tun.
HELLINGER Jetzt stelle dich mit dem Rücken gegen den Vater, so.

Bild 11

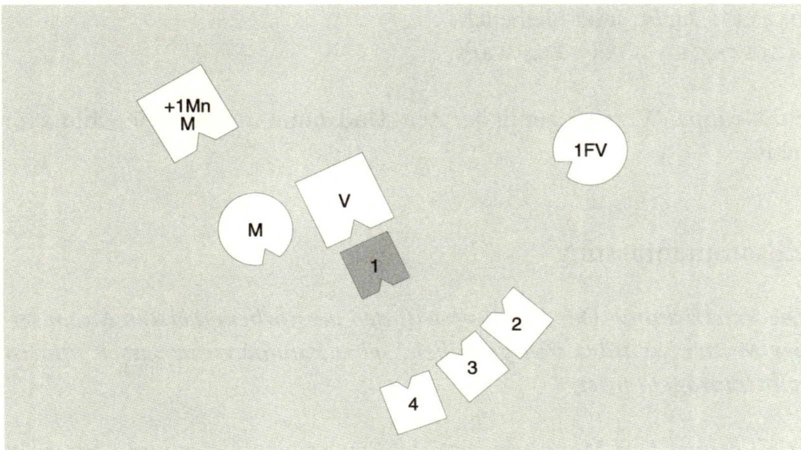

HELLINGER Wie ist das?
1 DIETER Das ist gut.

Hellinger holt seine Frau herein und stellt ihn ihr gegenüber.

Bild 12

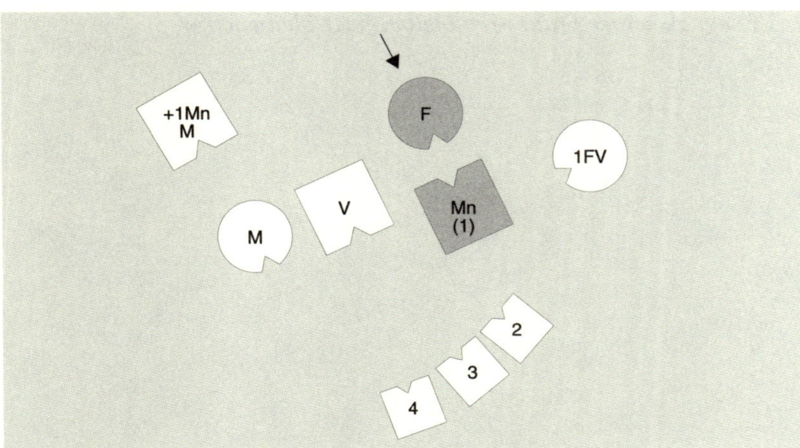

F Frau (= Gertrud)

HELLINGER *zu Dieter* Schaue sie an und sage: »Gertrud, ich bleibe.«
1 DIETER Gertrud, ich bleibe.
HELLINGER Gehe zu ihr hin. »Jetzt bleibe ich.«
1 DIETER *lacht* Jetzt bleibe ich.
HELLINGER Okay. Das war's.

zur Gruppe Wir sind gut in der Zeit. Und damit machen wir Schluss für heute.

Zusammenfassung

Die Verstrickung *Der Mann vertritt den verstorbenen ersten Mann seiner Mutter. Er fühlt sich getrieben, seine Familie zu verlassen und ist selbstmordgefährdet.*

Die Lösung *Der Mann verneigt sich vor seinem Vater und sagt: »Du bist mein Vater, und ich bin dein Sohn. Ich nehme dich als meinen Vater. Mit Mamas erstem Mann habe ich nichts zu tun. Ich bin nur das Kind.«*

Er sagt seiner Mutter, indem er auf den Vater zeigt: »Er ist mein Vater. Er ist der einzig Richtige für mich. Ich mute dir zu, dass ich ihn liebe und achte. Mit deinem ersten Mann habe ich nichts zu tun.«

Er sagt zu seiner Frau: »Ich bleibe. Jetzt bleibe ich.«

ZWEITER TAG

Die Rangfolge innerhalb und zwischen den Systemen

HELLINGER Guten Morgen zusammen. Ich hoffe, ihr habt euch gut erholt von gestern, so dass wir mit frischer Kraft wieder an die Arbeit gehen können.

Okay, gibt es etwas nachzutragen zu gestern oder zu fragen?

TEILNEHMER Wenn ich das richtig verstanden habe, hast du gestern gesagt, die erste Tochter kommt in der Rangfolge vor der zweiten Frau. Das verstehe ich nicht ganz. Ich weiß auch nicht, was es praktisch heißen könnte, weil es ja zwei ganz verschiedene Dinge sind. Die Tochterbeziehung ist ja etwas ganz anderes als eine Paarbeziehung.

HELLINGER Es gibt in den Beziehungen eine Rangfolge. In einer Familie hat die Paarbeziehung Vorrang vor dem Elternsein. Wenn es Störungen gibt in einer Paarbeziehung, dann oft daher, weil das Elternsein auf einmal wichtiger wird als die Paarbeziehung. Aber die Paarbeziehung hat Vorrang.

Wenn aber ein Mann oder eine Frau vorher ein Kind hat, dann hat die Liebe zu dem Kind Vorrang vor der Paarbeziehung. Das heißt, die Frau kann nicht in Konkurrenz treten mit dem Mann bezüglich der Liebe zu dem Kind. Wenn sie das anerkennt, kommt die Paarbeziehung voll zu ihrem Recht. Das andere hat Vorrang, weil es vorher war.

TEILNEHMERIN Ich habe schon viel von Ihnen dazu gehört, was es heißt, als Frau dem Mann zu folgen, auch in konkreten Beispielen. Aber was es heißt, als Mann dem Weiblichen zu dienen, davon habe ich in konkreten Beispielen sehr wenig gehört. Können Sie dazu noch mal was sagen?

HELLINGER Das überlasse ich den guten Herzen der Männer.

TEILNEHMER Ich habe folgende Frage: Es heißt ja, dass das neue System immer Vorrang vor dem alten hat. Wann beginnt ein neues System, ist für mich die Frage. Ich weiß, dass, wenn ein Kind da ist, das neue System angefangen hat. Aber wo ist davor der Anfang?

HELLINGER Das neue System beginnt mit dem Kind. Vorher ist es nur eine Paarbeziehung. Das kann etwas Außereheliches sein oder so, ohne dass es einen Vorrang dadurch bekommt. Aber sobald ein Kind entsteht, ist das ein neues System. Das hat dann Vorrang vor dem früheren.

TEILNEHMER Das heißt dann, dass eine Beziehung während einer Ehe zum Beispiel nicht diesen Vorrang hat?
HELLINGER Nein, das hat sie nicht. Aber wenn ein Kind entsteht, dann hat sie Vorrang. Ich glaube, es ist klar genug.
TEILNEHMER Danke.

HELLINGER Ich möchte aber noch einmal zu dieser anderen Frage zurückkommen, was es heißt, dem Weiblichen zu dienen. Also das, was die Frau leistet, hat Vorrang, und der Mann steht dem zu Diensten. Das heißt es. Auch wenn der Mann Vorrang hat nach außen hin, steht er in Diensten dessen, was innerhalb der Familie passiert. Und da ist das Weibliche das Zentrum. Das meinte ich.

Was darf ein späterer Partner vom früheren wissen?

TEILNEHMERIN Was ist das Wesentliche in bezug auf den Umgang mit früheren Bindungen in einer Partnerschaft, wenn keine Kinder im Spiel sind? Gehen den Partner frühere Bindungen etwas an?
HELLINGER Das, was äußerlich ist, das geht auch etwas an. Also, wenn jemand vorher verlobt oder verheiratet war, geht das den anderen etwas an. Anderes geht ihn nichts an.

Bei der intimen Beziehung gibt es einen ganz wichtigen Grundsatz. Sie bleibt zwischen dem Paar. Darüber wird nicht nach außen geredet. Wenn das geschieht, wird das wie ein Verrat erlebt. Wenn, zum Beispiel, ein Partner dem anderen von seinen früheren Beziehungen im Detail erzählt, dann ist das ein Verrat. Der Partner, der danach fragt, gefährdet die Beziehung. Das soll als Geheimnis zwischen dem Paar geachtet werden, man darf da nicht nachfragen, zum Beispiel: Wie war das mit deiner früheren Frau? Aber man muss anerkennen, dass es eine Frühere gab, und man muss sie achten. Das wäre der gemäße Umgang damit.

Verheimlichtes uneheliches Kind

TEILNEHMERIN Noch eine Frage. Ich habe mit einem Mann ein außereheliches Kind, und der Mann möchte aber mit dem Kind und mir nichts mehr zu tun haben. Der ist verheiratet und möchte dadurch seine Familie schützen, dass das nicht öffentlich wird.
HELLINGER Das wirkt sich ganz schlimm aus. Denn dieses Kind, das verheimlicht wird, wird von anderen Kindern nachgeahmt, und dessen

Schicksal als ausgeschlossenes Kind wird von anderen Kindern nachgeahmt. Es ist kein Schutz, sondern genau das Gegenteil. Wenn er aber sagt: »Ich habe dieses Kind«, dann sind alle erleichtert.

Aber natürlich hat das die Konsequenz, dass er zu dieser Frau und zu diesem Kind ziehen muss, weil das ein neues System ist. Und wenn die erste Frau ihm sagt: »Nein, nein, das geht nicht, du musst bei uns bleiben«, dann hat das ganz schlimme Wirkungen. Ich habe das in vielen Variationen beobachtet. Die einzige Lösung, die allen gemäß ist, obwohl sie auch von vielen Schweres fordert, ist die, dass der Mann zu der anderen Frau zieht.

Ein Beispiel: Da war einer, der hatte sieben Kinder. Und er hatte während der Ehe mit einer anderen Frau ein Kind. Und seine Frau hat gesagt: »Du darfst dich da nicht um dieses Kind kümmern und darfst dich auch nicht um diese andere Frau kümmern.« Anschließend war das eine ganz spannungsvolle Beziehung. Und dann kam er in einen Kurs mit seiner Frau, und in dem Kurs war noch eine andere junge Frau, die war von ihm zur gleichen Zeit schwanger. Und in der Aufstellung war ganz klar, er muss jetzt zu dieser Frau ziehen. Er ist natürlich verantwortlich für die frühere Familie und für die Kinder, das ist ganz klar. Aber die Paarbeziehung ist damit zu Ende.

TEILNEHMERIN Der Vater tut das ja nicht.

HELLINGER Wenn der Vater das nicht tut? Man kann ihn nicht daran hindern.

TEILNEHMERIN Was ist die Position der Mutter des außerehelichen Kindes? Soll die jetzt auch gegen den Willen des Vaters diesen Kontakt erzwingen?

HELLINGER Die Mutter dieses Kindes fühlt sich natürlich der ersten Frau gegenüber schuldig und verzichtet sehr häufig darauf, Ansprüche an den Mann zu stellen. Das ist eine Art der Schonung, die aber verachtend für den Mann ist. Man mutet ihm die Folgen nicht zu. In der Regel wird dann alle Last am Ende auf das Kind abgeschoben, und die Erwachsenen schonen sich gegenseitig.

Ich als Therapeut mache es genau umgekehrt. Wenn so ein Kind da ist, dann sage ich dem, gehe hin zu deinen Geschwistern und sage: Ich gehöre dazu. Ich bin euer Bruder oder eure Schwester. Die Geschwister sind enorm entlastet, wenn das geschieht.

So, jetzt werde ich weitermachen mit Aufstellungen.

Armin und Kristine
Die Vergangenheit

HELLINGER *zu Armin und Kristine* Seid ihr gerüstet? Um was geht es?

KRISTINE Wir sind 26 Jahre verheiratet, und unsere Beziehung ist sehr schwierig. Also, ich habe immer das Gefühl, das Berufsleben geht vor. Wir haben kaum Zeit füreinander. Urlaub gibt es auch kaum, weil Beruf eben immer so wichtig ist. Ich habe seit über zehn Jahren schwere gesundheitliche Probleme. Mal geht es besser, mal geht es schlechter. Ich wollte mal gucken, was da vielleicht so stört.

HELLINGER Seid ihr beide berufstätig?

KRISTINE Ich bin seit gut sechs Jahren selbständig. Dadurch geht es mir etwas besser. Mein Mann ist seit sechzehn Jahren selbständig.

HELLINGER Also, der Beruf geht natürlich vor. *Lachen im Publikum.* Der Beruf geht vor. Alles andere ist völlig unsinnig. Was kommt denn dann heraus? Dann sitzen zwei in einem Gefängnis. Das ist dann alles.

KRISTINE Seitdem ich selbständig bin, geht es mir aber besser. Vorher habe ich es kaum aushalten können.

HELLINGER Ja, eben, wenn bei beiden der Beruf Vorrang hat, dann ist es gut.

KRISTINE So gut auch nicht.

HELLINGER Das andere kann man dann etwas verbessern. Was sagt denn der Mann dazu?

ARMIN Ich sah es immer so, dass ich eigentlich der Ernährer war. Meine Probleme lagen darin, dass ich wahrscheinlich der Familie nicht so zugehörig und eben durch den Beruf sehr angestrengt war. Meine Frau hat die Kinder erzogen. Dadurch habe ich die Familie vernachlässigt und möglicherweise auch meine Frau. Es kann auch an mir gelegen haben, dass die Familie nicht so zusammengewachsen ist, wie es eigentlich normal sein sollte.

HELLINGER Man kann es auch so sehen: Der Beruf ist Erholung von der Liebe.

KRISTINE Möglich.

HELLINGER Ja, ist es schon. Die Liebe ist schwer. Wie viele Kinder habt ihr?

KRISTINE Wir haben zwei Kinder. Bei mir ist es so: Wir haben uns ungefähr ein Jahr gekannt, und dann bin ich nach Süddeutschland gegangen, weil sich das beruflich ergab. Ich kriegte da halt eine Stelle. Mein Mann ging zur Bundeswehr in den Norden. Die Beziehung war dann irgendwann zu Ende. Das war einfach zu weit. Und da habe ich mich mit jemandem anderen verlobt. Das war so eineinhalb Jahre ungefähr. Dann habe ich die Verlobung gelöst und bin zu ihm zurück.

HELLINGER Naja, das ist schon eine Belastung. Der Mann rächt sich dann dafür, indem er in den Beruf geht. Okay, wir stellen das mal auf: also, Mann, Frau, die Kinder und den Verlobten.

zu Kristine Fang an.

Bild 1a

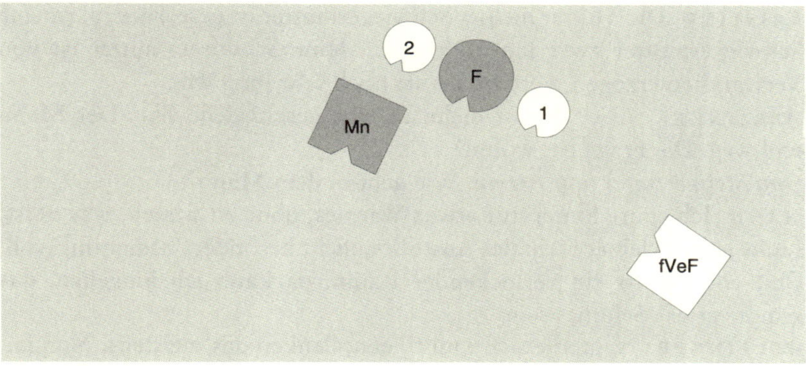

Mn Mann (= Armin)
F Frau (= Kristine)
1 Erstes Kind, Tochter
2 Zweites Kind, Tochter
fVeF Früherer Verlobter der Frau

HELLINGER *zu Armin* Wie würde der Mann das aufstellen?

Bild 1b

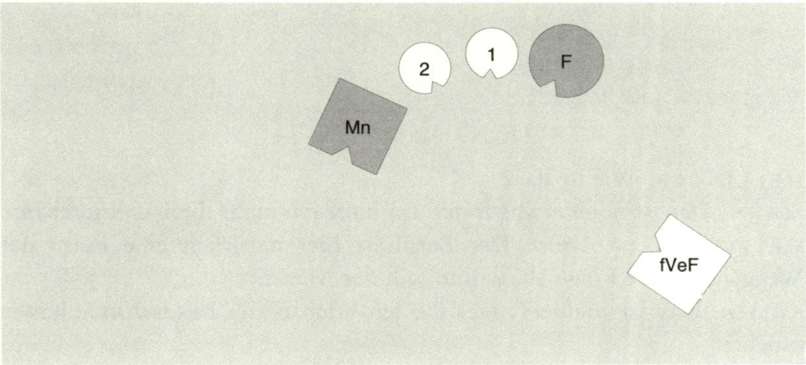

HELLINGER Das ist das Bild einer geschiedenen Ehe.
KRISTINE Habe ich auch gerade gedacht.
HELLINGER *zu Armin* Was ist in der Herkunftsfamilie des Mannes passiert?
ARMIN Die Eltern haben sich 1949 getrennt. Die Mutter hat die Kinder aufgezogen. Den Vater habe ich Anfang des Jahres nach 15 Jahren zum ersten Mal wiedergesehen.
KRISTINE Die Mutter meiner Schwiegermutter ist gestorben, als meine Schwiegermutter zwei Jahre alt war. Meine Schwiegermutter ist von Verwandten erzogen worden, als sie noch sehr jung war.
HELLINGER Also, das ist mehr als eine geschiedene Ehe. Der Mann will weg. Die Frage ist, wohin?
zum Stellvertreter von Armin Wie geht es dem Mann?
Mn MANN Ich spüre hinter mir etwas Warmes, ohne zu wissen, was es ist. Links ist ein kleiner Stein des Anstoßes, nicht besonders bedeutungsvoll. Und vor mir ist ein verlockender Raum, da kann ich hingehen, das könnte etwas Schönes sein.
HELLINGER Naja, die sich umbringen, denken das meistens. Nun ja.

Hellinger stellt ihn abgewandt abseits.

Bild 2

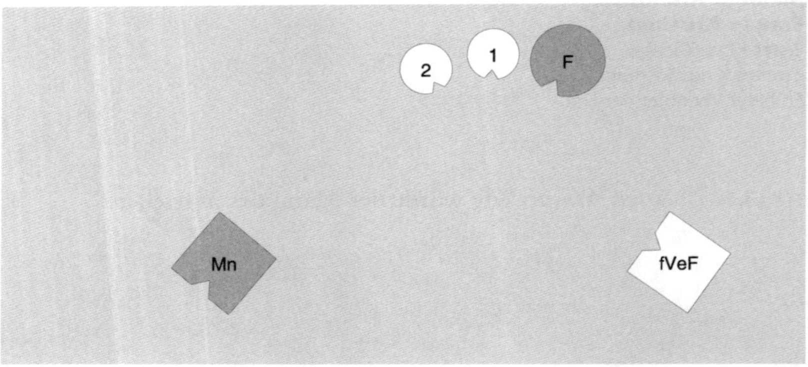

HELLINGER Wie ist das?
Mn MANN Das ist noch etwas freier. Da habe ich nicht die Last hinter mir.
HELLINGER *zu Armin* Der Beruf ist hier natürlich eine Form des Weggehens. Die Frage ist, wohin will der Mann?
ARMIN Das ist meine Frage, die ich auch gerne beantwortet haben möchte.
HELLINGER Gab es da auch eine frühere Bindung?

ARMIN Ja. Aber ich glaube, meine ich wenigstens, dass sie nach 25 Jahren nicht mehr so bedeutungsvoll ist.
HELLINGER Ach, wir stellen es mal auf.
ARMIN Ich war nicht verheiratet. Es war eine Jugendliebe, wie man so sagt.
HELLINGER Ja, die Augen leuchten, da schauen wir mal. Stelle sie auf. *zum Stellvertreter von Armin* Komme du noch mal zurück an deinen Platz.

Bild 3

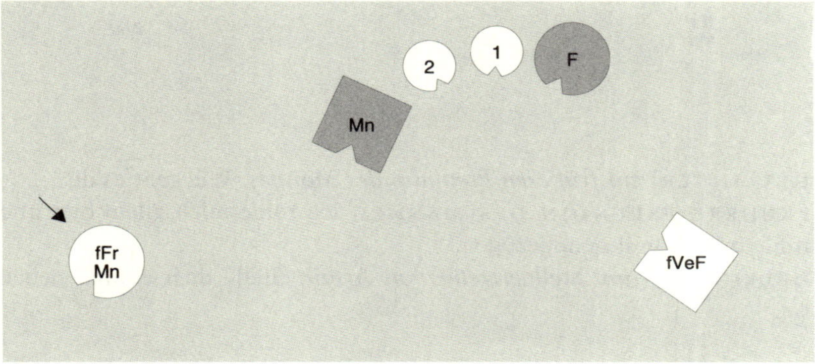

fFrMn frühere Freundin des Mannes

HELLINGER Was ist verändert?
Mn MANN Es gibt nur zwei Personen, denen mein Interesse gilt. Das ist ein bisschen der frühere Verlobte und jetzt ganz wesentlich sie. Sie müsste sich mir zuwenden.

HELLINGER Tun wir auch.

Bild 4

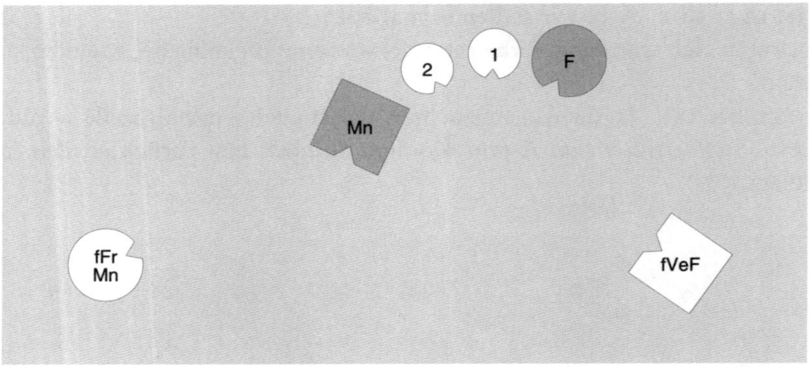

HELLINGER *zur früheren Freundin des Mannes* Wie geht es dir?

fFrMn FRÜHERE FREUNDIN DES MANNES Ich fühle mich allein hier und fühle mich von ihm angezogen.

HELLINGER *zum Stellvertreter von Armin* Stelle dich einmal neben sie.

Bild 5

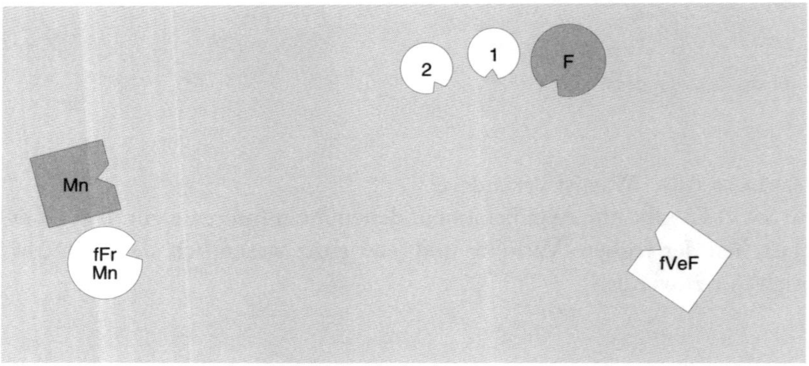

HELLINGER Wie ist das?

Mn MANN Das ist die alte Liebe. *Die beiden lächeln sich an.*

fFrMn FRÜHERE FREUNDIN DES MANNES Ja. Aber es fällt mir schwer, zu sehen, dass da die drei übrigbleiben.

HELLINGER Wir machen das dann nachher.

zur Stellvertreterin von Kristine Wie geht es der Frau?

F FRAU Ich habe die ganze Zeit einen Druck im Kopf, der einmal mehr, einmal weniger wird. Wie er vorgegangen ist, war es am besten und relativ beziehungslos. Hier *(zu den Töchtern)* ist es angenehm warm, aber da ... *Sie zeigt auf ihren Mann und schüttelt den Kopf.*

HELLINGER Und was ist dahin *(zum früheren Verlobten)?*

F FRAU Da ist gar nichts. Ich sehe ihn, aber nichts extra.

HELLINGER Und wie geht es ihm?

fVeF FRÜHERER VERLOBTER DER FRAU Ich habe den Eindruck, dass ich zu dieser Familie doch einen Kontakt habe. Die sagen mir ja alle irgendetwas. Ich bin ihnen ja allen zugewandt. Zum Mann weniger, da war kein Blickkontakt, aber hier ist doch die Runde für mich offen. Also, da muss doch irgendetwas sein, wenigstens ein Kontakt.

HELLINGER Okay, wie geht es der Ältesten?

1 ERSTES KIND Solange der Vater noch hier stand, hatte ich das Gefühl, ich bin zwar in der Reihe, aber ich habe Kontakt zu niemandem. Ich habe am stärksten den Raum da draußen gespürt. Und seit er jetzt da vorne steht, ist das wie eine Begrenzung.

2 ZWEITES KIND Ich hatte das Gefühl, dass es wie so ein Sog war zum Vater. Und hier rüber *(zur Mutter)* war nicht sehr viel Bewegung. Als der Vater weggeführt wurde, wäre ich am liebsten mitgegangen.

Hellinger stellt die ältere Tochter neben den früheren Verlobten, dann die jüngere Tochter neben die frühere Freundin des Vaters und dann das Paar nebeneinander.

Bild 6

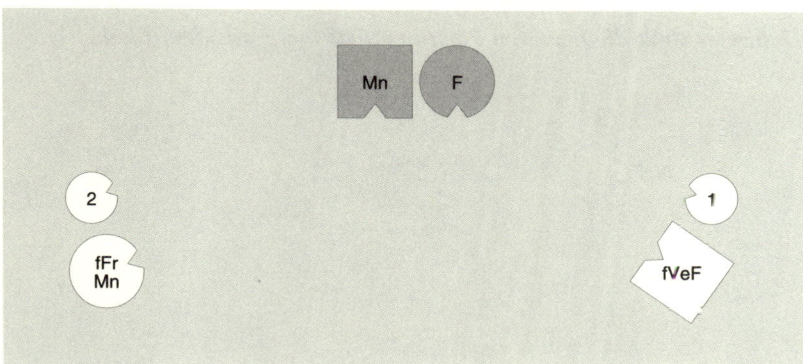

HELLINGER Wie ist das?

1 ERSTES KIND Angenehm.

HELLINGER *zur zweiten Tochter* Wie ist das?

2 ZWEITES KIND Fühlt sich ganz gut an.

HELLINGER *zum Mann* Wie ist das?

Mn MANN Könnte ich mich gut daran gewöhnen. *Lachen im Publikum.*

F FRAU Mein Kopfdruck ist weg.

HELLINGER *zur Gruppe* Eine merkwürdige Aufstellung. Die Kinder vertreten die früheren Partner. Darum fühlen sie sich bei denen wohl. Das ist die Identifizierung. Das ist keine gute Lösung.

Hellinger stellt die Kinder den Eltern gegenüber und die früheren Partner etwas weiter weg: den früheren Verlobten rechts vom Mann, die frühere Freundin links von der Frau.

Bild 7

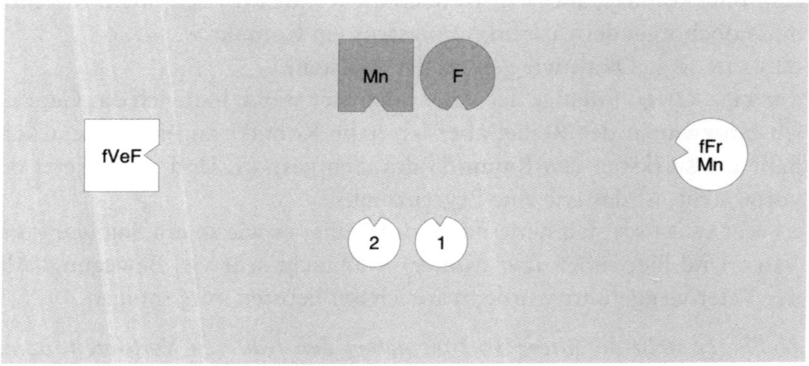

HELLINGER Wie ist es jetzt?

F FRAU Ich kriege Herzklopfen, dem früheren Verlobten gegenüber.

Hellinger stellt die früheren Partner etwas mehr aus dem Blick.

Bild 8

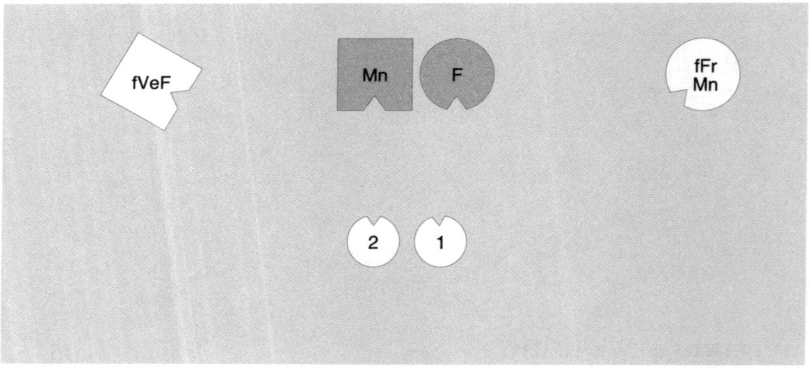

HELLINGER Wie ist es jetzt?

Mn MANN Sehr gut. Ich habe eine sehr gute Beziehung zu meiner Frau und zu den beiden Töchtern. Zur jüngeren mehr als zur älteren.

F FRAU Es beruhigt sich, aber es ist gewöhnungsbedürftig.

1 ERSTES KIND Ich nehme die früheren Partner wahr, aber wichtig sind nur die beiden Eltern für mich.

2 ZWEITES KIND Ich habe jetzt das Gefühl, dass ich noch eine Schwester habe, und ich sehe die Mutter mehr neben dem Vater.

HELLINGER *zur Gruppe* Also, die Vorgangsweise ist: Der Mann muss zwischen den Früheren und die Frau treten, und die Frau muss zwischen die Frühere und den Mann treten. Wenn es umgekehrt ist, dann zieht es die noch dahin. So gibt es jetzt eine klare Entscheidung und Abgrenzung gegen die Früheren.

zum früheren Verlobten Wie geht es ihm jetzt?

fVeF FRÜHERER VERLOBTER DER FRAU Ich habe das Gefühl, dass meine Position hier angemessen ist. Ich habe kein Anrecht auf diese Beziehung. Deswegen stehe ich hier mit wenig Kontakt, glaube ich, richtig.

HELLINGER Das ist die Ordnung.

zur früheren Freundin des Mannes Bei ihr?

fFrMn FRÜHERE FREUNDIN DES MANNES Es geht mir ähnlich. Ich fühle mich freier hier, also angemessen.

HELLINGER *zu Armin und Kristine* Jetzt stellt euch mal hierher.

KRISTINE Etwas fehlt noch.

HELLINGER Einen kleinen Moment noch, erst mal hierher stellen.

nach einer Weile zu Kristine Ja, was gibt es noch?

F KRISTINE Wir hatten eine Abtreibung gehabt, kurz bevor wir geheiratet haben.

HELLINGER Das ist bedeutsam. Ist es ein Mädchen oder ein Junge in der Phantasie?

F KRISTINE Also, aus meiner Phantasie eigentlich ein Junge. Ich habe nämlich danach viele Fehlgeburten gehabt, und ich habe immer das Gefühl gehabt, es sind die Jungs gewesen, die verlorengingen.

HELLINGER Was sagt der Mann dazu?

Mn ARMIN Dadurch, dass wir zwei Mädchen haben, wäre es schön gewesen, wenn es ein Junge gewesen wäre, aber es war mir nicht so bewusst.

Hellinger wählt einen Stellvertreter für das abgetriebene Kind, lässt es sich vor die Eltern setzen und mit dem Rücken an sie anlehnen.

Bild 9

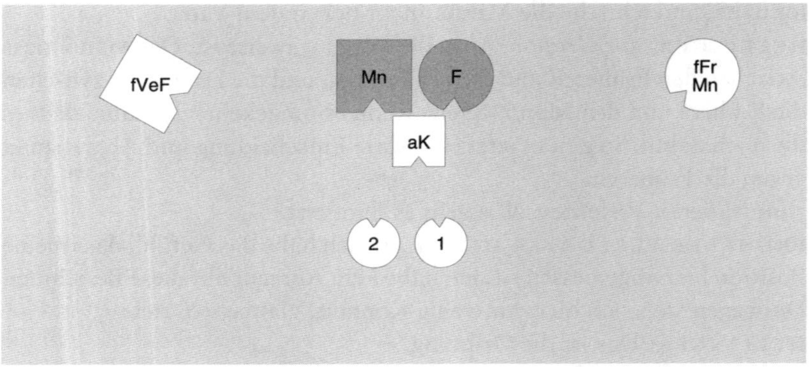

aK Abgetriebenes Kind

HELLINGER *nach einer langen Weile zum abgetriebenen Kind* Wie geht es dir?

aK ABGETRIEBENES KIND Ich bin nicht gehalten. Das gibt alles nach. Allein.

HELLINGER *zu den Eltern* Legt eine Hand auf den Kopf des Kindes und schaut runter zu dem Kind.

nach einer Weile Wie ist das für die Mutter?

F KRISTINE Einerseits sehr schwer, ich hätte das gerne gehabt. Aber es ist auch schön, das hier so zu fühlen.

HELLINGER Beim Mann?

Mn ARMIN Ich bekomme keine Verbindung damit.

HELLINGER *nach einer Weile* Was ist bei den Geschwistern?

1 ERSTES KIND Mich hat es sehr beruhigt, als sie die Hände da draufgelegt haben.

2 ZWEITES KIND Erleichterung, seit er da ist.

HELLINGER *zum abgetriebenen Kind* Wie geht es dir jetzt?

aK ABGETRIEBENES KIND Obwohl es bedrückend ist, bin ich mehr angenommen. Aber ich spüre keine innere Verbindung.

HELLINGER *nach einer Weile* Was ist bei der Mutter jetzt?

F KRISTINE Irgendwie fühle ich mich leichter. Es geht mir langsam etwas besser. Da ist was, was ich wahrnehmen kann.

HELLINGER *zur Gruppe* Die Eltern sind völlig bei sich, kein Kontakt zu dem Kind. Das kommt gar nicht in den Blick als ein Kind. Das ist das, was bei der Abtreibung geschieht. Das Kind kommt nicht in den Blick. Der Vater und die Mutter schauen auf sich, nicht auf das Kind.
nach einer Weile zum abgetriebenen Kind Ich nehme dich wieder raus. *Er stellt es abseits.*

Bild 10

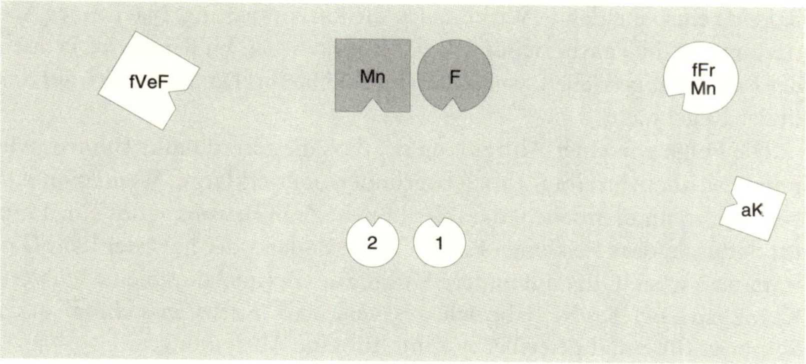

HELLINGER *zur Mutter* Was ist jetzt?
F KRISTINE Das geht nicht, da fehlt etwas.
HELLINGER Genau. Beim Mann?
Mn ARMIN Ich hätte ihn gern hier bei uns gehabt. Er ist zu weit weg. Ich muss ihn doch immer wieder ansehen.
HELLINGER *zum abgetriebenen Kind* Bei dir jetzt?
aK ABGETRIEBENES KIND Abstand, und ich bin als Kind größer als es mir zusteht. Wie ich da unten war, tat es niemand leid, dass ich da war. Und jetzt werde ich zu groß.
HELLINGER Das ist es. Wenn das nicht anerkannt wird, wird das Kind zu groß. Ich unterbreche es hier. Ich lasse es so stehen, wie es ist. Okay, das war's dann.
zu den Stellvertretern Geht raus aus den Rollen!

Abtreibungen

Die Folgen

HELLINGER Ich möchte etwas sagen zur Abtreibung. Eine Abtreibung hat eine einschneidende Wirkung für die Paarbeziehung. Nach einer Abtreibung ist die Paarbeziehung in der Regel vorbei. Im Kind wird ja auch der Partner abgetrieben, wenn man im Bild bleibt. Die Liebe verträgt das in der Regel nicht.

Die Folge von einer Abtreibung ist, dass die Eltern dafür sühnen, wie immer sie die Abtreibung auch begründen oder erklären. Wenn man das verfolgt, kann man sehen, dass sie sühnen. Zum Beispiel sühnt eine Frau oft dadurch, dass sie keinen Partner mehr findet, oder hat oder hält. Das ist dann vorbei. Oder auf andere Weise, zum Beispiel durch eine schwere Krankheit. Bei Krebs habe ich gesehen, dass Krebs manchmal auch Sühne ist für ein abgetriebenes Kind, für eine Abtreibung.

Die Lösung

Die Frage ist: Was ist die Lösung? Die Lösung besteht darin, dass das abgetriebene Kind, das ja abget r i e b e n ist, wieder in die Familie zurückgenommen oder aufgenommen wird. Das wäre die Lösung. Das geschieht durch die Trauer. Ich habe hier den Eltern Gelegenheit gegeben zu trauern. Sie haben aber nicht getrauert. Sie waren mit sich befasst. Da darf ich dann nicht eingreifen. Das kann man durch Methoden nicht forcieren. Das ist ein Vorgang, der kommt aus der Seele, wenn er gelingt.

Die Trauer zeigt sich in einem tiefen Schmerz. Und dann kommt das Kind in den Blick. Wenn man mit so einem Paar arbeitet, ist ein Weg: Man lässt sie erst einmal runterschauen auf das Kind. Dann lässt man sie eine Hand auf den Kopf des Kindes legen. So kommt es zu einem Kontakt. Wenn das Kind wirklich in den Blick kommt, dann kommen die Tränen. Und diese Tränen versöhnen das Kind. Jetzt fließt mit den Tränen die Liebe zu dem Kind. Dann ist das Kind getröstet.

Die Mutter kann dann sagen: »Ich bin deine Mutter, und du bist mein Kind. Jetzt nehme ich dich als mein Kind und gebe dir einen Platz in meinem Herzen.« Und der Vater kann das auch sagen: »Ich bin dein Vater, du bist mein Kind. Ich nehme dich jetzt als mein Kind und gebe dir einen Platz in meinem Herzen.«

Die Liebe

In dieser Situation lieben nicht nur die Eltern, es liebt auch das Kind. Das Kind hat Platz gemacht für die Eltern. Aber dass es Platz gemacht hat, wurde nicht anerkannt. Jetzt wird es hier anerkannt. Und dann können die Eltern sagen: »Wir nehmen es von dir, dass du Platz gemacht hast.« Dann ist das Kind versöhnt, und dann hat es seinen Frieden.

Die gemeinsame Trauer und das Wieder-Hereinnehmen des Kindes verbindet das Paar wieder, das getrennt war durch die Abtreibung. Das Paar kommt durch die Trauer wieder zusammen. Es ist dann aber nicht mehr die gleiche Beziehung wie vorher. Sie ist durch etwas hindurchgegangen, auch durch einen Sterbeprozess, könnte man sagen. Sie finden zusammen, aber nicht mehr mit der gleichen unbeschwerten Innigkeit wie vorher. Aber es ist eine tiefe Beziehung, die auch durch diese Anerkennung der gemeinsamen Schuld gefestigt wird.

Man kann auch eine fortwährende Trauer beobachten. Manche Mütter trauern dauernd um das Kind. Das ist aber kein Schmerz, es ist eher eine Art Selbstmitleid. Diese Trauer lässt das Kind nicht los, während der tiefe Schmerz, wenn der zum Ausdruck kommt, das Kind loslässt.

Der Friede

Es ist auch so, dass Schuld nach einiger Zeit vorbei sein muss. Das ist nicht nur gut für die Täter, sondern auch für die Opfer. Schuld muss nach einiger Zeit vorbei sein, sonst wird alles schlimm, auch bei einer Abtreibung. Also, wenn dieser Schmerz hochkommt, hält man das Kind im Herzen und entlässt es so nach einem Jahr, so dass es tot sein darf und es vorbei sein darf für alle.

Also, das wäre die Vorgangsweise, wie man mit einer Abtreibung umgeht.

Das Geheimnis

Abgetriebene Kinder gehören nicht zum System als Ganzes. Das ist auch interessant. Ich kann es nicht erklären, aber man sieht das. Sie gehören in die Paarbeziehung der Eltern, aber nicht zu den Geschwistern. Deswegen darf man Kindern nicht von einer Abtreibung erzählen. Das geht die Kinder nichts an, und das ist ganz wichtig. Sonst verlagern die Eltern etwas auf die Kinder, was sie selber tragen müssen.

Es gibt aber auch Situationen, wo die Kinder dann doch beeinflusst werden. Wenn eine Mutter den Kindern erzählt hat, sie hat so und so viele Kinder abgetrieben, sie das beichtet, dann übernehmen Kinder die Sühne. Und das ist dann schlimm. Dann muss man es ans Licht bringen. Das gibt es auch. Aber in der Regel, wenn das nicht gesagt wird, beeinflusst es die Kinder nicht. Es bleibt innerhalb der Paarbeziehung. Es gehört zur intimen Beziehung der Eltern und bleibt deren Geheimnis.

Das Beichten

Beichten hat ja die Wirkung, dass man einem anderen etwas aufbürdet. Man fühlt sich dann leichter nach dem Beichten, aber der andere, der sich das anhören musste, der fühlt sich schwerer. Deswegen darf man auch in einer Paarbeziehung nicht dem anderen beichten, wenn man etwas falsch gemacht hat, was er nicht wissen darf. Man behält es für sich und bringt das alleine in Ordnung.

Spätere Beziehungen

TEILNEHMER Meine Frage ist: Gehen Abtreibungen, die in einer anderen Beziehung gelaufen sind, mich als späteren Beziehungspartner etwas an? Wenn also eine Freundin von mir früher abgetrieben hat, würde das mich etwas angehen, würde das eine Wirkung haben auf die jetzige Paarbeziehung?
HELLINGER Ja, das hat eine Wirkung auf die jetzige Paarbeziehung. Aber wenn es der Mann weiß, hilft es ihm nichts. Er kann nichts lösen. Aber eine Beziehung, in der eine Abtreibung war, ist eine feste Bindung, ist eine frühere Bindung, die Vorrang hat vor der späteren. Insofern ist die spätere gemindert, insofern hat es eine Wirkung.

Bindung und Liebe

Ich möchte aber noch einmal auf den Unterschied aufmerksam machen von Bindung und Liebe. Ich kann an einen früheren Partner gebunden sein, obwohl ich ihn nicht geliebt habe. Zum Beispiel ist eine Frau, die vergewaltigt wurde und ein Kind von dem Vergewaltiger hat, an den Vergewaltiger gebunden, obwohl sie ihn nicht geliebt hat. Sie ist gebunden, und eine spätere Beziehung ist eine zweite Bindung und in bezug auf die Bindung nicht so intensiv wie die frühere. Aber als Liebe kann sie ganz anders sein.

Bindung und Liebe darf man nicht verwechseln. Bindung ist ein elementarer Vorgang, über den wir keine Macht haben. Die Liebe dagegen können wir vermehren oder vermindern.

Hans und Elke
Das Ehren der Eltern

HELLINGER So, um was geht es?
HANS Ja, wir sind 20 Jahre zusammen, davon 19½ Jahre verheiratet. Wir haben keine Kinder, weil wir keine bekommen. Seit etwa zehn Jahren reden wir sehr viel über Trennung, und wir tun es nicht. Es gibt zum Beispiel auch sexuelle Probleme, und was du gestern sagtest über die Dynamik Vater – Sohn, Mutter – Tochter, das trifft bei uns auch zu. Ich denke, dass ich meinen Vater nicht genommen habe und meine Frau ihre Mutter nicht.
HELLINGER Will die Frau auch etwas dazu sagen?
ELKE Im Moment nicht.
HELLINGER Okay, dann stellen wir es auf, eine Zwei-Personen-Aufstellung vorläufig.
zu Hans Okay, fange an.
zu Elke, während Hans aufstellt War jemand vorher in fester Bindung von euch?
ELKE Ich, zwei Jahre lang, aber nicht verheiratet und auch nicht verlobt.

Bild 1a

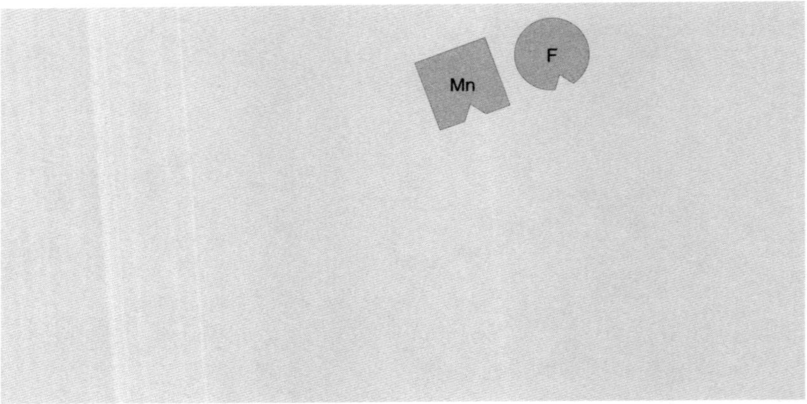

Mn Mann (= Hans)
F Frau (= Elke)

HELLINGER *zu Elke* Wie würdest du es aufstellen?

Bild 1b

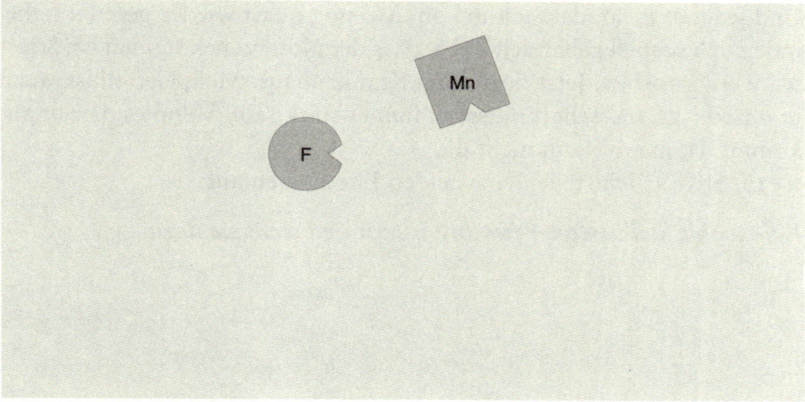

HELLINGER *zu Elke* Wieso ist diese frühere Bindung auseinandergegangen?

ELKE Der Mann wollte mich nicht heiraten.

HELLINGER Okay. Wie geht es dem Mann?

Mn MANN Ich habe einen weiten Blick hinaus. Ich spüre meine Frau ein bisschen zur Seite, aber eigentlich ist der Raum mein Thema hier.

HELLINGER Wie geht es der Frau?

F FRAU Ich fühle mich hier ziemlich alleine. Ich sehe zwar meinen Mann, aber er sieht mich nicht. Es ist kein warmes Gefühl, es ist so leer.

HELLINGER *zu Hans* Was ist in deiner Herkunftsfamilie passiert?

HANS Das ist schwer zu sagen. Ich denke, wichtig ist, dass die Ehe meiner Eltern nicht gut war, aber dass das nicht gesagt wurde. Und dass mein Vater – meine Mutter ist vor zwei Jahren gestorben – das eigentlich leugnet. Er stellt überall Bilder von meiner Mutter auf und sagt, die Ehe war gut und wunderbar, und es war alles so, wie er es sich gewünscht hat. Ich weiß aber, dass meine Mutter sich, als ich Kind war, bei mir jahrelang über ihn beschwert hat.

HELLINGER Ich stelle den Vater und die Mutter von dir noch auf. Hast du Geschwister?

HANS Ich habe eine Schwester, drei Jahre jünger.

HELLINGER Stelle auf.

zu Elke, während Hans seine Eltern aufstellt Ist in deiner Herkunftsfamilie etwas Besonderes passiert?

ELKE Als ich zwei Jahre war, hatte mein Vater einen Lendenwirbelbruch und lag 14 Monate im Krankenhaus. Mein Gefühl ist immer, ich muss stark sein, ich muss alles schaffen. Er hat gesagt, hätte es mich nicht gegeben, dann hätte er die Zeit im Krankenhaus nicht ausgehalten. Und jetzt ist es so, dass ich ihn am Montag quasi wieder gerettet habe, indem ich schnell gehandelt habe, dass der Notarzt gekommen ist. Sonst wäre er gestorben. Jetzt liegt er im Krankenhaus. Mein Gefühl ist, auch in unserer Partnerschaft muss ich immer stark sein. Wenn es darauf ankommt, ist mein Mann nicht da.

HELLINGER Ich stelle deine beiden Eltern auch auf.

Elke wählt Stellvertreter für ihre Eltern und stellt sie dazu.

Bild 2

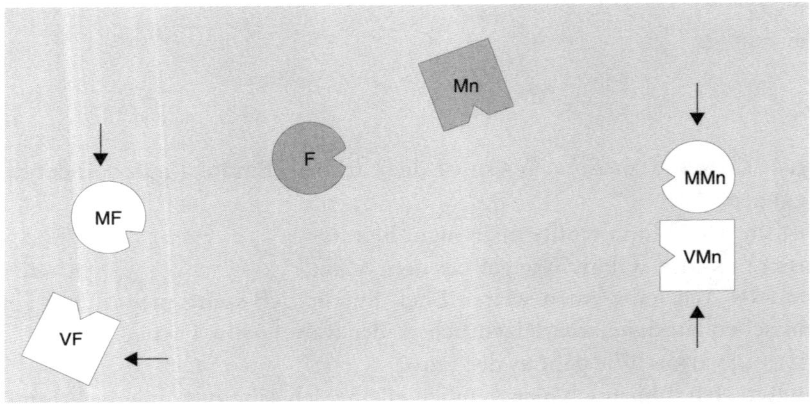

VMn Vater des Mannes
MMn Mutter des Mannes
VF Vater der Frau
MF Mutter der Frau

HELLINGER *zu Elke* Lebt deine Mutter noch?

ELKE Ja.

HELLINGER *zum Stellvertreter von Hans* Was ist verändert?

Mn MANN Es hat ein bisschen mehr Gewicht, vor allem auf der Seite meiner Frau, als ihre Leute dazukamen. Aber ich bin immer noch nicht gehalten, ich habe immer noch Lust, nach vorne wegzugehen. Da ist immer noch der Raum hier.

HELLINGER Wie geht es dem Vater?

VMn VATER DES MANNES Ich leide drunter, dass ich zu bedeutungslos bin. Ich wäre gerne von ihm näher hingeführt worden. Da war plötzlich so etwas wie eine unsichtbare Kraft, die ihn hat schwach werden lassen. Was ich gar nicht gut finde, ist dieser ferne Höhenflug von ihm. Ich möchte ihn da irgendwie erden. Aber ich habe nicht viel Einfluss. Meine Frau stört mich dabei auch ein bisschen, den Weg dahin zu finden.

HELLINGER Bei der Mutter?

MMn MUTTER DES MANNES Ich finde es nicht gut, dass ich zum Sohn keinen Kontakt haben darf. Ich fühle es hier zum Mann warm und auch zum Sohn eine ganz warme Beziehung. Ich möchte ihn auch angucken, auch, dass er mich anguckt und merkt, dass ich da bin.

Hellinger stellt sie links neben ihren Mann.

Bild 3

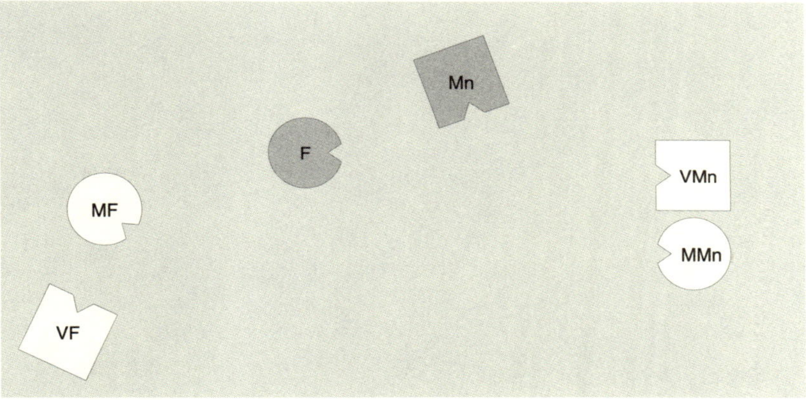

HELLINGER Wie ist es jetzt?

MMn MUTTER DES MANNES Gleich als ich hierherkam, war das schon prima.

VMn VATER DES MANNES Das ist besser, ja.

HELLINGER *zum Mann* Bei dir?

Mn MANN Ein bisschen besser, ja.

HELLINGER Schaue die Mutter an. Sage ihr: »Ich bin wie der Papa.«

Mn MANN Ich bin wie der Papa.

HELLINGER »Gerne.«

Mn MANN Gerne.

HELLINGER Wie ist das?

Mn MANN Ja, das ist gut.

VMn VATER DES MANNES Das ist okay, ist in Ordnung.

MMn MUTTER DES MANNES Mich freut das auch, absolut.

VMn VATER DES MANNES Der will gar nicht weg, der guckt weg. Das ist es, der guckt nur weg.

HELLINGER *zum Mann, als dieser lacht* Okay?

Mn MANN Ja.

HELLINGER Was ist bei der Frau jetzt?

F FRAU Als die beiden Eltern des Mannes dazugekommen sind, habe ich mich auch erleichtert gefühlt, so, als würde das alles ein bisschen runder und wärmer. Auf die Paarbeziehung hat es für mich jetzt noch nicht so Auswirkungen, weil er immer noch in die Ferne schaut. Und von hinten, das war für mich ein bisschen bedrohlich so, weil ich gar nicht sehe, was hinter mir passiert, und es als eine bedrohliche Kraft empfinde.

Hellinger stellt sie rechts neben den Mann.

Bild 4

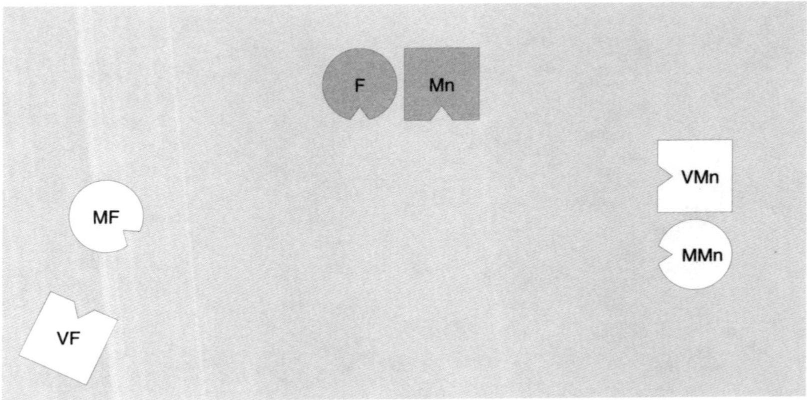

HELLINGER Wie ist es jetzt?

F FRAU Viel besser.

Mn MANN Ich muss ein bisschen näher heran, ich muss sie spüren.

HELLINGER Ja, einverstanden.

zum Vater der Frau Was ist beim Vater?

VF VATER DER FRAU Jetzt, wo die Tochter weggegangen ist, will ich nur noch alleine gehen. Vorher war ich sehr an der Tochter interessiert, wollte gehen – die Mutter stört – und wollte die Tochter aber mitnehmen. Ich hatte das Gefühl, ich gehe da durch und nehme die Tochter mit. Und jetzt will ich gehen, aber klar ohne Tochter.

HELLINGER Und wie geht es der Mutter?

MF MUTTER DER FRAU Etwas verloren. Ich fühle aber Wärme zum Vater. Zur Tochter habe ich keine Beziehung.

Hellinger stellt die Mutter der Frau neben ihren Mann und beide etwas näher zur Tochter.

Bild 5

Mn MANN Ich bekomme jetzt ein bisschen Herzklopfen.
HELLINGER *zu Hans und Elke* Ich nehme euch jetzt beide hier herein. Fühlt euch erst einmal ein.
nach einer Weile zu Elke Wie redest du deinen Vater an?
F ELKE Vati.
HELLINGER Sage: »Vati.«
F ELKE Vati.
HELLINGER Und die Mutter, wie redest du sie an?
F ELKE Mutti.
HELLINGER Sage: »Vati, Mutti ist ein bisschen besser.«
F ELKE Vati, Mutti ist ein bisschen besser.
HELLINGER »Sie kann das besser als ich.«
F ELKE Sie kann das besser als ich.
HELLINGER »Ich bin nur das Kind.«
F ELKE Ich bin nur das Kind.
HELLINGER Wie ist das?
F ELKE Ja, irgendwie ein Stück befreiend.
HELLINGER Ja, genau. Wie geht es dem Vater dabei?
VF VATER DER FRAU Ich habe gerne die Frau neben mir.
MF MUTTER DER FRAU Ja, ich finde das auch angemessen. *Lachen im Publikum.*
HELLINGER Wenn Kinder Eltern retten wollen und sich dann wichtig fühlen, dass der Vater wegen des Kindes lebt, zum Beispiel, dann stelle ich mir manchmal vor, was sich die Eltern heimlich im Bett über die Kinder erzählen.

Hellinger wechselt die Seiten von Mann und Frau und deren Eltern.

Bild 6

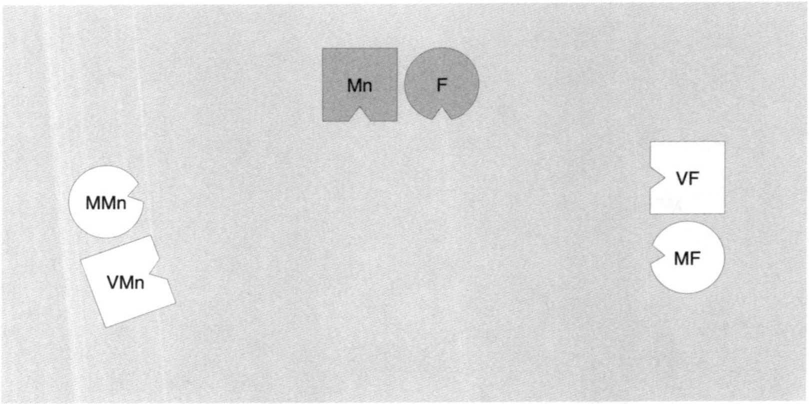

MMn MUTTER DES MANNES Ich fühlte mich vorher so nach vorne gezogen und zittrig. Ich habe immer gedacht, die Frau muss auf die andere Seite. Jetzt löst es sich.

HELLINGER Wie geht es dem Mann?

Mn HANS Ich finde mich gerade nicht zurecht in dem Geschehen.

HELLINGER Wie geht es der Frau?

F ELKE Ich fand, als die Eltern da rechts von mir waren, hatte ich mehr Bezug. Da war Kontakt. Jetzt sind sie so weg. Jetzt ist dieses Paar, also sprich Schwiegereltern, präsenter.

HELLINGER *zu Hans* War es für dich auch besser, als es umgekehrt war?

Mn HANS Ja.

HELLINGER Dann wechseln wir wieder.

Bild 7

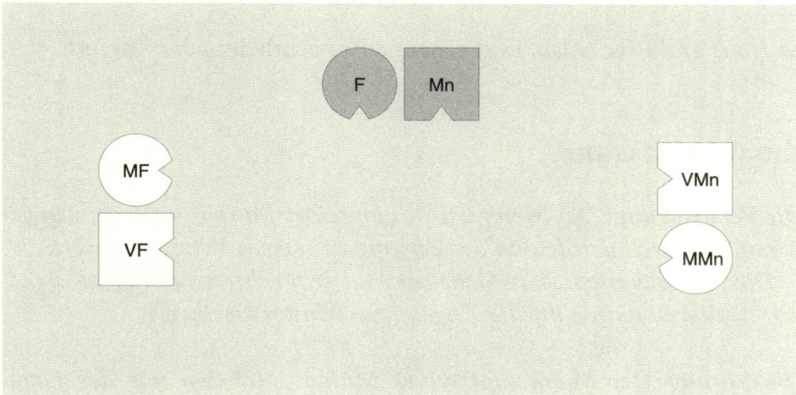

HELLINGER Das System der Frau hat mehr Gewicht.
zu Hans Wie ist es jetzt?

Mn HANS Ja, es ist wieder besser.

HELLINGER *zeigt auf seine Eltern, die gegenseitig die Arme um den Rücken des anderen gelegt haben* Nimm dir einmal ein Vorbild an den beiden. *Lachen im Publikum.*

Mn HANS Ich glaube es ihnen ja nicht, was sie da darstellen.

HELLINGER Nimm dir einmal ein Vorbild, probiere einmal aus, wie das wäre, wenn du das auch so machen würdest.
als das Paar es ebenso gemacht hat Na, wie ist das?

Mn HANS Ja, es war jetzt ein Versuch. *Lachen im Publikum.*

HELLINGER Okay, ich lasse es da. Das war's dann.

zur Gruppe Ein Sohn, der von der Mutter Geheimnisse erfährt über den Vater, der von ihr ins Vertrauen gezogen wird, der bestraft sich dafür später. Zum Beispiel, indem er genau das macht, was an seinem Vater kritisiert wurde. Das ist dann der Ausgleich. Und wenn er der Mutter sagt: »Schau, ich bin wie er, und ich bin es gerne«, kann die Mutter nichts mehr sagen, und er bekommt von seinem Vater Kraft.

Was die Frau betrifft, haben wir ein Beispiel gesehen, wie Kinder die Phantasie haben, dass sie ihre Eltern retten oder retten müssen, und sie möchten das auch. So ist halt die Liebe. Sie sterben sogar dafür, damit es den Eltern gut geht. Dann sind sie in der überhöhten Position. Dann sind sie die Eltern für die Eltern, und die Eltern sind wie ihre Kinder. Diese Kinder bestrafen sich dann auch, indem sie dann klein werden.

Wenn die Eltern anerkannt sind, dann kommt Kraft von den Eltern, dann kommt auch Kraft für die Beziehung.

zu Hans und Elke Also, jetzt schaut zuversichtlich in die Zukunft.

Zusammenfassung

Die Verstrickung *Der Mann wurde von seiner Mutter ins Vertrauen gezogen. Dadurch wurde ihm der Zugang zu seinem Vater erschwert.*

Die Frau glaubte sich an Stelle der Mutter für ihren Vater verantwortlich. Dadurch wurde ihr der Zugang zur Mutter erschwert.

Die Lösung *Der Mann sagt seiner Mutter: »Ich bin wie der Papa. Gerne.«*

Die Frau sagt ihrem Vater: »Vati, Mutti ist ein bisschen besser. Sie kann das besser als ich. Ich bin nur das Kind.«

Wann hört man auf?

HELLINGER *nach einer Pause* Ist noch etwas nachzutragen zu vorher?

TEILNEHMERIN Ich habe eine übergreifende Frage, die mir schon seit gestern unter den Nägeln brennt, und zwar, nach welchen Kriterien Sie den Abschluss einer Familienaufstellung machen. Das heißt, insgesamt waren für mich schon zwei bis drei Paare dabei, wo ich den Abschluss nicht nachvollziehen konnte, wo ich ihn, ich würde mal so formulieren, zum Teil als, in Anführungsstrichen, »provokativ« empfand. Ich konnte es einfach nicht verstehen, wie Sie an welcher Stelle den Schlusspunkt setzen. Wenn Sie das vielleicht etwas näher erläutern könnten.

HELLINGER Immer am Punkt der am meisten verdichteten Kraft, da höre ich auf. Und dann machen die Seelen weiter. Das ist das Hauptkriterium: Wo ist die größte Kraft? Man kann sehen, dass die Kraft weggehen würde, wenn man das bereden würde. Jedes Beschwätzen einer Aufstellung nimmt Kraft weg. In dem Augenblick, wo die größte Kraft spürbar ist, hört man auf. Dann haben die Seelen die Kraft zum Handeln. Sonst geht die Energie in den Begriff statt ins Handeln. Das ist für viele Therapeuten natürlich eine Umstellung. Denn wir sind es gewohnt, etwas nachzubearbeiten und nachzubesprechen, bis nichts mehr da ist.

Lienhard und Franziska
»Halte mich als deine Frau«

HELLINGER Um was geht es bei euch?

FRANZISKA Wir sind seit 21 Jahren verheiratet und haben drei Söhne. Ich habe das Gefühl, ich sei immer wie außerhalb der Familie. Also, mein ältester Sohn macht mir den Platz streitig.

HELLINGER Wer?

FRANZISKA Der älteste Sohn.

HELLINGER Macht der Mutter den Platz streitig? Das kann man ganz einfach lösen.

FRANZISKA Sich den Platz nehmen.

HELLINGER Nein, nein. Der Mann haut auf den Tisch und sagt ihm Bescheid, wer hier was zu sagen hat.

FRANZISKA Genau das passiert nie.

HELLINGER Vielleicht passiert es jetzt. Was sagt der Mann?

LIENHARD Wir waren noch sehr jung als wir geheiratet hatten. Ich war gerade 20, und ich war am Anfang sehr stolz auf meine Familie. Wir hatten eigentlich ein gutes Familienverhältnis. Mit der Zeit nahm das etwas ab. Ich hatte vor allem immer mehr Mühe mit dem Streit, den meine Frau mit den Kindern hatte. Am Anfang habe ich sicher den Fehler gemacht, dass ich das eine oder andere Mal Partei für die Kinder ergriffen habe, weil ich sagte: Du kannst deinen Kindern nicht immer nur autoritär befehlen, sondern musst auch mal die Kinder begreifen. Da gab es Zwist, da habe ich sicher Fehler gemacht. Das hat sich dann so eingelebt. Mit der Zeit hat sich das Rollenspiel mit dem Älterwerden des Sohnes – der Älteste ist jetzt 21 Jahre alt – eingespielt und ist kaum mehr zu lösen. Es nützt heute auch nichts mehr, wenn ich auf den Tisch klopfe. Das funktioniert jetzt, gerade für die Situation, für die nächsten zehn Minuten, aber es kann nicht grundlegend geändert werden.

HELLINGER *zu Franziska* Hast du dich als die Bessere gefühlt?

FRANZISKA Nein, ich habe mich immer schuldig gefühlt.

HELLINGER Ich meine, gegenüber den Kindern und deiner Vorstellung von Erziehung. Hast du dich als die Bessere gefühlt?
zu Lienhard Hat sie sich als die Bessere gefühlt?

LIENHARD Ich denke schon.

HELLINGER Das machen die meisten Frauen so. *Lachen im Publikum.*
zu Franziska Und was machen dann die Kinder?

FRANZISKA Die stehen auf der Seite vom Vater.

HELLINGER Die stehen auf der Seite des Schlechteren, des sogenannten Schlechteren. Das ist sozusagen die Rache der Kinder am Überlegenheitsgefühl des einen Partners. *Die Frau nickt.* Demut hilft. Aber ich stelle es trotzdem mal auf.
zu Lienhard Fange du mal an.
als er aufstellt War jemand vorher in fester Bindung?
LIENHARD Ich hatte eine Freundin ein Jahr lang, eine tiefe Beziehung, aber keine Verlobung.
HELLINGER Wieso ist das mit der ersten Liebe nicht geglückt?
LIENHARD Meine Freundin wollte einen Mann, der Lehrer wird, und sie wollte eine große Familie haben. Ich habe mich dann entschieden, nicht Lehrer zu werden, und dann ist es auseinandergegangen.
HELLINGER Geschieht ihr recht.
zum Mann Fang du mal an.

Lienhard stellte die frühere Freundin mit auf. Da sich aber herausstellte, dass sie keine Rolle mehr spielt, wurde sie in den Diagrammen weggelassen.

Bild 1

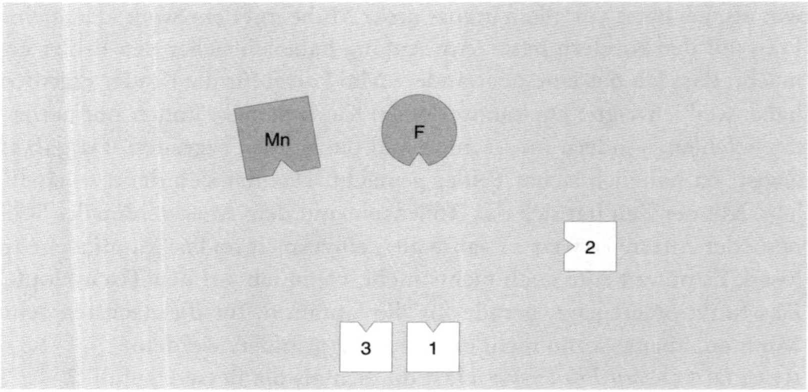

Mn Mann (= Lienhard)
F Frau (= Franziska)
1 Erstes Kind, Sohn
2 Zweites Kind, Sohn
3 Drittes Kind, Sohn

HELLINGER Wie geht es dem Mann?

Mn MANN Ich fühle mich etwas merkwürdig, es gibt so einen Sog nach links zum zweiten Sohn. Da zieht es mich ganz stark hin. Nach rechts, da ist irgendwie gar nichts. Zur Mutter, zur Frau, habe ich keine Beziehung.

HELLINGER Wie geht es der Frau?

F FRAU Es ist eine Riesenwucht vor mir. Weil der älteste Sohn mir im Weg steht, kann ich nicht gehen. Also muss ich mich umdrehen und gehen. Also, es ist gefährlich alles.

HELLINGER Wie geht es dem Ältesten?

1 ERSTES KIND Da ist eine große Anspannung, eine Konfrontation, wobei ich mich vom Vater nicht unterstützt fühle. Hier, nach rechts, habe ich den Eindruck, dass ich für die beiden *(die Mutter und den zweiten Bruder)* etwas tun muss oder tue.

HELLINGER Hat das Aufstellen der früheren Freundin des Vaters einen Einfluss gehabt?

1 ERSTES KIND Da habe ich überhaupt keinen Draht hin.

HELLINGER *zum zweiten Sohn, der mit gesenktem Kopf dasteht* Bei dir?

2 ZWEITES KIND Ich denke die ganze Zeit: Was habe ich falsch gemacht? So schlecht bin ich doch gar nicht.

HELLINGER *zum dritten Sohn* Bei dir?

3 DRITTES KIND Ich verstehe nicht genau, warum ich hier stehe. Ich fühle mich auch zu keinem der Eltern richtig hingezogen. Aber ich stehe zwischen ihnen.

HELLINGER *zur Gruppe* Da muss etwas in der Herkunftsfamilie sein. Das sind merkwürdige Reaktionen. Die lassen sich aus dieser Aufstellung nicht erklären. Dann forscht man nach, was sind die Schicksalsbindungen, die in die Gegenwart hereinwirken.

zu Franziska Was ist in deiner Herkunftsfamilie passiert?

FRANZISKA Nichts Besonderes. Mein Vater war verlobt, bevor er meine Mutter heiratete, und wurde verlassen. Es gab zwischendurch noch eine Eileiterschwangerschaft, aber sonst weiß ich eigentlich nichts.

HELLINGER *zu Lienhard* Bei dir?

LIENHARD Wir waren zu Hause drei Söhne. Ich glaube, bei mir zu Hause war eigentlich die Familie so: Der Vater hat den ganzen Tag gearbeitet, und die Mutter hat für die Familie gesorgt. Also nichts Besonderes. Was sich abgespielt hat, war: die Brüder des Vaters sind alle nach Amerika ausgewandert, also Brüder und Schwestern, und einer ist dort umgekommen. Das hat meinen Vater sehr stark belastet, und bis heute ist nicht geklärt, warum dieser Onkel gestorben ist.

HELLINGER *zeigt auf den zweiten Sohn* Der repräsentiert den.

FRANZISKA Er heißt im zweiten Namen auch genau gleich.
HELLINGER Rein zufällig natürlich. *Lachen im Publikum.*
zu Lienhard Stelle den Onkel gleich auf.
LIENHARD Den Onkel?
HELLINGER Ja.

Bild 2

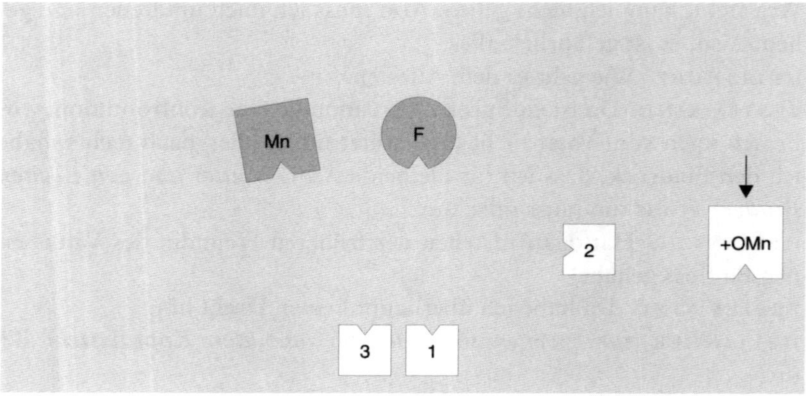

+OMn Onkel des Mannes, Bruder des Vaters des Mannes, in Amerika umgekommen

HELLINGER Was ist verändert?
2 ZWEITES KIND Ich kann aufrecht sein. Ich weiß nicht, aber plötzlich dachte ich, es ist sehr angenehm. Er ist ein bisschen zu weit weg, er könnte noch mehr unterstützen. Aber es ist gut.
HELLINGER Den stellen wir einfach mal da her.

Hellinger stellt den Onkel hinter den zweiten Sohn.

Bild 3

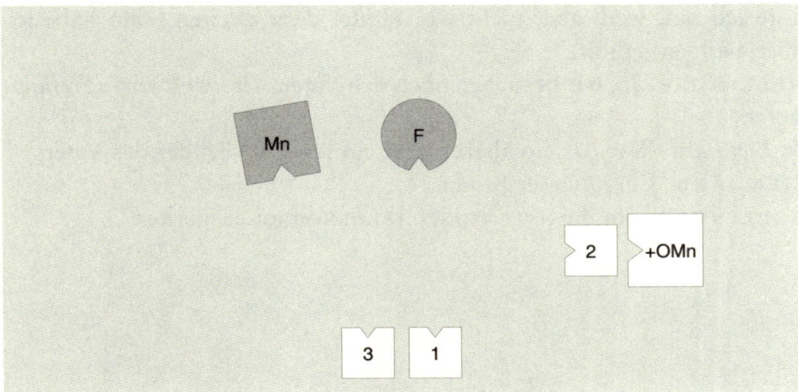

2 ZWEITES KIND Ja, das ist sehr warm. Es ist angenehm, es ist gut.

HELLINGER Wie geht es dem Onkel?

+OMn ONKEL DES MANNES † Besser hier. Hier habe ich keinen Druck mehr im Kopf, und die Weite ist weg.

HELLINGER Genaugenommen muss er hierher.

Hellinger stellt ihn rechts neben den Mann.

Bild 4

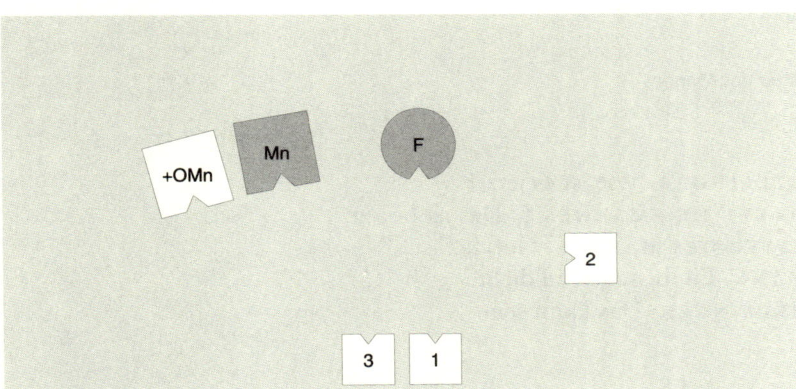

HELLINGER *zum Mann* Wie ist das?

Mn MANN Das bringt mich mehr in die Mitte. Der Sog nach links hat schon gleich aufgehört, als er überhaupt kam, und jetzt ist auf der rechten Seite diese Leere weg und eine Unterstützung da.

+OMn ONKEL DES MANNES † Das ist nicht mein Platz.

HELLINGER Nicht?

+OMn ONKEL DES MANNES † Das ist nicht mein System hier. Woanders gehöre ich hin, weiß aber nicht wo. Hinter dem zweiten Sohn habe ich mich wohler gefühlt.

HELLINGER Ja, wir brauchen noch den Vater. *Er wählt einen Stellvertreter.*

zu Lienhard War das ein älterer oder ein jüngerer Bruder des Vaters?

LIENHARD Ein jüngerer Bruder.

HELLINGER Ein jüngerer Bruder. Dann kommt er hierher.

Bild 5

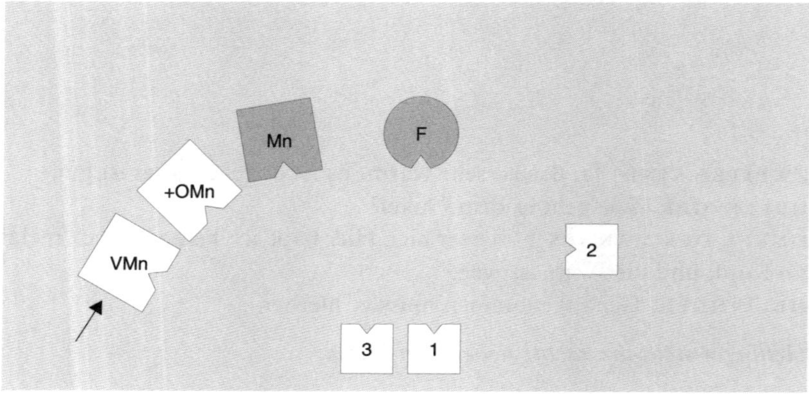

VMn Vater des Mannes

HELLINGER Wie ist es jetzt?

+OMn ONKEL DES MANNES † Das ist besser.

VMn VATER DES MANNES Gut, ja.

Mn MANN Ein bisschen zu dicht.

HELLINGER Das kann sein.

Hellinger stellt den Vater und seinen Bruder etwas weiter weg.

Bild 6

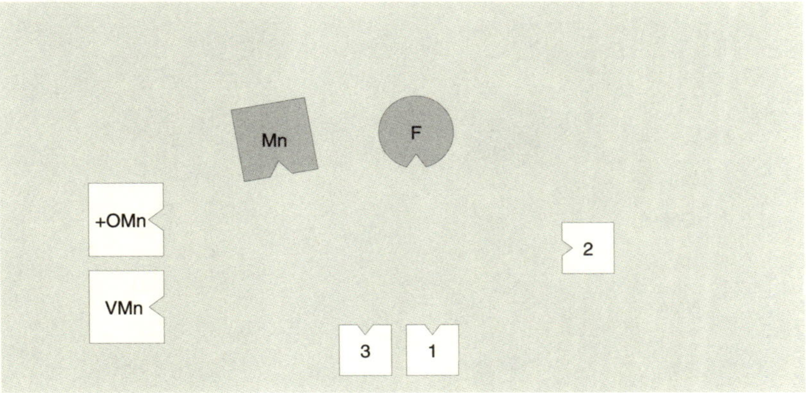

HELLINGER Wie ist es jetzt?

Mn MANN Das ist gut.

+OMn ONKEL DES MANNES † Prima.

VMn VATER DES MANNES Ja, sehr gut.

HELLINGER Wie geht es der Frau jetzt?

F FRAU Ich fühle mich ständig hier so herumgeschubst, seit der Onkel da steht. Und das zu den Kindern hat ein bisschen an Kraft verloren, an Intensität.

Als Hellinger sie näher zum Mann stellen will, rückt sie wieder weiter weg.

HELLINGER *zum ältesten Sohn* Bei dir jetzt?

1 ERSTES KIND Ja, ich sehe das auch so. Die Spannung hat etwas nachgelassen, weil das System kompletter geworden ist. Ich habe auch nicht mehr das Gefühl, dass ich hier für andere irgendetwas übernehmen müsste.

Hellinger stellt die Frau abseits.

Bild 7

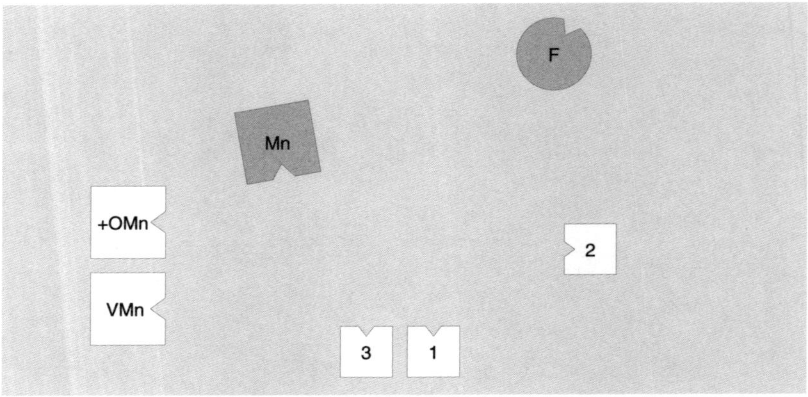

HELLINGER Wie ist das?

F FRAU Ja, gut.

HELLINGER *zu den Söhnen* Jetzt stellt ihr euch einmal in der Reihenfolge dem Vater gegenüber.

Bild 8

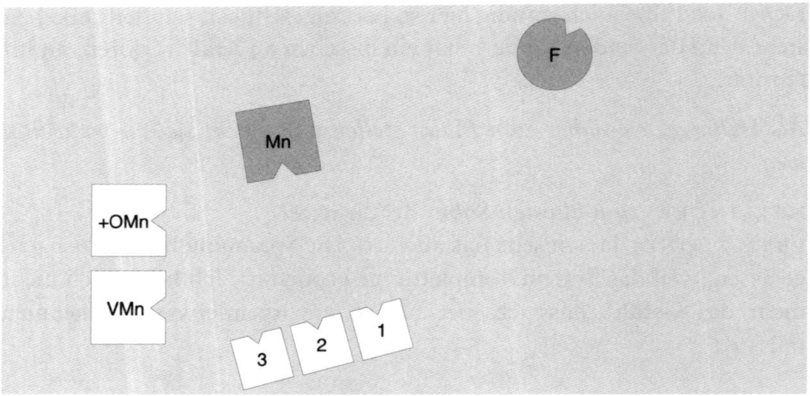

HELLINGER Wie ist das?

1 ERSTES KIND Zunächst korrekt, aber es fehlt mir trotzdem die Mutter.

2 ZWEITES KIND Ich fühle mich bei den Brüdern sehr aufgehoben. Ich vermisse die Mutter nicht so.

3 DRITTES KIND Das fühlt sich gut an, die beiden neben mir.

HELLINGER Was ist beim Mann jetzt?

Mn MANN Das ist nicht gut für mich. Mir fehlt die Frau. Das sind mir eindeutig zu viele Männer hier. Aber hier zur rechten Seite ist es gut, und die drei Kinder sind mir recht fremd.

Hellinger stellt die Söhne neben den Vater.

Bild 9

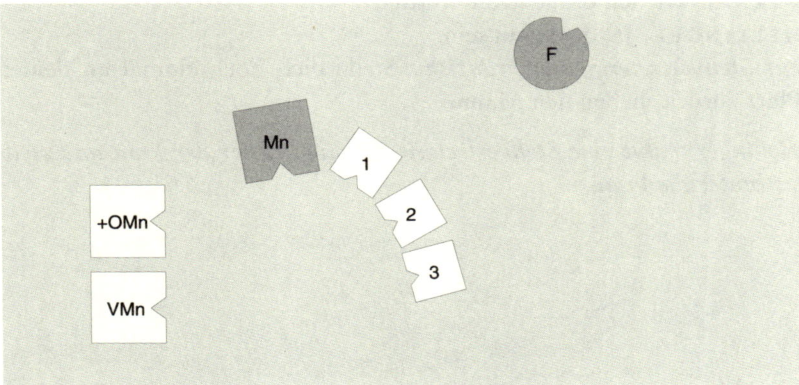

HELLINGER Wie ist es jetzt?
Mn MANN Ja, das ist besser.
1 ERSTES KIND Aber ich habe jemanden verdrängt.
HELLINGER Lass den Platz frei, so.

Bild 10

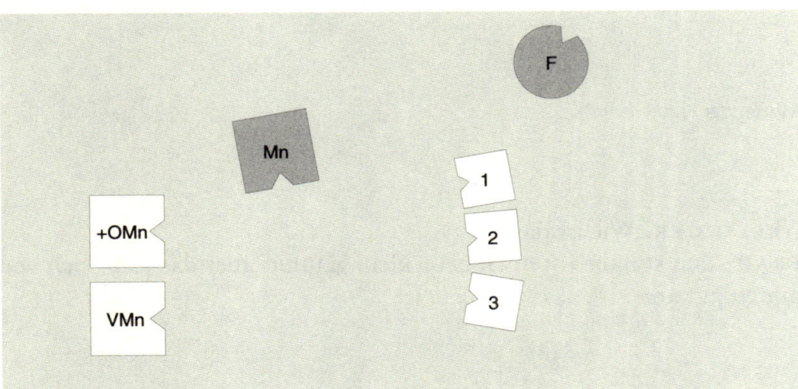

1 ERSTES KIND Ja, so kann es passen, wenn die Mutter noch kommt.
2 ZWEITES KIND Ja, mir fehlt das auch. Das ist zuviel männliche Kraft.
3 DRITTES KIND Ich sehe den Vater jetzt plötzlich. Vorher dachte ich, was sucht der hier?

HELLINGER Was ist bei der Frau?
F FRAU Ich würde mir mehr weibliche Kraft wünschen. Ich bräuchte Unterstützung. Vorhin, wie die Frau erzählt hat, hat mich diese Eileiterschwangerschaft stark angezogen, dieses Kind.
HELLINGER *zu Franziska* Was sagst denn du dazu?
FRANZISKA Ich brauche die Mutter.
HELLINGER Ja, das kann sein.
zur Stellvertreterin von Franziska Stelle dich noch einmal an deinen Platz zurück, neben den Mann.

Hellinger wählt eine Stellvertreterin für die Mutter der Frau und stellt sie hinter die Frau.

Bild 11

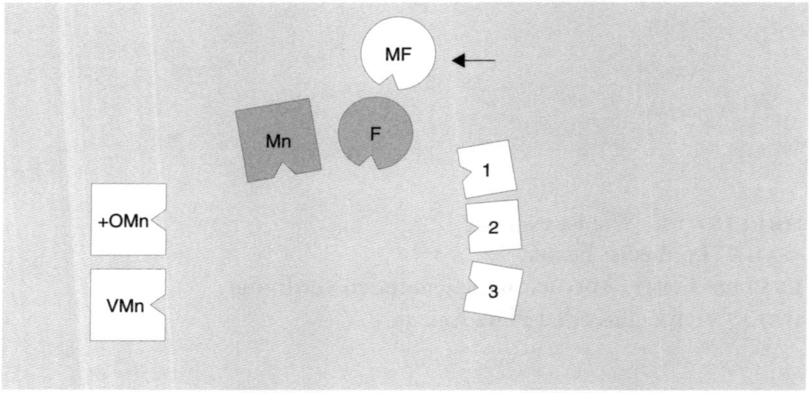

MF Mutter der Frau

HELLINGER Wie ist das?
F FRAU Zuerst habe ich mich ganz klein gefühlt, aber das fühlt sich von hinten gut an.

Hellinger stellt sie näher zum Mann.

Bild 12

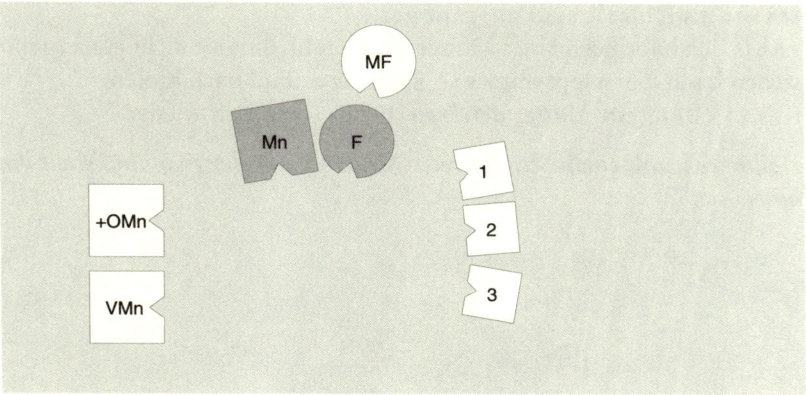

F FRAU Er will das gar nicht.
Mn MANN Doch, ich will das. Es ist Helligkeit gekommen, seit sie da ist.
HELLINGER Bitte?
Mn MANN Es ist hell geworden, heller, seit sie da ist.
F FRAU Das macht mich traurig, das macht mich ganz traurig hier.
HELLINGER Schaue ihn doch mal an. Na, ist er so furchtbar?
F FRAU Vielleicht doch nicht. Ich kann ihn anders sehen jetzt.

Hellinger stellt den Vater des Mannes hinter ihn.

Bild 13

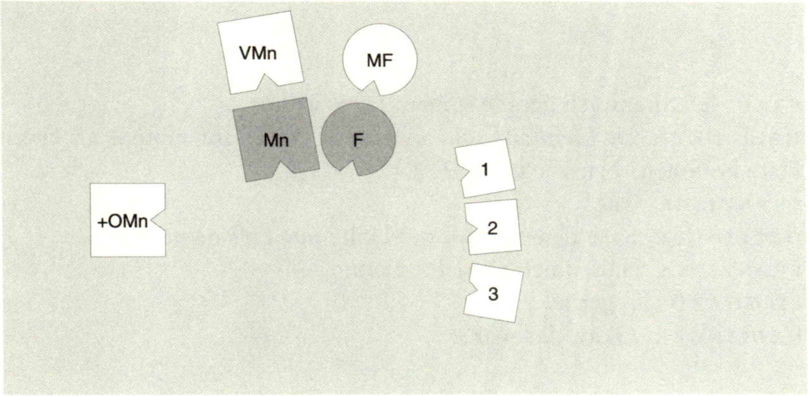

HELLINGER Wie ist es jetzt?
F FRAU Ich weiß nicht.

HELLINGER *zum Mann* Ist das besser, wenn der Vater dahinter steht oder schlechter?

Mn MANN Es fühlt sich gut an, ganz gut.

F FRAU Ich habe bei meiner Mutter das Gefühl, dass sie nicht ganz zu mir stehen kann. Sie wippt immer so nach vorne und nach hinten.

HELLINGER *zur Mutter der Frau* Okay, setze dich wieder.

Hellinger wählt einen Stellvertreter für den Vater der Frau und stellt ihn hinter sie.

Bild 14

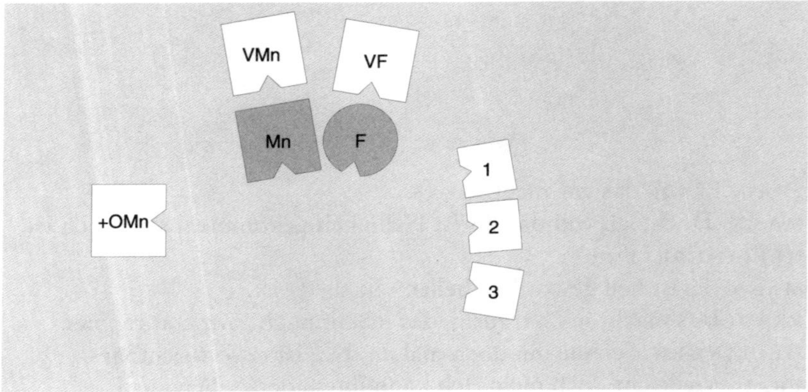

VF Vater der Frau

F FRAU Jetzt kann ich gerade stehen. Ja, es ist gut.

HELLINGER *zu Lienhard und Franziska* Wollt ihr einmal an euren Platz kommen? Na, wie ist das?

F FRANZISKA Gut.

HELLINGER Sage deinem Mann: »Halte mich als deine Frau.«

F FRANZISKA Halte mich als deine Frau.

Mn LIENHARD Ja, gerne.

HELLINGER Okay, das war's.

Zusammenfassung

Die Verstrickung *Die Frau will gehen. Wieso, bleibt verborgen.*

Die Lösung *Als der Vater der Frau hinter sie gestellt wird, kann sie bleiben. Sie bittet ihren Mann: »Halte mich als deine Frau.« Er sagt ihr: »Ja, gerne.«*

Karl und Annette
Halt kommt von den Vätern

HELLINGER Ich mache gleich weiter mit der nächsten Aufstellung. *zu Karl und Annette* Kommt ihr mal hierher. Um was geht es?
KARL Wir kennen uns seit dreieinhalb Jahren, haben eine zweijährige Tochter und haben vor einem Jahr geheiratet. Eigentlich mögen wir uns, doch wir merken, dass der Boden immer wieder ein bisschen bricht. Wir kommen nicht recht zur Ruhe. Es hat sicher damit zu tun, dass meine Frau verheiratet war, als wir uns kennenlernten und deshalb ihre Ehe in die Brüche ging. Es hat sicher auch damit zu tun, wie verstrickt wir in unseren Ursprungsfamilien sind.
HELLINGER *zur Frau* Gibt es Kinder aus der früheren Ehe?
ANNETTE Nein, keine.
HELLINGER Willst du noch etwas dazu sagen?
ANNETTE Ja. Ich habe auch keinen Kontakt zu meinem Bruder, seit ich meinen Mann kenne. Außerdem habe ich früher Essstörungen gehabt. Das ist jetzt weniger, aber immer noch präsent.
HELLINGER Essstörungen, Bulimie?

Annette nickt.

HELLINGER Wieso hast du dich vom ersten Mann getrennt?
ANNETTE Ich denke, ich habe ihn nicht geliebt. Ich habe nie den Mut gehabt wegzugehen. Dann habe ich meinen Mann getroffen, und dann ist das von selber so gekommen.
HELLINGER Stellen wir einmal auf.

HELLINGER *zum Mann* Gut, fange an.

Bild 1

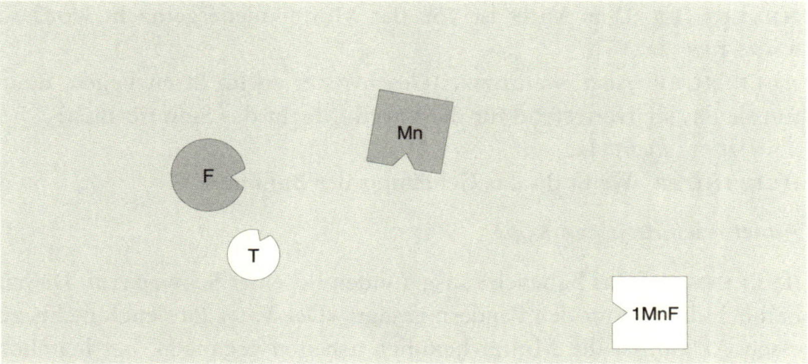

Mn **Mann (= Karl)**
F **Frau (= Annette)**
T Einziges Kind, Tochter
1MnF Erster Mann der Frau

HELLINGER Wie geht es dem Mann?

Mn MANN Ich fühle mich unsicher und beobachtet, vor allem von rechts. Von links ist ein leichter Druck, aber nicht besonders stark.

HELLINGER Wie geht es der Frau?

F FRAU Ich sehe meinen Mann gar nicht. Ich bin ihm zwar irgendwie nah, also, ich stehe nahe bei ihm, aber ich sehe ihn überhaupt nicht, wie er ist. Ich kenne ihn gar nicht.

HELLINGER Und was ist da rüber, zum ersten Mann?

F FRAU Auch keine Beziehung, Ferne.

HELLINGER Wie geht es der Tochter?

T TOCHTER Ich stehe alleine, und ich blicke so raus. Ich sehe meine Eltern nicht. Und hier rechts, zum ersten Mann, ist irgendetwas, aber ich weiß nicht was.

HELLINGER Wie geht es dem ersten Mann?

1MnF ERSTER MANN Ich fühle keine Beziehung zu der Gruppe.

HELLINGER *zu Karl und Annette* Ein armes Häufchen, alle drei arme Würstchen oder alle vier. Was war in der Herkunftsfamilie der Frau?

ANNETTE Die Schwester meiner Mutter ist gestorben mit 38. Wir haben immer sehr viel Streit gehabt in der Familie bei uns, und mein Bruder und ich haben immer gekämpft gegeneinander.

HELLINGER Was ist mit deinem Vater?

ANNETTE Mein Vater ist auch relativ früh gestorben mit 56 Jahren, und er ist eigentlich immer von meiner Mutter niedergemacht worden.
HELLINGER Dein Vater ist von der Mutter niedergemacht worden?
ANNETTE Ja.
HELLINGER Also, wenn zwei Geschwister so im Streit liegen, dann tun sie das stellvertretend für die Eltern. Macht das Sinn für dich?
ANNETTE *lacht* Ja, sehr.
HELLINGER Weißt du das Geheimnis der Bulimie?

Annette schüttelt den Kopf.

HELLINGER Das habe ich rausgefunden bei einer Schweizerin. Da hat nämlich die Mutter den Kindern gesagt: »Der Vater gibt euch nichts zu essen.« Dann ist die Mutter heimlich arbeiten gegangen, hat heimlich eingekauft, heimlich gekocht, heimlich mit den Kindern gegessen. Und der Vater durfte nichts davon wissen.

Bei der Bulimie ist oft der Hintergrund, dass die Mutter den Kindern sagt: »Ihr dürft nur von mir nehmen. Was vom Vater kommt, ist schlecht.« Ist das bei euch so?
ANNETTE Ja.
HELLINGER Dann nimmt es das Kind von der Mutter, aber aus Liebe zum Vater spuckt es das wieder aus. Und weißt du, wie man das heilt? Auch ganz einfach. Das Kind stellt sich vor, es sitzt auf Papas Schoß, und vor ihm ist das ganze Essen ausgebreitet. Dann lässt es sich vom Vater füttern mit einem kleinen Teelöffel, und bei jedem Bissen sagt es: »Papa, bei dir schmeckt es mir. Von dir nehme ich es gerne.« Das ist die Heilung von der Bulimie.
nach einer Weile, als Annette sehr bewegt ist Was ist?
ANNETTE Das ist einfach so schwierig.

HELLINGER Wir stellen den Vater auf. Stelle ihn auf.

Bild 2

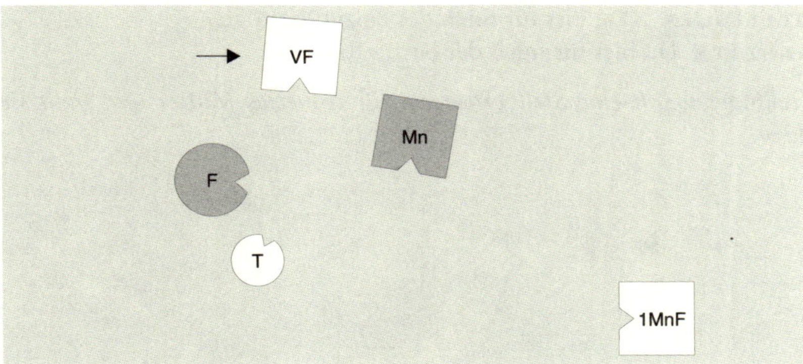

VF Vater der Frau

HELLINGER Was ist verändert bei der Frau?

F FRAU Ich will ihn gerne sehen.

Hellinger nimmt Annette in die Aufstellung und stellt sie vor ihren Vater.

Bild 3

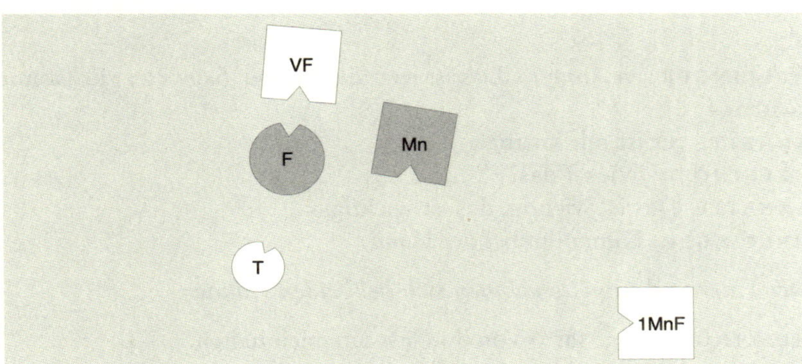

HELLINGER *zu Annette* Sage: »Lieber Papa« oder wie du geredet hast.

F ANNETTE Lieber Pa.

HELLINGER »Jetzt gebe ich dir die Ehre.«

F ANNETTE Jetzt gebe ich dir die Ehre.

HELLINGER »Ich nehme dich als meinen Vater.«
F ANNETTE Ich nehme dich als meinen Vater.
HELLINGER »Du bist für mich der einzig Richtige.«
F ANNETTE Du bist für mich der einzig Richtige.

Hellinger wählt eine Stellvertreterin für Annettes Mutter und stellt sie dazu.

Bild 4

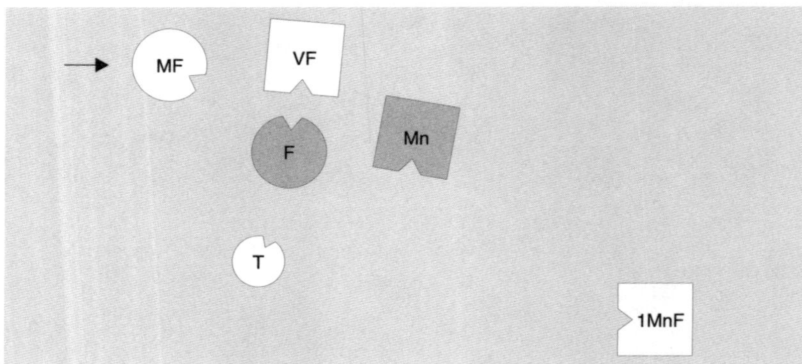

MF Mutter der Frau

HELLINGER *zu Annette* Das ist jetzt die Mutter. Sage ihr: »Er ist mir kostbar.«
F ANNETTE Er ist mir kostbar.
HELLINGER Wie ist das?
F ANNETTE Das ist wichtig, das ist wichtig.
HELLINGER Nimm ihn bei der Hand.

Der Vater und Annette nehmen sich bei beiden Händen.

HELLINGER Sage ihr: »Von ihm lass ich mich halten.«
F ANNETTE Von ihm lass ich mich halten.
HELLINGER »Und nähren.«
F ANNETTE Und nähren.
HELLINGER Wie ist das bei der Mutter?
MF MUTTER DER FRAU Das ist in Ordnung. Ich kann es hören und annehmen. Und es freut mich.
HELLINGER Wie geht es dem Vater?
VF VATER DER FRAU Gut, ich habe sie gerne. Ich mag das.

HELLINGER *zu Annette, die sehr bewegt ist* Jetzt drehe dich um.

Hellinger stellt das Kind Annette gegenüber. Die Eltern der Frau stellt er etwas zur Seite.

Bild 5

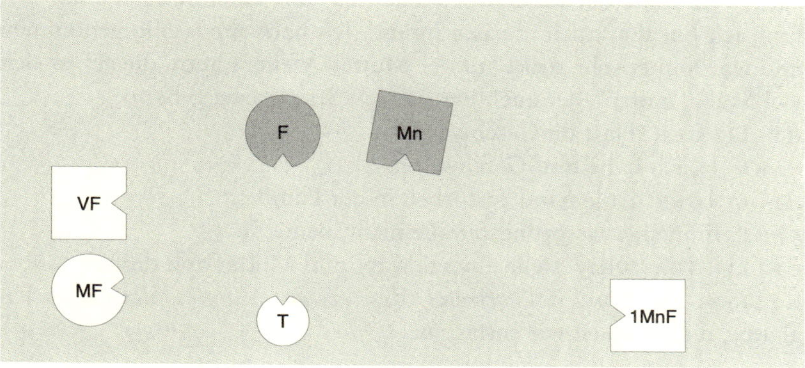

HELLINGER Was ist bei der Tochter jetzt?

T TOCHTER Das war viel besser, als der Vater der Mutter dort stand. Ich war erleichtert.

HELLINGER Jetzt?

T TOCHTER Ja, das ist gut. Ich fühle mich sehr gut.

HELLINGER Und was ist beim Mann?

Mn MANN Es ist etwas mehr Wärme entstanden nach links, seitdem das ganze Thema angesprochen ist. Ich selbst fühle mich etwas mehr in Beziehung zur Tochter, ohne dass es eine sehr große Bedeutung hat, und nach wie vor etwas unsicher und alleine.

Hellinger stellt ihn neben die Frau.

Bild 6

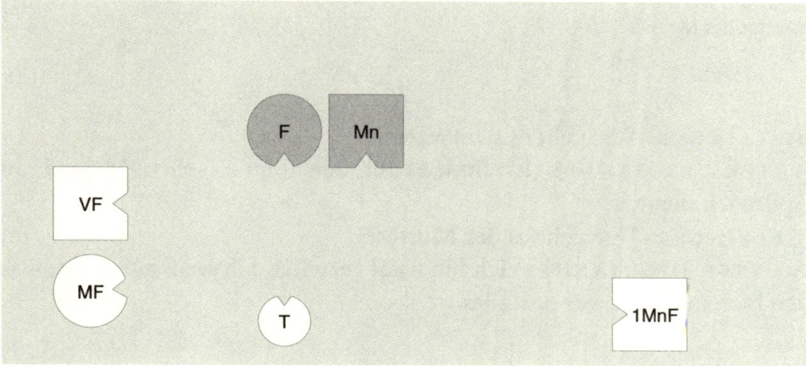

HELLINGER Wie ist es so?

Mn MANN Etwas gehalten, etwas gestützt, nicht mehr ganz so alleine und nicht mehr ganz so wertlos.

HELLINGER *zu Karl* Was ist in deiner Herkunftsfamilie passiert?

KARL Ich hatte ein schlechtes Verhältnis zum Vater. Ich habe das Gefühl, ich bin ihm auch etwas schuldig. Ich habe ihn wenig genommen und war immer sehr strikt mit der Mutter. Meine Eltern, die geben sich viel Mühe, hatten aber auch immer viele Streitereien gehabt.

HELLINGER Hast du Geschwister?

KARL Ja, ich habe fünf Geschwister.

HELLINGER Ist jemand gestorben in der Familie?

KARL In meiner Ursprungsfamilie nicht, nein.

HELLINGER Okay, stelle einmal Vater und Mutter von dir auf.

HELLINGER *zum Stellvertreter des ersten Mannes der Frau* Ich glaube, dich können wir entlassen.

Bild 7

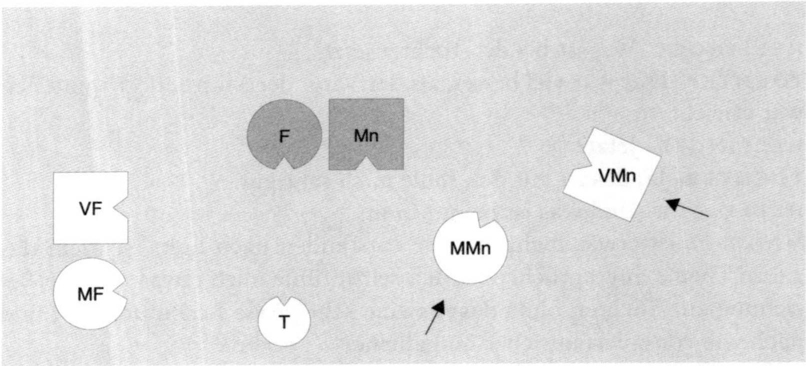

VMn Vater des Mannes
MMn Mutter des Mannes

HELLINGER Wie geht es dem Vater?

VMn VATER DES MANNES Ich finde es gut, den Sohn zu sehen. Meine Frau spüre ich nicht.

HELLINGER Wie geht es der Mutter?

Mmn MUTTER DES MANNES Ich bin total verwirrt. Ich weiß gar nicht, was ich hier soll, und wer das alles ist.

Hellinger stellt sie abgewandt abseits.

Bild 8

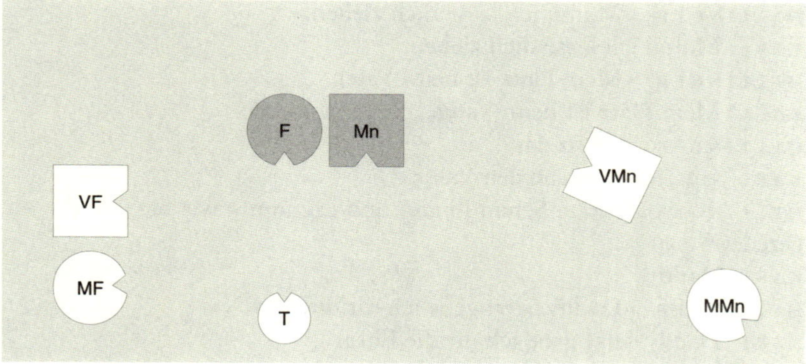

HELLINGER Wie ist das?

MMn MUTTER DES MANNES Das ist besser.

HELLINGER *zum Mann* Was ist verändert bei dir?

Mn MANN Ziemlich durcheinander. Sehr warm auf der rechten Seite, das ist sehr angenehm. Zur Tochter nach wie vor ein bisschen ängstlich. Der Vater hat Wärme und Kraft gegeben. Als die Mutter kam, kam ein Kloss im Hals. Insgesamt nicht mehr ganz so zittrige Knie, aber ein bisschen orientierungslos.

Hellinger stellt nun Karl selbst ins Bild. Er dreht die Mutter wieder um und stellt den Vater näher zum Sohn.

Bild 9

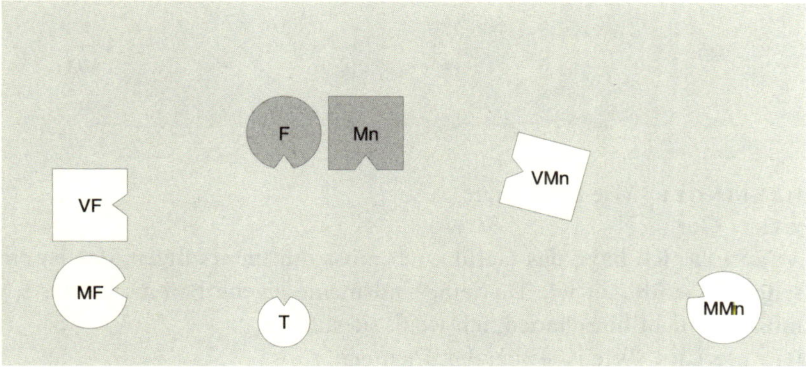

HELLINGER *zu Karl* Wie geht es dir hier?

Mn KARL Es ist gut, jetzt ist der Vater näher gekommen. Mit der Frau ist es gut.

HELLINGER Sage der Mutter – wie hast du sie angeredet?

Mn KARL Mami.

HELLINGER »Mami, ich lasse dich ziehen.«

Mn KARL Mami, ich lasse dich ziehen.

HELLINGER »Mein Platz ist beim Vater.«

Mn KARL Mein Platz ist beim Vater.

HELLINGER Wie ist das?

Mn KARL Gut, ich brauche den Vater.

HELLINGER Genau. Schau ihn an und sag ihm – wie hast du ihn angeredet?

Mn KARL Daddy.

HELLINGER »Daddy, jetzt gebe ich dir die Ehre.«

Mn KARL Daddy, jetzt gebe ich dir die Ehre.

HELLINGER »Schaue mich an als deinen Sohn.«

Mn KARL Schaue mich an als deinen Sohn.

VMn VATER DES MANNES Es ist gut, es ist warm.

Hellinger stellt den Vater hinter den Mann.

Bild 10

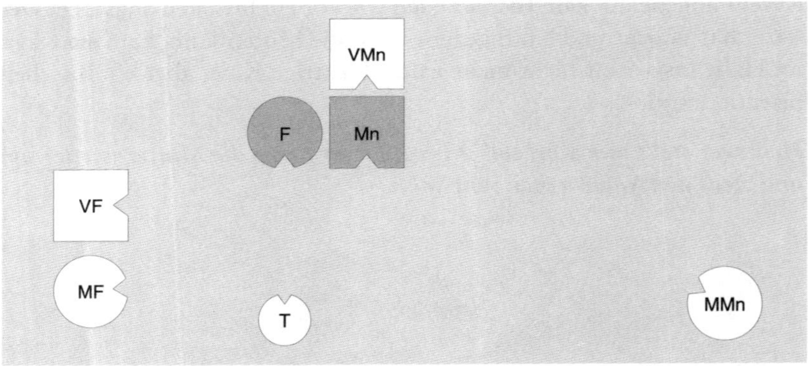

HELLINGER Wie ist es jetzt?

Mn KARL Gut.

F ANNETTE Ich habe das Gefühl, ich muss ihn unterstützen, das ist ein schönes Gefühl, so wie Da-Sein. Und meine eigene Familie ist da. Ich muss gar nicht hinschauen, ich weiß, sie sind da.

HELLINGER Wie ist es bei der Tochter?

T TOCHTER Ich habe Angstgefühle bekommen über dieses System des Vaters hier. Das ist noch nicht ganz weg, aber es wird langsam besser.

HELLINGER Ich stelle dich neben die Mutter.

Bild 11

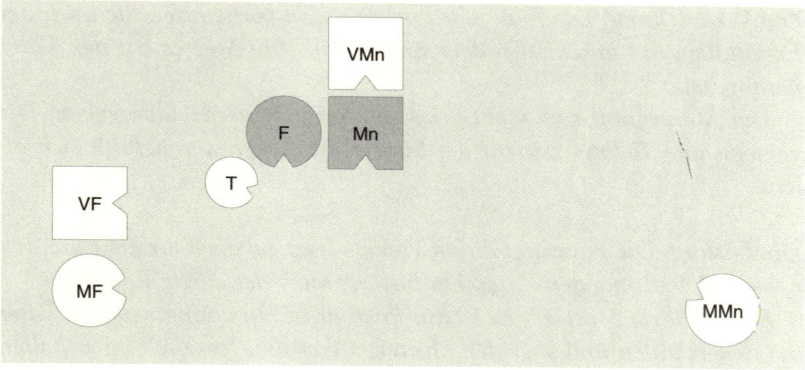

HELLINGER Wie ist das?
T TOCHTER Ja, das tut gut, das ist gut.
Mn KARL Ja, ist gut.
HELLINGER Haben wir es?
F ANNETTE Ja.
Mn KARL Ja, danke.
HELLINGER Okay, das war's.

zur Gruppe Irgendwelche Fragen dazu?
TEILNEHMERIN Sie haben jetzt zum Schluss die Tochter links an die Seite der Mutter gestellt. Was hatte das jetzt für eine Bedeutung? Die Kinder kommen doch immer im Uhrzeigersinn, oder?
HELLINGER Mein Bild war, dass die Mutter des Mannes da hereinspielt, und dass die Tochter sie später vertreten muss. Deswegen habe ich sie rüber zur Mutter gestellt. Da hat sie sich sicher gefühlt, und das war dann die Lösung.

Zusammenfassung

Die Verstrickung *Die Frau war vorher schon verheiratet. Sie litt unter Essanfällen mit anschließendem Erbrechen. Ihre Mutter hat den Vater herabgesetzt.*

Der Mann fühlt sich nicht gehalten. Seine Mutter wollte gehen. Die gemeinsame Tochter vertritt die Mutter des Mannes und fühlt sich allein.

Die Lösung *Die Frau sagt ihrem Vater: »Jetzt gebe ich dir die Ehre. Ich nehme dich als meinen Vater. Du bist für mich der einzig Richtige.«*

Sie sagt ihrer Mutter: »Er ist mir kostbar.« Dann nimmt sie den Vater bei den Händen und sagt der Mutter: »Von ihm lasse ich mich halten und nähren.«

Der Mann sagt zu seiner Mutter: »Mami, ich lasse dich ziehen. Mein Platz ist beim Vater.«

Er sagt seinem Vater: »Daddy, jetzt gebe ich dir die Ehre. Schaue mich an als deinen Sohn.«

Die gemeinsame Tochter wird neben die Mutter gestellt. Dort ist sie sicher.

Rainer und Karin
Nähe und Distanz

HELLINGER *zu Rainer und Karin* Um was geht es?
KARIN Wir sind zum zweiten Mal miteinander in Beziehung, aber wir sind nicht verheiratet. Wir waren vor 16 Jahren schon einmal zusammen und haben aus der Zeit eine Tochter, die ist jetzt 15. Wir waren zehn Jahre getrennt. In der Zwischenzeit hatte ich noch eine Beziehung zu einem anderen Mann, mit dem ich eine Tochter habe, die jetzt acht ist. Wir leben jetzt zu viert zusammen und haben Schwierigkeiten.
HELLINGER Die ältere Tochter wohnt auch bei dir?
KARIN Ja. Also, er ist mein erster und dritter Mann sozusagen. Und wir haben Schwierigkeiten, was unser Bedürfnis nach Nähe oder Distanz angeht.
HELLINGER Welches Bedürfnis ist es jetzt, nach Nähe oder nach Distanz?
KARIN Ich brauche mehr Distanz, habe ich manchmal das Gefühl. Mein Mann leidet da dann darunter.
HELLINGER Hat der Mann auch etwas dazu zu sagen?
RAINER Das hat sie schon ganz gut erklärt. Vielleicht ist es wichtig, dabei noch für mich anzumerken, dass ich erst seit einem Jahr mit meiner Partnerin zusammenlebe. Ich habe bisher in Duisburg gewohnt und bin runtergezogen zu ihr nach Stuttgart. Ich war zehn Jahre lang beruflich selbständig. Ich habe jetzt mit der Entscheidung, mit meiner gewünschten Familie zusammenzuleben, diese berufliche Selbständigkeit aufgegeben und bin gerade dabei, eine neue Perspektive zu finden. Mit dem Runterziehen hat für mich der Prozess angefangen, dass ich gespürt habe, dass es mir weh tut, wenn sie Distanz will, während ich runterkomme zu ihr und Nähe möchte. Das hat mir dann besonders weh getan.
HELLINGER Wir stellen es jetzt auf.
zu Rainer Stelle es du einmal auf.
HELLINGER *als er sieht, dass Rainer den anderen Mann ausgelassen hat* Da fehlt noch einer, natürlich.

RAINER Es fehlt der andere Mann.
HELLINGER Genau.

Bild 1

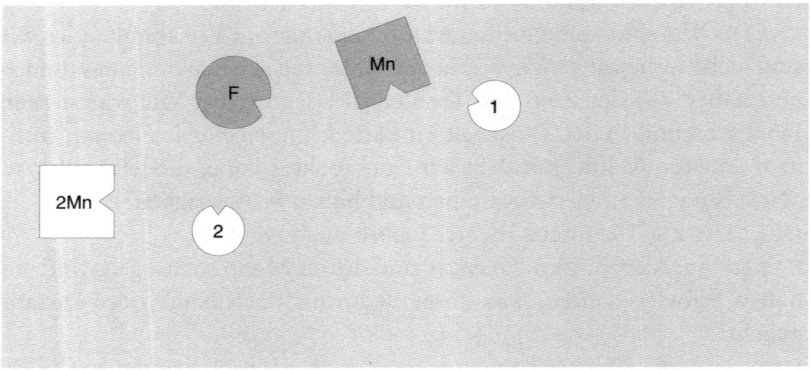

Mn Mann (= Rainer), erster und dritter Mann der Frau, Vater von 1
F Frau (= Karin)
1 Erstes Kind, Tochter
2Mn Zweiter Mann der Frau, Vater von 2
2 Zweites Kind, Tochter

HELLINGER *zu Karin* Wieso hast du dich vom zweiten Mann getrennt?
KARIN Als meine Tochter geboren war – ich war gleichzeitig noch berufstätig, aber am gleichen Ort, wo ich gewohnt habe – habe ich mich sehr belastet gefühlt. Er hat sich sehr zurückgesetzt gefühlt und hatte das Gefühl, das hält er nicht aus.
HELLINGER Wie geht es der jüngeren Tochter?
2 ZWEITES KIND Mir ist das zur Mutter zu eng. Als ich noch da hinten stand, vor dem Aufstellen, fand ich das angenehm. Da konnte ich ihr ins Gesicht sehen, das fand ich schön. Ich kriege meinen Vater nur als Schatten mit. Das ist mir zu wenig. Das reicht mir nicht.

Hellinger stellt das zweite Kind neben seinen Vater.

Bild 2

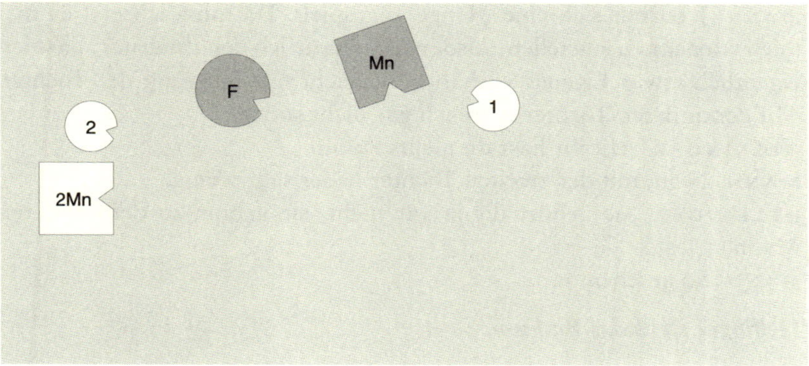

2 ZWEITES KIND So kriege ich die Mutter zu wenig mit. Ich hätte sie gerne mehr von Angesicht zu Angesicht. Aber die Nähe finde ich schön.

HELLINGER Ist es besser oder schlechter?

2 ZWEITES KIND Besser.

ZWEITER MANN Ja, meine Tochter neben mir, das ist schön. Und ich habe die andere Tochter im Blick.

HELLINGER Wie geht es denn der Frau?

F FRAU Ich würde gerne gehen, habe aber Angst, dass mein jetziger Mann mich hindert. Also, ich möchte hier in die Richtung, befürchte aber, dass er mich hindert daran.

HELLINGER Gehe ruhig.

Hellinger führt sie weiter weg und stellt die ältere Tochter neben ihren Vater.

Bild 3

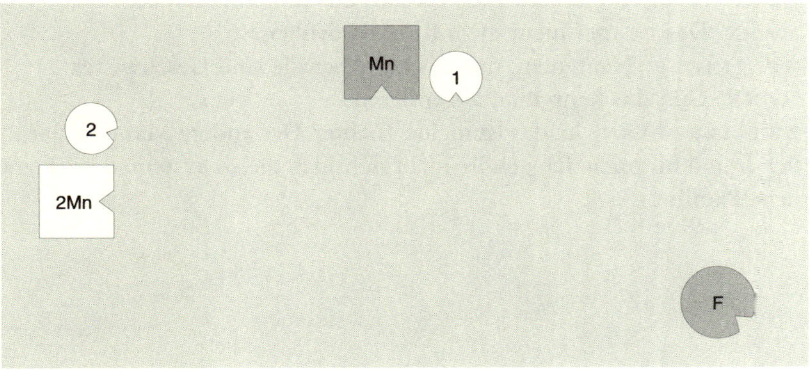

HELLINGER *zur älteren Tochter* Wie ist das?

1 ERSTES KIND Besser.

Mn MANN Jetzt hat sich eine Menge abgespielt. Da muss ich erst einmal mich wieder neu einstellen. Also, vorhin hatte ich den Eindruck, dass ich eigentlich etwas Eigenes vorhabe. Vielleicht mit Billigung der Tochter. Mit der anderen Tochter hatte ich gar nicht so viel.

HELLINGER Mit ihr hast du nichts zu tun.

Mn MANN Nein, mit der zweiten Tochter leider sehr wenig.

HELLINGER Sie gehört dir ja gar nicht, sie gehört zu dem anderen Mann.

Mn MANN So gesehen, ja.

Hellinger stellt das Bild um.

Bild 4

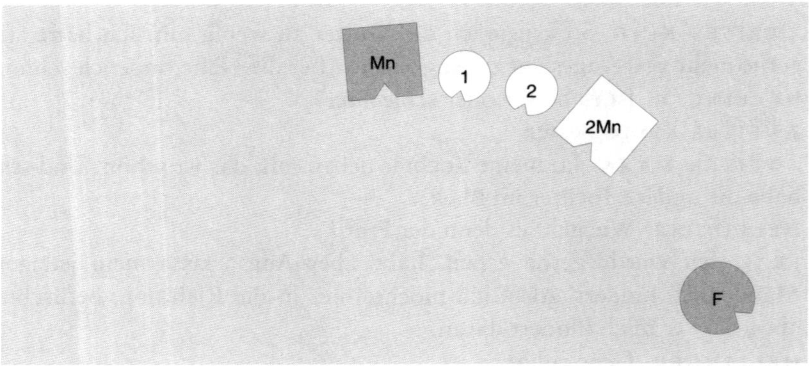

HELLINGER *zur älteren Tochter* Wie ist das?

1 ERSTES KIND Gut, dass die Schwester da ist.

2 ZWEITES KIND Ja, das finde ich gut, das füllt eine Lücke.

Mn MANN Das ist aber nicht mein Kind da drüben?

HELLINGER Nein, nein, nur das da. Aber die sind Geschwister.

Mn MANN Gut, das kann man akzeptieren.

ZWEITER MANN Ja, das ist meine Tochter. Der andere Mann ist natürlich fremd für mich. Ich gehöre nicht richtig in dieses System, das ist eine neue Familie.

Hellinger zieht das System etwas auseinander.

Bild 5

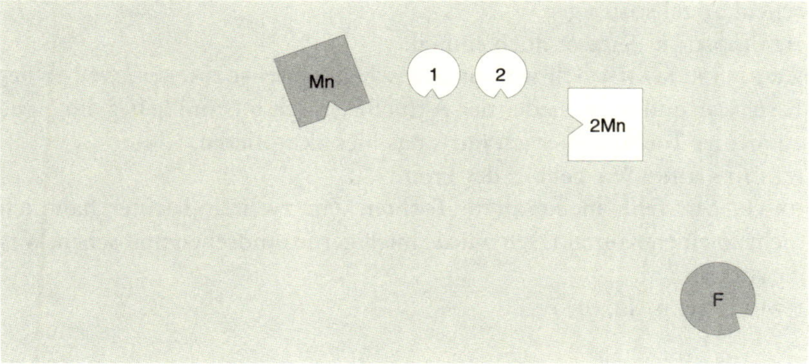

HELLINGER Wie ist das?

1 ERSTES KIND Gut.

2 ZWEITES KIND Jetzt ist es gut. Als ihr Vater noch so nah war und meiner wegrückte, konnte ich das nicht akzeptieren. Jetzt, wo beide weg sind, kann ich hier die Mitte mit meiner Schwester ganz gut teilen.

1 ERSTES KIND Aber meinen Vater würde ich schon gern auch sehen.

HELLINGER Ja, klar.

Hellinger rückt ihn mehr in ihren Blick.

Bild 6

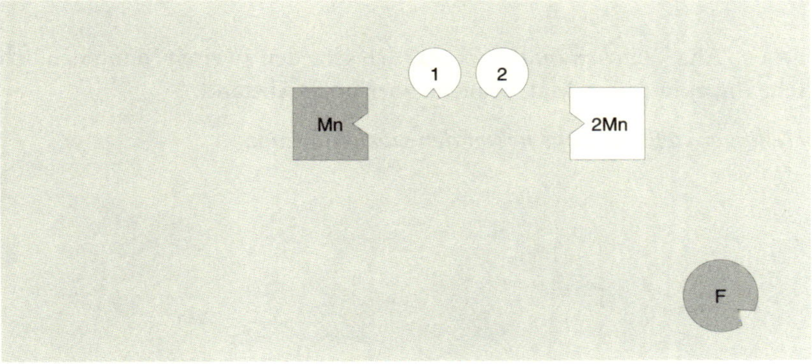

1 ERSTES KIND Ja, so ist es gut.

HELLINGER *zum zweiten Mann* Wie ist es hier rüber zum ersten Mann?

2Mn ZWEITER MANN Ja, er war der Erste und ist jetzt der Aktuelle. So gesehen hat er schon eine sehr feste, sehr sichere Position. Ich war ein Zwischenkapitel sozusagen.

HELLINGER Sage es noch einmal.

2Mn ZWEITER MANN Ich war ein Zwischenkapitel sozusagen, weil er der Erste war und jetzt wieder der Aktuelle ist. Ich möchte lieber die Nähe zu meiner Tochter, aber ich muss das hier akzeptieren.

HELLINGER Wie geht es der Frau?

F FRAU Mir fehlt meine ältere Tochter. Zur zweiten Tochter habe ich nicht so einen Kontakt. Ich würde mich gerne umdrehen und sehen, was da vorgeht.

HELLINGER Ja, tue es.

Bild 7

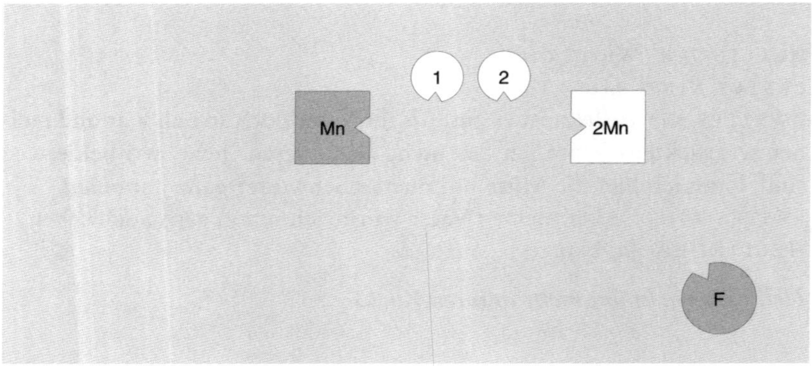

F FRAU Aha. *Lachen im Publikum.* Ich sehe den zweiten Mann neu. Ich sehe ihn zum ersten Mal, brauche aber noch Abstand.

Hellinger stellt sie links neben den zweiten Mann.

Bild 8

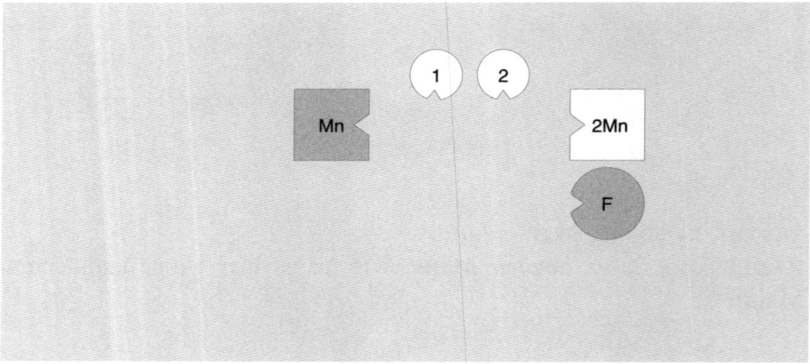

HELLINGER Wie ist das?
F FRAU Nicht gut.
HELLINGER Dann stelle dich auf die andere Seite.

Bild 9

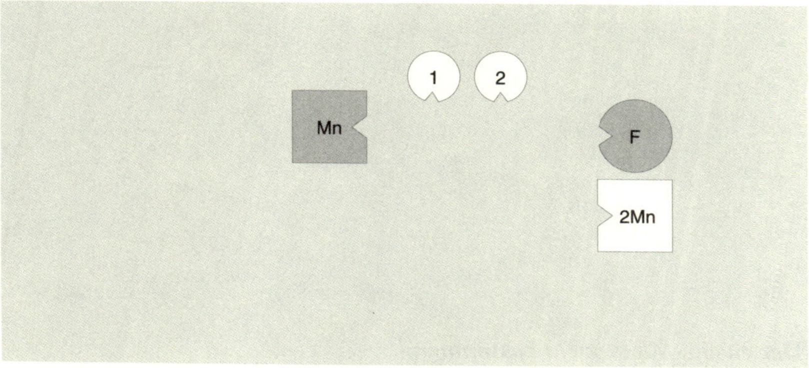

HELLINGER Wie ist das?
F FRAU Besser, besser als außen, aber die Nähe stimmt nicht zu ihm. Ich möchte weiter weg.

Hellinger stellt sie näher zur Tochter.

Bild 10

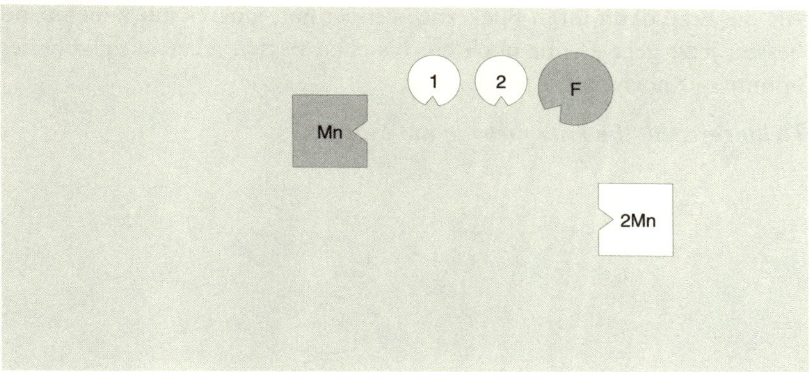

HELLINGER So?
F FRAU Ja.
2Mn ZWEITER MANN Mir tut es weh jetzt, meine Tochter und meine Frau zu sehen und entfernt davon zu sein.

Hellinger stellt die jüngere Tochter zwischen ihre Eltern.

Bild 11

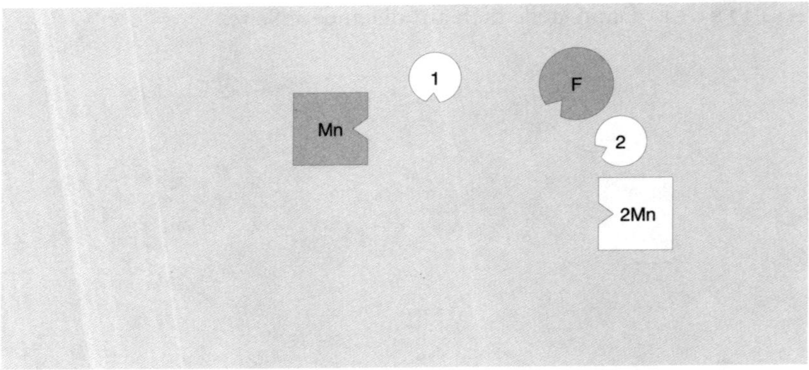

Der zweite Mann nickt zustimmend.

2 ZWEITES KIND Es ist gut. Mich zog es raus. Ich merkte, ich habe da keinen Platz, wenn das so dicht wird.

2Mn ZWEITER MANN Es ist auch gut. Zu meiner Tochter fühle ich mich schon noch sehr verbunden.

F FRAU Es stimmt.

Mn MANN Ich fühlte mich vorhin hier rechts sehr kalt, als hier nichts war. Als die Frau dann ihren Blick zugewendet hat, ging es mir zunehmend besser. Jetzt geht es mir noch ein bisschen besser. Aber ich glaube, es könnte mir noch besser gehen.

Hellinger stellt die Frau mehr in die Mitte.

Bild 12

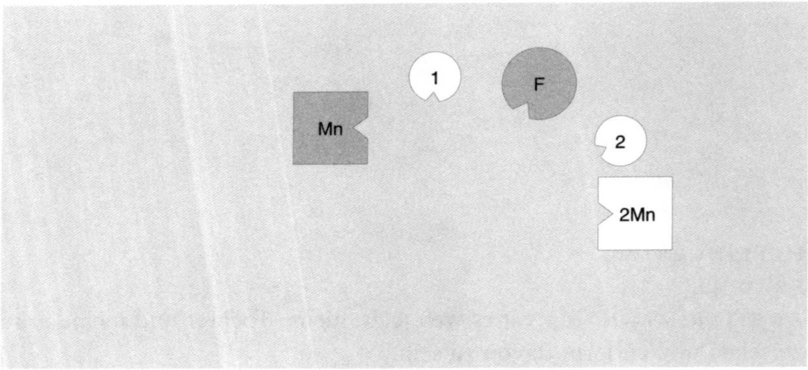

HELLINGER Wie ist das?

F FRAU Gut.

Hellinger stellt sie rechts neben den ersten Mann.

Bild 13

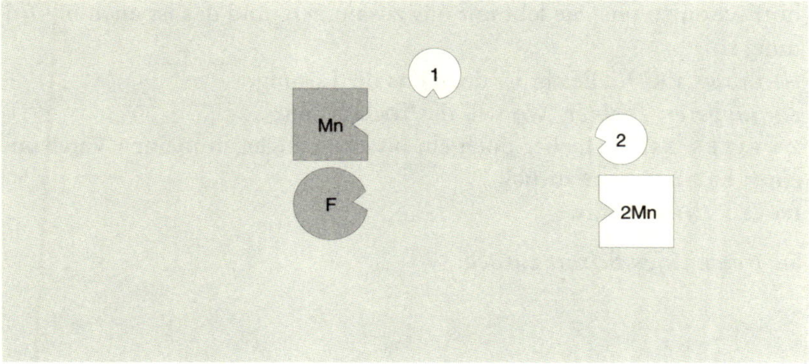

HELLINGER Und wie ist das?

F FRAU Das entspricht mir am meisten, denn zu meiner jüngeren Tochter hatte ich nicht den Kontakt und habe ich ihn noch nicht.

HELLINGER Also, das entspricht dir am meisten?

Mn MANN Es ist okay.

1 ERSTES KIND Sobald ich die Mutter mit dem zweiten Mann und der jüngeren Schwester zusammen sehe, möchte ich ganz nahe zum Vater rücken. So ist es aber auch in Ordnung.

HELLINGER *zu Rainer und Karin* Okay, kommt hierher an eure Plätze jetzt. Wie ist das?

Mn RAINER Ich fühle mich hier eigentlich ganz wohl, wobei ich meiner Tochter, glaube ich, lieber mehr in die Augen schauen würde.

HELLINGER Das ist okay. Sie kann ruhig rüberkommen.

Bild 14

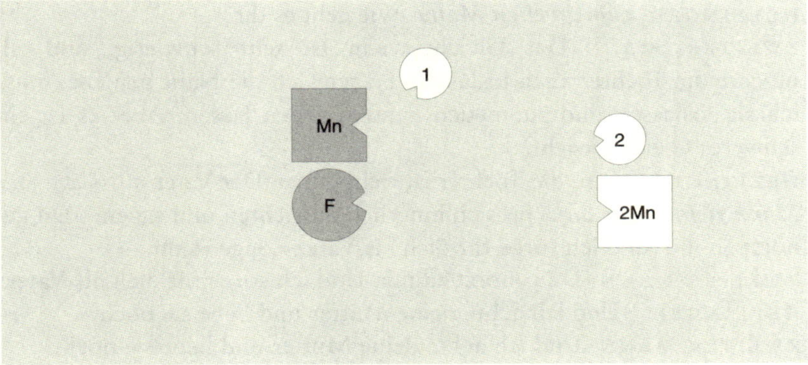

RAINER Was nicht der Realität entspricht, ist, dass die zweite Tochter so weit draußen steht. Von meinem Gefühl her stimmt das nicht, sie gehört schon zu uns. Sie lebt mit uns zusammen, und das ist auch in Ordnung so.

HELLINGER Vielleicht ist doch das die Lösung.

zur jüngeren Tochter Wo will die Tochter hin?

2 ZWEITES KIND Lieber noch ein bisschen enger an meinen Vater und einen halben Meter zurück.

HELLINGER Okay.

Sie treten einen Schritt zurück.

Bild 15

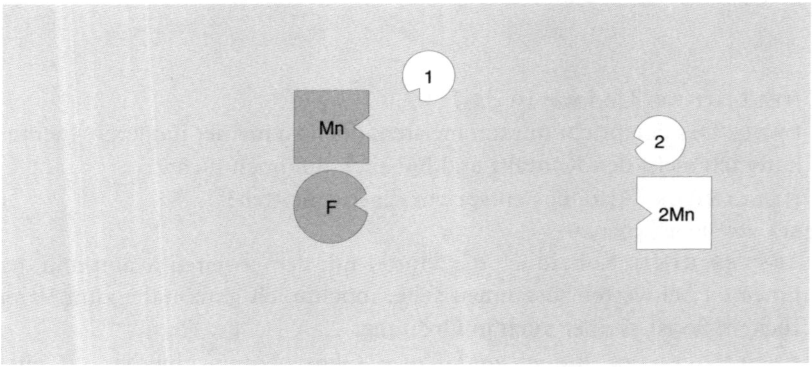

HELLINGER Wie geht es der Mutter jetzt?

F KARIN *sehr bewegt* Das geht nicht. Sie war mir vorher schon zu weit weg. Er kann nicht nur auf sie gucken. Wenn sie noch weiter weggeht, muss ich hinterher.

HELLINGER *zum zweiten Mann* Wie geht es dir?

2Mn ZWEITER MANN Das Gleichgewicht ist sehr schwierig, und ich möchte die Tochter auch loslassen. So sehr ich die Nähe genieße, muss ich sie loslassen und zur neuen Familie gehen lassen. Aber es ist ein schweres Gleichgewicht.

HELLINGER Nein, die Tochter ist richtig hier. Der Vater muss .... *Der Mann richtet sich auf.* Ja, sich innerlich aufrichten und sagen: »Du gehörst zu mir, und ich sorge für dich als Vater.« Sage es ihr.

2Mn ZWEITER MANN Du gehörst zu mir. Und ich sorge für dich als Vater.

HELLINGER »Und ich achte deine Mutter und liebe sie noch.«

2Mn ZWEITER MANN Und ich achte deine Mutter und liebe sie noch.

HELLINGER »Du gehörst ihr auch.«

2Mn ZWEITER MANN Du gehörst ihr auch.

HELLINGER »Aber bei mir hast du einen guten Platz.«

2Mn ZWEITER MANN Bei mir hast du einen guten Platz.

2 ZWEITES KIND Das entspricht dem, was ich eigentlich gefühlt habe. Ich fühle mich hier aufgehoben, es zieht mich nicht weg hier.

HELLINGER *zu Karin* Ich erzähle dir eine Geschichte.

Da war einmal eine berühmte Kinderpsychologin bei mir in einem Kurs. Sie hat zum ersten Mal ihre Kinder bei ihrem Mann gelassen, dem aber nicht zugetraut, dass er was kann. Der kleine Sohn war vier Jahre alt. Da hat sie am Abend gleich angerufen, um nach dem Rechten zu hören. Da kam der kleine Sohn ans Telefon, hat gesagt: »Mama, du störst. Wir spielen mit dem Papa.« *Lachen im Publikum.*

Sage dem zweiten Mann: »Ich vertraue sie dir an mit Liebe.«

F KARIN *sehr bewegt und schwer atmend* Ich vertraue sie dir an mit Liebe.

HELLINGER Sage der Tochter: »Ich vertraue dich deinem Vater an mit Liebe.«

F KARIN Ich vertraue dich deinem Vater an mit Liebe.

HELLINGER »Und ich bleibe immer deine Mutter.«

F KARIN Und ich bleibe immer deine Mutter.

HELLINGER »Auch bei mir hast du einen Platz.«

F KARIN Auch bei mir hast du einen Platz.

HELLINGER Wie ist das?

F KARIN Wackelig.

2Mn ZWEITER MANN Für mich ist es gut.

2 ZWEITES KIND Es ist wärmer, sie kommt mir gefühlsmäßig näher. Ich möchte immer noch hier bleiben, aber sie ist auf einmal meine Mutter.

HELLINGER Die Mutter verliert die Tochter nicht auf diese Weise, im Gegenteil.

Karin nickt.

HELLINGER Jetzt schau den jetzigen Mann an.

Beide lachen sich an. Rainer legt den Arm um sie, und Karin lehnt sich an ihn an.

HELLINGER Okay, das war's.

zur Gruppe Liebe gedeiht auf der Grundlage von Ordnung, wie hier zu sehen war. Der erste Mann war nicht geachtet. Er muss geachtet werden, dann kann sie sich ihrem jetzigen Mann zuwenden.

Zusammenfassung

Die Verstrickung *Die Frau hatte mit dem jetzigen Mann eine Tochter. Dann hat sie sich von ihm getrennt, hatte mit einem anderen Mann eine zweite Tochter und ist zum jetzigen Mann zurückgekehrt. Sie will gehen, doch wird der Grund dafür nicht offenbar.*

Die Lösung *Die zweite Tochter muss zu ihrem Vater. Er sagt ihr: »Du gehörst zu mir. Ich sorge für dich als Vater. Ich achte deine Mutter und liebe sie noch. Du gehörst ihr auch. Aber bei mir hast du einen guten Platz.«*

Die Frau sagt dem zweiten Mann: »Ich vertraue sie dir an mit Liebe.« Sie sagt der Tochter: »Ich vertraue dich deinem Vater an mit Liebe. Ich bleibe immer deine Mutter. Auch bei mir hast du einen Platz.«

Dann legt der erste Mann seinen Arm um die Frau, und sie lehnt sich an ihn an.

Lösungssätze wirken nach

TEILNEHMER Wie ist das, wenn wir Lösungssätze sprechen, wie die Frau jetzt, und die Emotionen gehen in dem Augenblick noch nicht mit? Das war bei mir gestern ähnlich. Da hat danach noch viel gearbeitet. Das soll ja auch sicher so sein. Wenn die Emotionen sehr dagegen gehen, kann das Lösungssätze wieder aufheben? Wie ist da die Erfahrung?
HELLINGER Man lässt das Gewitter vorüberziehen, bis die Sonne scheint. Okay? Gut.

Wenn Geschwister stellvertretend streiten

ANDERER TEILNEHMER Sie haben in einem Fall vorher gesagt, wenn zwei Kinder sich sehr heftig streiten, dann streiten die oft stellvertretend für die Eltern. Ist das öfters nur bei einem Mädchen und ihrem Bruder, oder kann das auch bei zwei Brüdern sein?
HELLINGER Das kann auch bei zwei Brüdern sein, sowohl als auch.
TEILNEHMER Ich habe mich von klein auf immer mit meinem Bruder sehr heftig und erbittert gestritten. Und es wird immer heftiger. Haben Sie da vielleicht irgendeinen …? Das hat mich eben sehr betroffen, wie Sie das gesagt haben.
HELLINGER Eine Lösung dafür?
TEILNEHMER Ja.
HELLINGER Okay. Also, wenn Sie Ihren Bruder wieder einmal treffen, dann haken Sie sich ein und sagen den Eltern: »Ihr braucht euch nicht zu streiten. Wir machen das für euch.« *Lachen im Publikum.*

Und umgekehrt, wenn die Eltern sehen, dass die Kinder an ihrer Stelle streiten, können sie ihnen sagen: »Wir sind so froh, dass ihr das an unserer Stelle macht.« Oder sie können sagen: »Wir machen das selber. Ihr braucht das nicht für uns zu tun.«

Die Würde der Eltern wahren

ANDERER TEILNEHMER Inwieweit ist es sinnvoll, Jugendliche und Kinder in Aufstellungen direkt miteinzubeziehen? Kann man das machen, oder gibt es da Altersgrenzen?
HELLINGER Für mich ist ein wichtiges Prinzip: Eltern dürfen niemals vor ihren Kindern klein erscheinen. Also, die Eltern dürfen nicht vor den Kindern erscheinen, als bräuchten sie Hilfe. Deswegen arbeite ich ei-

gentlich nur mit den Eltern. Ich würde niemals eine Familie einladen und aufstellen lassen, so dass die Kinder sehen, dass es da Schwierigkeiten gibt.

Es gibt aber Situationen, in denen keine Gefahr besteht, dass die Eltern in eine Position kommen, in der die Kinder sie als klein erfahren, sondern in der man nur gewisse Hilfen sieht. Hier, zum Beispiel, wäre keine solche Gefahr gewesen. Die Kinder hätten das ruhig mit ansehen können.

Ich arbeite manchmal mit Eltern von schwerbehinderten Kindern. Dann stelle ich die in das Lösungsbild mit hinein, und das wirkt sich gut aus. Wichtig ist nur, dass der Therapeut immer die Würde der Eltern achtet und unterstützt. Das ist ganz wichtig. Und dass nichts zur Sprache kommt, was in die Intimbeziehung der Eltern gehört. Dann kann man das schon machen.

TEILNEHMERIN Sie sagten vorhin, die Kinder sollen nicht erfahren, was zwischen den Eltern war, wie Abtreibungen oder so etwas. Wenn jetzt aber jemand sein System aufstellen will, dann muss er ja die Eltern fragen: Gab es eine Abtreibung? Gab es eine Fehlgeburt? Oder gibt es eine Altersgrenze, sagen wir, wenn die Kinder schon erwachsen sind, wo das möglich ist, ohne dass die Eltern klein werden?

HELLINGER Nein, sie dürfen das niemals. Wenn Kinder dabei sind, würde ich niemals so etwas fragen. Und wenn, dann würde ich nur mit den Eltern arbeiten.

TEILNEHMERIN Nein, nein, ich meinte, um eine Aufstellung machen zu können, muss ich ja in dem Fall meine Mutter fragen: Gab es bei dir eine Abtreibung, eine Fehlgeburt? Wenn meine Mutter jetzt mir die Last dieser Fehlgeburt nicht aufladen will, müsste sie ja schweigen. Dann hätte ich keine Information. Oder ist es möglich, dass ab einem gewissen Alter, wenn ich, ihr Kind, erwachsen bin, sie mir das sagen kann, ohne dass ich das tragen muss oder sühnen?

HELLINGER Nein. Die Kinder brauchen keine Information, ob es bei den Eltern eine Abtreibung gab, wenn sie aufstellen. Ich würde das auch nie die Kinder fragen, ob es bei den Eltern eine Abtreibung gab, auch als Erwachsene nicht. Ich würde das auch nicht aufstellen, wenn nicht die Eltern selber das aufstellen. Mit den Kindern würde ich das nicht machen.

Die Reinigung

TEILNEHMERIN Wenn die Mutter eine Tochter ins Vertrauen zieht und ihr erzählt, dass es im Intimbereich mit ihrem Mann nicht besonders schön ist, wie wirkt sich das dann auf die Paarbeziehung aus, in der die Tochter dann später ist? Und welche Lösung gibt es für die Tochter?
HELLINGER Man lässt es durch sich hindurch gehen und verschwinden, was man weiß, und zieht sich auf die Position des Kindes zurück. Und wenn man dann einen Partner hat, richtet man sich auf.

Das Handeln folgt der Seele

HELLINGER Bevor wir weitermachen mit der Arbeit, möchte ich noch einiges zu den Aufstellungen erklären. Die Frage wurde von Teilnehmern an mich herangetragen. Es geht um diese eine Aufstellung, in der die Mutter dem zweiten Mann gesagt hat: »Ich vertraue dir unsere Tochter an mit Liebe.«

Wenn so etwas abläuft, dann ist das in erster Linie ein inneres Bild der Ordnung. Es ist keine Handlungsanweisung, etwas das man tun dürfte, ohne dass es in der Seele sich soweit entwickelt hat, dass sie es verantworten kann. Schon durch das innere Bild ändert sich etwas. Aber wenn man das jetzt gleich umsetzen würde, dann würde das vielleicht etwas zerstören.

Umgekehrt darf man aber das, was ich jetzt sage, nicht als Ausrede nehmen, um nichts zu tun. Die Aufstellung ist ein Bild der Ordnung, dem man zustimmt. Wenn man ihr folgt, dann kommt im ganzen System etwas in Ordnung und in Frieden. Auch wenn der äußere Vollzug der Bilder vielleicht noch weit weg ist, stimmt man zu, dass es in die Praxis umgesetzt wird. Also, dieses Bild muss sich erst entfalten in der Seele, so dass das Handeln nicht mehr eine Folge meiner Vorschläge ist, sondern etwas, das aus innerster Einsicht und Kraft geschieht. Das ist das eine.

Zu wem sollen die Kinder?

Dann war die Frage, wie das mit dem Sorgerecht für Kinder bei einer Scheidung ist. Grundsätzlich gilt, dass die Kinder bei dem Elternteil am besten aufgehoben sind, der in den Kindern den anderen am meisten achtet und ehrt. Bei dem sind sie am besten aufgehoben. Das liegt ja nahe. Am besten ist, wenn beide Eltern in den Kindern den anderen Partner achten und lieben, auch wenn sie getrennt sind. Dann ist es für alle Kinder gut.

Als Regel gilt, dass Jungen besser beim Vater aufgehoben sind, dann können sie das Männliche besser entwickeln. So nach dem siebten Lebensjahr sollten sie zum Vater kommen. Wenn die Mutter sie festhält, dann behindert sie die Entwicklung des Männlichen im Kind. So ist es auch für die Mädchen besser, dass sie bei der Mutter sind. Also, das ist das Bild der Ordnung.

Es gibt natürlich viele Situationen, wo das nicht möglich ist und wo es auch nicht richtig ist. Wo also alle Kinder, ob Jungen oder Mädchen, bei der Mutter sein müssen, oder alle Kinder, ob Jungen oder Mädchen, beim Vater sein müssen. Das hängt von den Umständen ab. Aber wenn man das einmal als Bild in sich hat, kann man leichter entscheiden, wie es dann für alle am hilfreichsten ist.

KARIN Ich wollte doch noch etwas zu der Aufstellung von eben fragen. Der erste Teil ist schon klar, und das kann ich auch so innerlich annehmen. Aber meine Frage war noch: Stimmt dieses Bild, egal, was in der Familie des Mannes passiert ist? In meinem Fall, zum Beispiel, war das eine sehr problematische Herkunftsfamilie von meinem zweiten Mann. Seine Schwester hat sich, denke ich zumindest, deshalb auch umgebracht. Das ist etwas, was bei mir immer wieder kommt, und wenn ich das spüre, habe ich Angst um meine kleine Tochter, sie zu ihm gehen zu lassen.

HELLINGER Ich bleibe bei dem, was ich vorher gesagt habe. Du hast das Bild und du hast noch zusätzliche Informationen, die ich nicht habe. Wenn du jetzt das Bild hast und auch die anderen Informationen hast, warte, bis du siehst, was richtig ist. Das machst du dann.

Wirken im Vorübergehen

TEILNEHMER Vielleicht ist es nur eine Befindlichkeit von mir, aber am Ende der Aufstellung, wenn du dann sagst: »Das war's«, fühle ich mich manchmal außer Atem. Mir ist das Ganze dann zu schnell gegangen. Zum Beispiel bei der letzten Arbeit, wo so eine Geste zwischen Mann und Frau war, war das so schnell weg. Und eben, als du von der Wirkung gesprochen hast, habe ich gedacht, da könnte ja auch noch etwas wirken. Aber das geht dann so schnell weg. Das mag an mir liegen. Muss es so schnell gehen?

HELLINGER Ich bin so veranlagt. Ich hatte einmal den Spitznamen »Speedy«.

Das waren die Witze, jetzt kommt der Ernst. Mein Bild ist ganz klar: Je mehr die Therapie im Vorübergehen geschieht, so wie wenn man jemand anstößt und dann zieht man sich zurück, desto wirksamer ist sie, desto mehr kommt die eigene Seele zum Schwingen. Denn die eigene Seele lässt sich nicht bevormunden. Wenn jemand seine eigene Seele bevormundet, dann rächt sie sich, indem sie sich zurückzieht. Und der Therapeut darf die Seele auch nicht bevormunden. Deswegen gibt er einen kleinen Anstoß und zieht sich zurück. Dann bleibt die ganze Kraft bei den Betroffenen. Damit ist der Therapeut ganz bescheiden in dem, was er macht. Das Schnelle ist dennoch auch etwas Bescheidenes. Man stößt an und zieht sich zurück.

Es gibt natürlich viele Situationen, in denen es manchmal eine Nacharbeit braucht. Aber das finden die Betroffenen von selbst heraus. Darum kümmere ich mich nicht. Die hier gezeigte Arbeit bewegt sich auch auf der Ebene der Ebenbürtigkeit.

Ebenbürtigkeit und Gleichwertigkeit

TEILNEHMER Was ist der Unterschied zwischen Ebenbürtigkeit und Gleichwertigkeit in der Paarbeziehung, sofern es den gibt?

HELLINGER Das ist das gleiche. Ebenbürtig und gleichwertig ist das gleiche. Etwas ist nicht gleich, aber gleichwertig, es ist ebenbürtig, aber nicht gleich. Sowohl der Mann wie die Frau sind mangelhafte Wesen. Darin sind sie sich ebenbürtig. Denn der Mann braucht die Frau, und die Frau braucht den Mann. Sie sind ebenbürtig in dem, was sie dem anderen geben können, nämlich das, was ihm fehlt. Das ist gleichwertig und ebenbürtig.

Das ist das Grundmuster in der Paarbeziehung: ebenbürtig als ergänzend, verschieden, aber ergänzend, von gleicher Wertigkeit. Alles andere in der Paarbeziehung, das später kommt, muss genau auf dieser Ebene bleiben von ebenbürtig unterschiedlich, aber ebenbürtig und gleichwertig. So werden die Unterschiede gegenseitig anerkannt und bestätigt. Die Bedürftigkeit wird gegenseitig anerkannt und bestätigt, und das, was einer geben kann, wird gegenseitig anerkannt und bestätigt. Das ist das Geheimnis einer guten Paarbeziehung.

Der Austausch

Ein zweites Geheimnis verrate ich noch zusätzlich. Man kann die Qualität einer Paarbeziehung sofort erkennen. In jeder Paarbeziehung gibt es einen Austausch. Der eine gibt, der andere nimmt, und wer nimmt, der gibt wieder, und der andere nimmt. In einer guten Paarbeziehung gibt der eine etwas mehr als er gerade bekommen hat, der andere nimmt es und gibt auch ein bisschen mehr, als er gerade bekommen hat, und der nimmt es, und so geht es weiter. So steigert sich das. Der gute Austausch steigert sich. Aber er hat eine gefährliche Wirkung. Man kommt kaum mehr auseinander.

Bei vielen Paaren vollzieht sich der Austausch mehr auf der negativen Ebene. »Du hast mir etwas angetan, dann tue ich dir etwas an, aber gleich ein bisschen mehr.« Und das steigert sich. Das ist auch eine enge Bindung auf der negativen Ebene und ist schlimm für alle. Man kann das wieder umkehren, indem man anfängt, Gutes auszutauschen statt Negatives. Das Schlimme einfach lassen und wieder mit dem guten Austausch beginnen.

Beim guten Austausch gilt: »Immer etwas mehr.« Wenn mir aber einer etwas angetan hat, muss ich dem anderen zum Ausgleich auch etwas antun. Doch da gilt das Prinzip: »Etwas weniger.« Wenn ich mich schon räche, dann tue ich ihm etwas weniger an, als der mir angetan hat. Dann fängt das Gute wieder von vorne an.

Stiefvater und Stiefkind

TEILNEHMER Was kann ein Stiefvater für das Stiefkind tun, wenn eine Notsituation, zum Beispiel eine Suchtthematik oder Ähnliches, sichtbar wird?

HELLINGER Normalerweise gilt: Für ein Kind sind nur seine Eltern verantwortlich. Also, ein Stiefvater oder eine Stiefmutter hat in bezug auf das Stiefkind weder Rechte noch Pflichten. Damit kommt das Kind nicht in eine Situation, in der es den ausgeschlossenen Elternteil gegen den Stiefvater oder die Stiefmutter vertreten muss und dadurch in Konflikt mit denen kommt. Das wäre die Grundregel.

Nun ist es aber so, dass der, sagen wir, zweite Mann die Frau ja liebt. Manchmal tut er dann etwas für ihre Kinder, aber ohne Anspruch, aus Freundlichkeit. Das kann er machen, wenn die Frau ihm dafür auch etwas besonders Freundliches schenkt, denn er braucht das ja nicht zu tun. Dann ergibt sich aus diesem Tun eine Vertiefung der Beziehung.

Aber sich jetzt verantwortlich fühlen für die Suchtproblematik, das geht viel zu weit. Denn die Suchtproblematik entsteht in erster Linie dadurch, dass der Vater des Kindes ausgeklammert oder verachtet ist. Oder dass er nicht zum Zuge kommt. Wenn der Stiefvater dessen Rolle übernimmt, dann wird das Kind noch einmal von seinem Vater abgedrängt. Er würde genau das Gegenteil von dem erreichen, was er wollte. Eher erreicht er etwas, wenn er dem Kind hilft, zu seinem Vater zu finden, und wenn er den Vater des Kindes achtet. Das hilft dem Kind am meisten.

Adoption durch den Stiefvater

TEILNEHMERIN Wenn der Mann von seiner Frau die beiden Kinder, die von zwei verschiedenen Männern sind, adoptiert, und er die Kinder deshalb adoptiert, weil sie keinen Kontakt zum Vater haben, wie wirkt sich das aus? Und was kann der Mann tun, wenn die Frau nach wie vor darauf besteht, dass die Kinder keinen Kontakt zum Vater haben dürfen?

HELLINGER Das wirkt sich ganz schlimm aus. Kinder rächen sich dafür an dem, der sie adoptiert. Der hat überhaupt kein Recht dazu. Man nimmt den Kindern ihren Namen, man nimmt ihnen ihren Vater, und dann sollen sie noch lieb sein? Wie stellen sich die Mütter das vor? Da sind Machtphantasien drin, als hätten sie Macht über das Leben der Kinder und über deren Seelen. Das haben sie nicht. Die Kinder werden sich später bitter rächen dafür.

TEILNEHMERIN Meine Frage war, was kann der Mann machen? Ist es gut, die Adoption zurückzunehmen?

HELLINGER Muss er.

TEILNEHMERIN Muss er?

HELLINGER Muss er rückgängig machen und die Kinder wieder den Namen von ihren Vätern annehmen lassen. Das ist das Richtige. Sie werden es ihm danken.

Die Achtung

TEILNEHMERIN Du sagtest vorhin, dass der zweite Mann einer Frau mit Kind nicht zuständig ist für dieses Kind, sondern der leibliche Vater, und dass Probleme entstehen, wenn sich der zweite Mann der Frau um das Kind kümmert, weil der leibliche Vater zuständig ist. Wie ist es denn, wenn der leibliche Vater sich nicht zuständig fühlt, wenn er sagt: Ich möchte mit dem Kind nichts zu tun haben?

HELLINGER Ich kann dir sagen, wie man den dazu bringt, dass er sich zuständig fühlt. Ja, soll ich? Ich erzähle es in einer Geschichte.

Da war eine Frau, eine Psychotherapeutin, die hatte zwei Söhne, war getrennt und sagte: Mein ehemaliger Mann will sich nicht um die Kinder kümmern, er will sie nicht einmal sehen. Da habe ich sie gefragt: »Achtest du ihn?« Sie sagte: »Nein.« Ich sagte: »Gib ihm die Ehre und achte ihn als Vater deiner Kinder und achte ihn in den Kindern.« Nach einem Jahr schrieb sie mir, der Vater sei mit den Kindern in den Urlaub gefahren.

Damit fängt es an, dass die Frau den Mann achtet. Und dann fühlt er sich auch zuständig. Sonst rächt er sich für die Verachtung, indem er sich zurückzieht.

Die doppelte Verschiebung

TEILNEHMER Ich habe eine Frage zur Rache. Sie haben über die Rache des Stiefkindes an einem Elternteil gesprochen, wenn ein Elternteil den anderen Elternteil nicht achtet. Ich bin adoptiert worden von meinem Stiefvater, und meine Mutter hat meinen Vater nicht geachtet. Und ich habe die Vermutung, dass ich mich dafür heute an meiner Frau räche. Kann das sein?

HELLINGER Ja, die arme Frau.

TEILNEHMER Ich gehe diesem Thema seit gestern nach und ich weiß nicht, ob es so etwas gibt.

HELLINGER Ja, ja. Das ist die doppelte Verschiebung. Also, es gibt in den Familien das Phänomen der doppelten Verschiebung. Dabei übernimmt einer ein Gefühl von einem anderen. Also, du würdest zum Beispiel das Gefühl deiner Mutter gegenüber deinem Vater übernehmen. Und statt dass es jetzt an den Vater gerichtet wird, richtet es sich auf die Frau. Die arme Frau, sie hat mein ganzes Mitgefühl. *Lachen im Publikum.*

Jetzt kommt der schwere Teil. Du musst der Mutter sagen: »Ich bin mein Vater und ich suche ihn jetzt auf. Ich liebe ihn, wie du ihn einst geliebt hast.« Zum Beispiel. Und dann ist die Frau entlastet. Okay? Gut.

TEILNEHMER Danke.

Lucian und Carola
»Ich bleibe das Kind«

HELLINGER Also, um was geht es?
LUCIAN Ich bin mit der Carola zusammen. Wir sind verlobt und wollen nächstes Jahr heiraten. Das ist meine dritte Beziehung. In der ersten war ich mit der Frau sieben Jahre zusammen. Wir haben zwei Kinder, sieben und elf Jahre. Diese Frau war vorher auch schon verheiratet und hat aus der Vorehe auch zwei Kinder. Die eine Tochter lebte damals mit uns. Die zweite Beziehung, wie auch die jetzige, war manchmal dadurch belastet, dass ich in manchen Situationen gewalttätig werde.
HELLINGER Ja?
LUCIAN Ich weiß nicht, was mich da treibt. Jedenfalls ist es dann so ein Schub, und hinterher habe ich teilweise Reue, teilweise nicht.
HELLINGER Also, wenn das auftritt, dieser Schub ... Mache mal die Augen zu und versetze dich in eine Situation, in der das auftritt. Und achte genau auf die innere Bewegung und auf das Alter. Wie alt ist die Bewegung und das Gefühl? Also, welchem Lebensalter gehört das an?
LUCIAN Ich bin nicht so ganz sicher, zwölf Jahre oder ganz jung, also ein Jahr. So eine Hilflosigkeit.
HELLINGER Ich will keine nähere Beschreibung. Was ist passiert, als du zwölf Jahre alt warst?
LUCIAN Da war die Scheidung meiner Eltern. Mein Vater hat meine Mutter auch manchmal geschlagen. Da gab es auch eine ganz krasse Situation. Da wurde ich Zeuge, wie er ihr das Nasenbein eingeschlagen hat. Solche Aggressionen hatte ich auch schon in der Grundschule. Da habe ich immer so grässliche Masken gemalt.

HELLINGER Ich will das nicht so im Detail. Ich stelle jetzt einmal auf, deinen Vater, deine Mutter und dich.

Bild 1

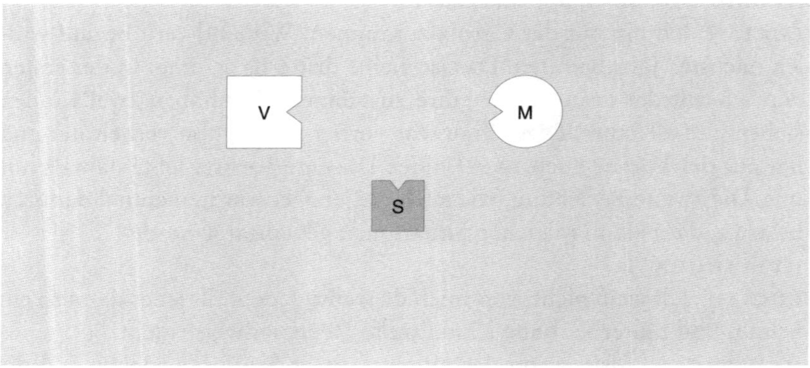

V Vater
M Mutter
S Sohn

HELLINGER Was ist beim Vater?

V VATER Es ist nichts gut greifbar. Wir haben uns sehr im Blick. Gerade kam mir der Gedanke, wir schnauben so stark dabei, fast wie zwei Stiere, aber das ist ein schwacher Gedanke erst.

HELLINGER Sage es noch einmal deutlich und laut.

V VATER Ich habe meine Frau so im Blickkontakt und habe das Gefühl, wir schnauben so stark, als wären wir zwei Stiere, die vielleicht gleich aufeinander losgehen könnten. Wie auch immer.

HELLINGER *zur Mutter* Bei dir?

M MUTTER Ich habe totales Herzklopfen und auch das Gefühl, es ist unheimlich viel Wut da. Ich habe weiche Knie.

Die Eltern rücken etwas näher zusammen.

Bild 2

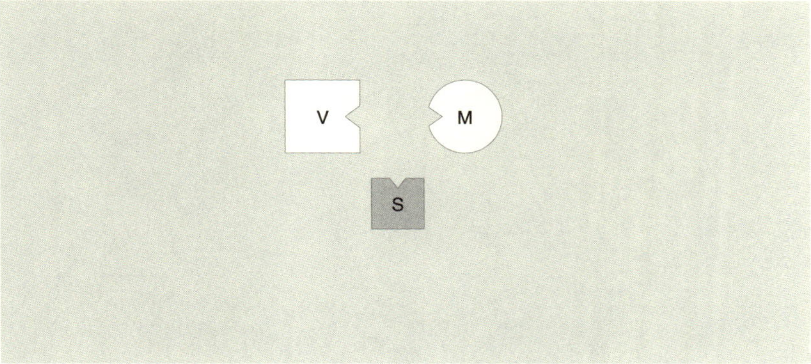

HELLINGER *zum Vater* Was ist jetzt?

V VATER Ich mag die. Ich spüre diese Wut nicht.

HELLINGER *zur Mutter* Was ist jetzt?

M MUTTER Um so näher ich an den dran trete, um so leichter wird es. Also, die Entfernung war schwieriger.

HELLINGER Okay, geht ruhig noch ein bisschen näher heran.

Bild 3

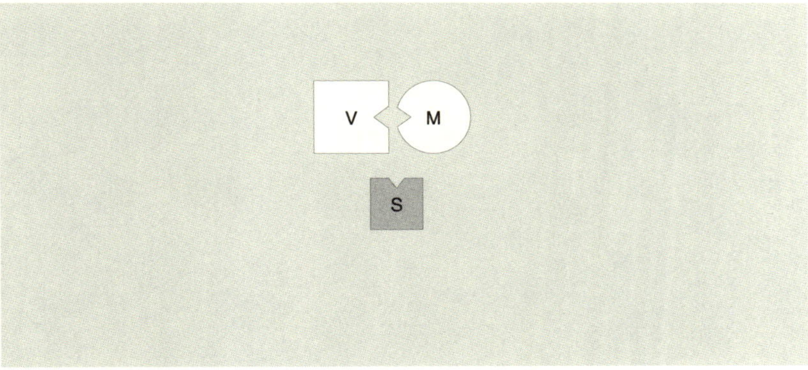

HELLINGER *zum Sohn* Wie geht es dir jetzt?

S SOHN Mir ist es jetzt sehr angenehm. Es war sehr schwierig, als sie auseinander standen, ich spürte eine große Spannung. Jetzt ist es sehr erleichternd, dass sie näher sind.

HELLINGER *zu Lucian* Jetzt komme einmal hierher.

zu den Eltern Jetzt stellt euch nebeneinander.

HELLINGER *zu Lucian* Und du stellst dich mit dem Rücken vor beide und lehnst dich an.

Bild 4

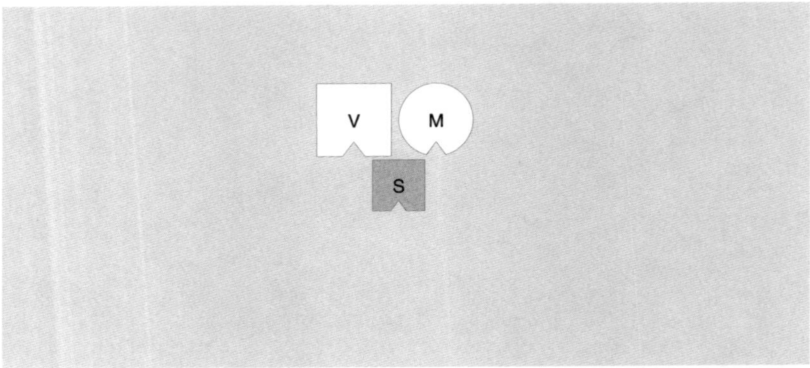

HELLINGER *nach einiger Zeit* Wie geht es dir?
S LUCIAN Ich kann es noch kaum glauben, aber das ist sehr erleichternd.

Hellinger fordert Lucian auf, sich vor die Eltern zu knien und die Arme um sie zu legen. Den Eltern sagt er, sie sollen ebenfalls ihre Arme um ihn legen.

Bild 5

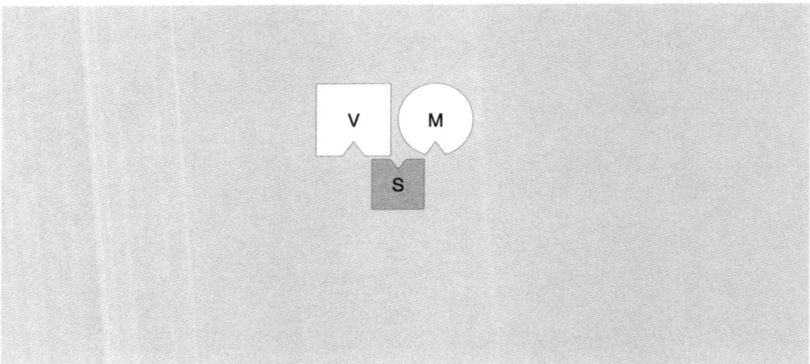

HELLINGER *nach langer Zeit zu Lucian* Jetzt stehst du wieder auf und stellst dich vor deinen Vater. Verneige dich vor ihm und sage ihm: »Ich gebe dir die Ehre, Vati« oder »Papa«, wie immer du gesagt hast.

Bild 6

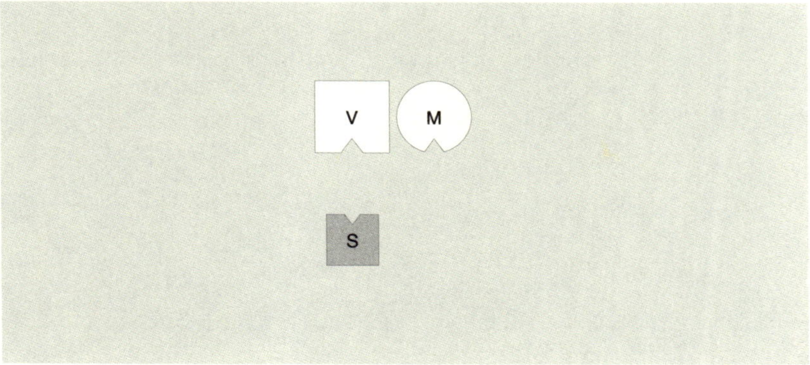

S LUCIAN Papa, ich gebe dir die Ehre.

HELLINGER »Du bist der Vater und ich der Sohn.«

S LUCIAN Du bist der Vater, und ich bin der Sohn.

HELLINGER »Du bist der Große und ich der Kleine.«

S LUCIAN Du bist der Große, und ich bin der Kleine.

HELLINGER »Was zwischen dir und der Mama ist, geht mich nichts an.«

S LUCIAN Was zwischen dir und der Mama ist, das geht mich nichts an.

HELLINGER »Ich bleibe das Kind.«

S LUCIAN Ich bleibe das Kind.

HELLINGER Wie fühlt sich das an?

S LUCIAN Gut.

HELLINGER Jetzt mache das gleiche vor der Mutter. Verneige dich und sage ihr das auch.

Bild 7

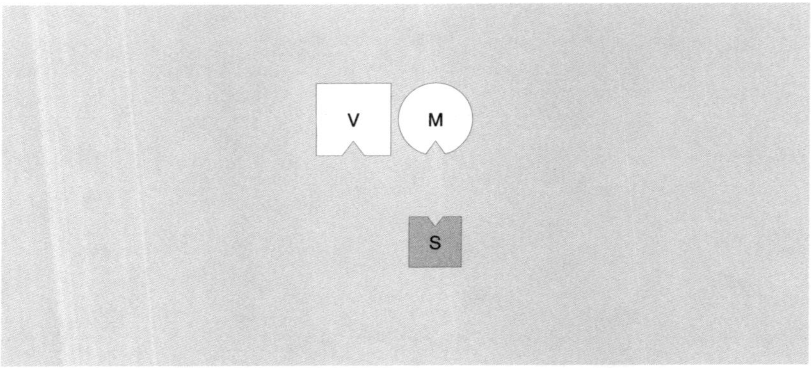

S LUCIAN Mama, ich gebe dir die Ehre.
HELLINGER »Du bist die Mutter, ich bin das Kind.«
S LUCIAN Du bist die Mutter, ich bin das Kind.
HELLINGER »Du bist die Große, ich bin der Kleine.«
S LUCIAN Du bist die Große, ich bin der Kleine.
HELLINGER »Was zwischen dir und dem Papa ist, geht mich nichts an.«
S LUCIAN Was zwischen dir und dem Papa ist, das geht mich nichts an.
HELLINGER »Ich bleibe das Kind.«
S LUCIAN Ich bleibe das Kind.
HELLINGER Wie ist es jetzt?
S LUCIAN Noch besser.
HELLINGER Okay. Ich lasse es jetzt bei dem Bild. Einverstanden so? Gut, das war's. Gut, danke.
zum Paar Das andere macht ihr in einem anderen Zusammenhang. Das war das Wesentliche. Da darf ich jetzt nichts daraufsetzen. Okay? *Beide nicken.*

Zusammenfassung

Die Verstrickung *Der Mann war als Kind Zeuge, wie sein Vater gegenüber der Mutter gewalttätig wurde, und er neigt selbst dazu, in Beziehungen gewalttätig zu werden.*

Die Lösung *Der Mann kniet sich vor seine Eltern, legt die Arme um sie, und sie legen die Arme um ihn. Dann steht er auf, verneigt sich vor seinem Vater und sagt: »Papa, ich gebe dir die Ehre. Du bist der Vater und ich der Sohn. Du bist der Große und ich der Kleine. Was zwischen dir und der Mama war, geht mich nichts an. Ich bleibe das Kind.«*

Dann verneigt er sich vor seiner Mutter und sagt ihr das gleiche: »Mama, ich gebe dir die Ehre. Du bist die Mutter, ich bin das Kind. Du bist die Große, ich der Kleine. Was zwischen dir und dem Papa war, geht mich nichts an. Ich bleibe das Kind.«

Nehmen und ziehen lassen

TEILNEHMERIN Ich beziehe mich auf die Situation mit der Gewalt bei den Eltern, als du den Sohn seine Eltern hast nehmen lassen. Es gibt ja Situationen, wo das Kind die Eltern ziehen lassen muss. Ist das dann auch möglich? Kann das Kind es dann trotzdem in dieser Form machen, oder bleibt diese Möglichkeit dem Kind vorenthalten?
HELLINGER Er hätte anschließend seine Eltern ziehen lassen können. Erst kommt die Verbindung, und dann kann man sie ziehen lassen. Es kann sein, dass das hier noch als Ergänzung wichtig wäre für ihn. Dass er, nachdem er die Eltern so genommen hat, sie auch ziehen lässt. Das ist eine schöne Ergänzung. Dankeschön.

Tom und Henny
Die Rache

HELLINGER Um was geht es?

TOM Wir sind seit gut zwölf Jahren verheiratet, hatten immer wieder Trennungsabsichten von beiden Seiten, wohnen seit sieben Jahren zusammen und haben einen sechsjährigen Sohn. Und jetzt sind wir an dem Punkt, wo ich im Frühsommer die Trennung wollte, und wir sie auch durchgeführt haben, aber in einer Art und Weise, dass meine Frau ausgezogen ist, und ich bin in der gemeinsamen Wohnung geblieben. Ich von meiner Seite spüre, es ist eine sehr starke Ambivalenz nach wie vor da. Ich wollte zwar diese Trennung haben, weil ich auch vorangehen wollte, und merke, ich bin mit dieser Trennung aber auch nicht ganz glücklich, so wie sie ist.

HELLINGER Wer hätte ausziehen müssen?

TOM Eigentlich hätte ich ausziehen müssen.

HELLINGER Mache das, überlasse ihr die Wohnung.

TOM Wir hatten darüber gesprochen. Sie hat gesagt, dann zieht sie auch aus. Und so hat sich das ergeben.

HELLINGER Was sagt die Frau dazu?

HENNY Ich möchte für mich wissen, warum mein Mann mich nicht zur Frau nimmt. Das ist es, was ich für mich wissen will. Ich verstehe es nicht und ich habe das Gefühl, zwischen Tom und mir ist etwas, was es nicht zulässt, dass er mich nehmen kann. Ich fühle mich nicht genommen.

HELLINGER Wenn du es weißt, macht er es dann?

HENNY Noch einmal, wenn ich es …?

HELLINGER Wenn du weißt, warum er das nicht macht, macht er es dann?

HENNY *lacht* Nein, ich weiß es nicht.

HELLINGER Er macht es nicht. Wozu willst du es dann wissen? Wer solche Vorstellungen hat, meint, wenn man die Ursachen weiß, dann hat man die Schicksale im Griff. Hat man nicht! Du kannst ihn nicht halten. Er ist weg von dir. Lass ihn ziehen. Und lasse die Folgen bei ihm. Nicht dass du für ihn die Folgen übernimmst, zum Beispiel indem du ausziehst. *zum Mann* Einverstanden?

TOM Ja.

HELLINGER *zur Frau* Einverstanden?

HENNY Ich lasse die Folgen bei meinem Mann.

HELLINGER Ich habe gefragt: Einverstanden?

HELLINGER *als die Frau zögert* Es ist natürlich schon so, wenn du noch länger leidest, hast du ein größeres Recht auf die Trennung.

Henny schüttelt den Kopf.

HELLINGER Ich will dir etwas sagen. Die Verweigerung des Ja ist eine subtile Form der Rache.
zur Gruppe Die Verweigerung des Ja ist eine subtile Form der Rache.
zur Frau Willst du die Rache?
HENNY, *die vorher wie schwer leidend dagesessen war, lacht laut* Ja.
HELLINGER Da lasse ich es. Das war die Arbeit.

Beide lachen sich an.

Joachim und Cordula
»Wir gehen nach vorne«

HELLINGER Um was geht es bei euch?
JOACHIM Wir kennen uns jetzt fünf Jahre, sind seit etwas mehr als einem Jahr verheiratet, und nicht nur in dieser Beziehung, sondern überhaupt im Leben habe ich Dinge vor und lasse mich dann immer wieder zurückfallen. Auch in der Beziehung erlebe ich mich oft als den Schwächeren, der eher folgt. Das geht mir also nicht nur so in der Beziehung, nur ist es da einfach sehr auffällig.
HELLINGER Also, der Kutscher folgt den Pferden.
JOACHIM Sicher, wenn er es versteht, die Kutsche, das Pferd zu lenken.
HELLINGER Das wäre doch eine Chance, einmal zu überlegen, wie das geht, ohne dass sie es merkt, natürlich.
JOACHIM Ich denke nicht, dass es darum geht. Es ist schon etwas, was mich sehr bewegt in unserer Beziehung. Wir haben eine sehr innige Beziehung, eine Beziehung, so innig, wie ich es noch nie erlebt habe vorher. Trotzdem spüre ich immer wieder diese Unfähigkeit. Also Dinge ...
HELLINGER Nein, ich will keine Details, das brauche ich nicht. Das genügt mir völlig. Was sagt denn die Frau?
CORDULA Für mich ist auch das Thema, dass ich das Gefühl habe, ich bin die Stärkere in der Beziehung. Und für mich ist noch ein anderes Thema, also zwei andere Themen, das eine ist, mich zieht es überhaupt nicht zu der Familie von Joachim, also zu der Mutter und den Schwestern. Da gibt es so etwas für mich, dass ich am liebsten nicht zu ihnen mitgehen würde. Und eines, was ich noch habe, ist, dass sich mein Vater umgebracht hat.
HELLINGER Wer wird sich umbringen? Wer wird sich umbringen?
CORDULA Ich denke, mein kleiner Bruder.
HELLINGER *zeigt auf den Mann* Er. Für dich. *Die Frau nickt.* Das heißt Stärke, aber was für eine!
zu Joachim Was sagst denn du dazu?
JOACHIM Da taucht sehr viel Aufregung auf, Sprachlosigkeit auch.
HELLINGER Das ist verständlich.
zur Frau Was sagst denn du dazu?
CORDULA Spontan fiel mir ein, dass sein Vater auch gegangen ist, als er sehr klein war. Und mich macht es sehr betroffen. Aber ich kann auch nur so vom Größeren sagen: Ja. Also, da gibt es eine Zustimmung.
HELLINGER Genau.
zur Gruppe Das ist häufig, dass sich ein Partner für den anderen umbringt, damit der es nicht machen muss.

HELLINGER *zum Paar* Aber ihr könnt ja einen neuen Kontrakt schließen. Okay, steht ihr mal auf? Geht Arm in Arm ganz langsam nach vorne.

Sie stehen auf, legen gegenseitig einen Arm um den anderen und gehen einen Schritt nach vorne.

HELLINGER *zu Joachim* Du stellst dir vor, hinter dir ist deine Familie mit ihren Schicksalen.
zu Cordula Und du stellst dir vor, hinter dir ist deine Familie mit ihren Schicksalen.
zu beiden Jetzt schaut ihr euch an und sagt: »Wir gehen nach vorne.«
BEIDE Wir gehen nach vorne.
HELLINGER Jetzt macht das einmal so, ganz langsam.

Sie gehen langsam einige Schritte nach vorne.

HELLINGER Wie ist das?
JOACHIM Befreiend, zwar noch wenig, aber befreiend.
CORDULA Für mich ist es gut.
HELLINGER *zu Joachim* Sage ihr: »Wir gehen noch weiter.«
JOACHIM Wir gehen noch weiter.

Beide lachen sich an.

HELLINGER Okay, das war's.

TEILNEHMERIN In der Aufstellung, wo das Paar miteinander nach vorne gegangen ist, und du sie hast sagen lassen: »Wir gehen nach vorne. Wir gehen noch weiter«, da war ja in der Herkunftsfamilie der Frau der Selbstmord des Vaters, und sie hielt den jüngsten Bruder für gefährdet. Und du hast eindeutig gesagt: Nein, dein Mann geht. Woher kommt die Sicherheit? Ich habe gedacht, wenn in dem eigenen System der Vater sich das Leben genommen hat, dass dann in der Regel eines der Kinder gefährdet ist, und nicht unbedingt der Ehemann eines Kindes, das sich selber nicht für gefährdet hält.
HELLINGER Wenn ich die Lösung habe, schaue ich nicht mehr zurück. Wozu?
TEILNEHMERIN Ich wäre gar nicht auf den Gedanken gekommen, wenn die Klientin anbietet, der jüngste Bruder ist gefährdet, das nicht aufzugreifen und auf den Ehemann zu tippen.
HELLINGER Wenn ich die Lösung habe, vergesse ich den Weg.
TEILNEHMERIN Okay, gut.

Rolf und Margrit
Die Gefährdung

HELLINGER Um was geht es?

MARGRIT Wir sind verheiratet und haben zwei Kinder. Wir leben eigentlich wie eine glückliche Familie. Nur ist es so, dass ich mich nicht immer so glücklich fühle. Ich finde keinen Kontakt, beziehungsweise ich suche Kontakt zu meinem Mann, und ich finde eine große Distanz oder eine Barriere, die nicht zu durchbrechen ist. Gleichzeitig habe ich schon das Gefühl, am richtigen Platz zu sein.

HELLINGER Was sagt der Mann?

ROLF Das stimmt. Ich bin eher ein Typ, der sich zurückzieht.

HELLINGER Bitte?

ROLF Ich bin jemand, der sehr in sich zurückgezogen lebt, also meiner Frau gegenüber.

HELLINGER Ich stelle das Gegenwartssystem auf, dann sehen wir, was da los ist. Also, Mann, Frau, wie viele Kinder?

MARGRIT Zwei.

HELLINGER Zwei Kinder. War jemand vorher in fester Bindung?

MARGRIT Ja, ich hatte eine mehrjährige Beziehung gehabt, war aber nicht verheiratet, keine Kinder.

HELLINGER Wieso ist das auseinandergegangen?

MARGRIT Er war nicht der Richtige für mich. Ich wollte ihn nicht.

HELLINGER *nach einer Weile* Das war ziemlich abfällig.

MARGRIT Vielleicht. Das sollte es nicht sein.

HELLINGER Auch das ist abfällig.

MARGRIT Also, ich habe das Gefühl, dass wir uns damals im Guten getrennt haben, so dass das auch ausgewogen war.

HELLINGER Dann wäre es nicht so abfällig. Wer wollte die Trennung?

MARGRIT Er hat sich schlussendlich getrennt, aber ich glaube, ich wollte die Trennung.

HELLINGER Genau, er ist dir entgegengekommen. Du hast es nicht gewürdigt. War beim jetzigen Mann eine frühere Trennung?

ROLF Ich hatte früher keine Beziehung.

HELLINGER *zum Mann* Also, stelle du mal auf, die frühere Beziehung auch noch dazu.

Bild 1

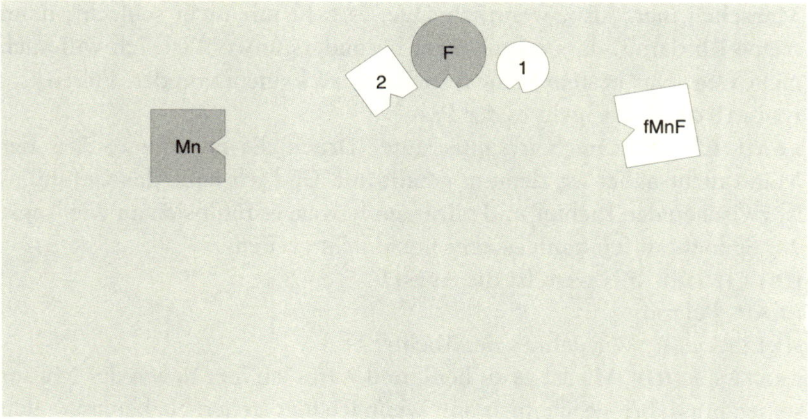

Mn Mann (= Rolf)
F Frau (= Margrit)
1 Erstes Kind, Tochter
2 Zweites Kind, Sohn
fMnF Früherer Mann der Frau

HELLINGER *zu Margrit* Was ist in deiner Herkunftsfamilie?
MARGRIT Nichts Außergewöhnliches. Meine Eltern sind verheiratet, leben miteinander. Vielleicht ist außergewöhnlich daran, dass meine Mutter in meinem Vater jemanden gesucht hat, der ihr die große weite Welt ermöglicht, und mein Vater in meiner Mutter jemanden glaubte zu finden, wo er Heimat findet und Geborgenheit. Ich erlebe es so, dass sie wohl sehr eng zusammenleben, aber auch nicht wirklich zueinander kommen.
HELLINGER Das sind Informationen, die bringen nichts. Ich brauche nur äußere, einschneidende Ereignisse. Ist etwas in der Familie von Vater und Mutter?
MARGRIT Meine Großmutter mütterlicherseits hat einen Sohn mit in die Ehe gebracht, und die Großmutter väterlicherseits eine Tochter, also vor der Ehe.
HELLINGER Weiß der Mann noch etwas?
ROLF Ich bin gerade ein bisschen verwirrt.

HELLINGER *mit Blick auf die Aufstellung* Hm, das sieht seltsam aus. Wie geht es dem Mann?

Mn MANN Mir geht es nicht schlecht. Ich habe nur keine Beziehung zu den Menschen hier. Also, wenn ich sage, es geht mir nicht schlecht, dann meine ich damit, dass es mir nicht besonders unwohl ist. Ich will auch nicht weg. Nur besteht keine Beziehung, zu keinem von den Vieren.

HELLINGER Wie geht es der Frau?

F FRAU Ich fühle mich irrsinnig unter Druck. Es ist schade, dass der Mann nicht näher ist, denn er gefällt mir. Und ich habe das Gefühl, es ist zwischen der Tochter und mir irgendetwas, es fühlt sich an wie Angst vor Sexualität. Ich kann es aber noch nicht greifen.

HELLINGER Bei wem ist die Angst?

F FRAU Bei mir.

HELLINGER Wie geht es der Tochter?

1 ERSTES KIND Mir ist es zu heiß, und wenn ich hier neben der Mutter stehen muss, bringe ich mich um. Wenn ich hier stehen bleiben muss. Ich will weg.

HELLINGER Beim Sohn?

2 ZWEITES KIND Mir geht es hier nicht gut. Ich fühle mich links von der Mutter bedrängt. Ich bin viel zu nahe. Den Vater gibt es nicht. Ich sehe nur den anderen Mann so im Halbschatten vor mir. Ich möchte weg. Ich möchte da nach vorne hinaus.

HELLINGER Wie geht es dem früheren Mann?

fMnF FRÜHERER MANN DER FRAU Ich war oder bin noch sehr gerührt, wie der Mann mich aufgestellt hat. Ich habe so etwas, ja Mitleid ist übertrieben, aber ich habe ein tiefes Mitgefühl gehabt mit ihm. Ich kann meine frühere Frau nicht sehen. Ich weiß nicht, wie ihr Gesicht ist. Ich weiß auch nicht, wie sie reagiert und was sie empfindet. Ich will nicht näher heran, nur ich würde sie gerne sehen.

HELLINGER *zur Frau* Gehe mal nach vorne.

Bild 2

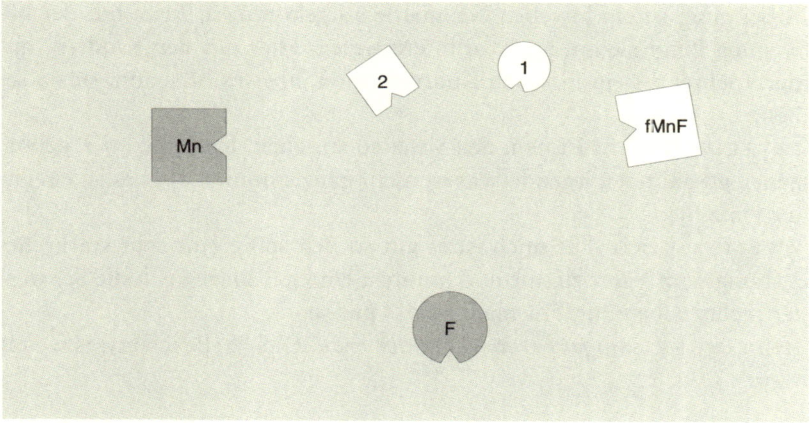

HELLINGER Wie ist das?
F FRAU Traurig. *Sie weint.*
HELLINGER Ist es besser oder schlechter?
F FRAU Es ist auf irgendeine Weise gleich schlecht.
HELLINGER *zu den Kindern* Was ist hier?
1 ERSTES KIND Ich kann jetzt bleiben. Es ist einigermaßen gut ohne die Mutter.
2 ZWEITES KIND Mir geht es besser, aber ich möchte die Schwester und den Vater sehen.

Hellinger stellt die Kinder dem Vater gegenüber.

Bild 3

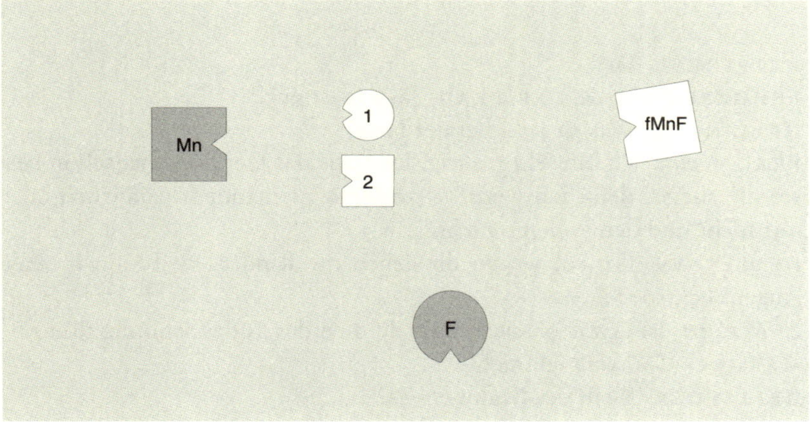

HELLINGER Wie ist das?

Mn MANN Das ist sehr schön, die Kinder vor mir zu haben. Als die Frau da rüber ging, ist ein bisschen Neugierde aufgekommen. Also, mit der Bewegung fängt sie an, mich zu interessieren. Hier mit den Kindern, mit der Tochter, ist ein bisschen Konfrontation, aber es ist schön, sie zu sehen.

1 ERSTES KIND Es ist neu, den Vater so zu sehen. Ich fühle mich geborgener, geschützter. irgendetwas ist nicht ganz stimmig, aber es ist ein guter Platz hier.

2 ZWEITES KIND Für mich ist es gut so. Ich spüre eine sehr starke Beziehung vom Vater zu mir und hinüber. Und ich spüre auch die Schwester rechts neben mir. Für mich ist das gut so.

HELLINGER *zum früheren Mann der Frau* Dich stelle ich etwas weiter weg.

Bild 4

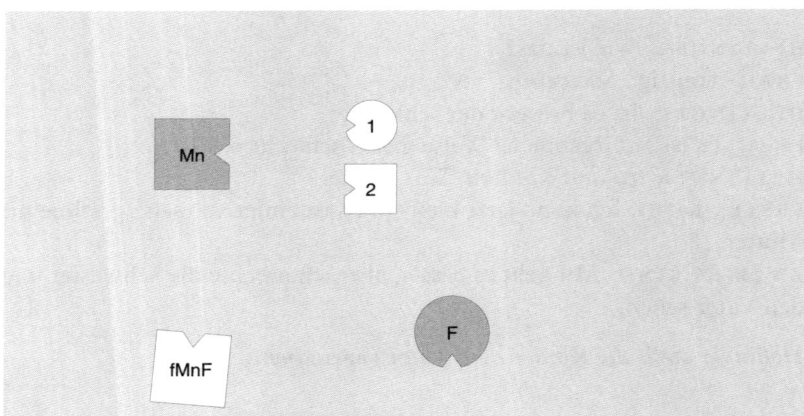

HELLINGER So?

fMnF FRÜHERER MANN DER FRAU Ja, das ist gut.

HELLINGER Was ist jetzt bei der Frau?

F FRAU *weint* Ich bin sehr traurig. Ich habe das Gefühl, es ist schon besser als zuerst, denn ich werde wenigstens niemandem gefährlich, also mir nicht und den anderen nicht.

HELLINGER Genau, wegen dir gehen die Kinder. Bleibe noch einen Augenblick so stehen.

zu Margrit Ist etwas passiert, dass du dich des Todes schuldig fühlst?

MARGRIT Da weiß ich nichts.

HELLINGER Weiß der Mann etwas?

ROLF Ob meiner Frau etwas passiert ist oder in der Familie?

HELLINGER Ja, ob etwas passiert ist, so dass sie sich des Todes schuldig fühlt.
ROLF Ich habe keine Idee dazu.
MARGRIT Meine Großmutter, also die Mutter von meinem Vater, ist relativ früh gestorben an Krebs, als er 20 war oder Anfang 20, aber ich kenne sie gar nicht. Das ist das einzige, was mir jetzt gerade einfällt.
HELLINGER Nein, das kann es nicht sein, das kann es nicht sein. Gab es Kriegsverbrechen oder so etwas in der Familie?
MARGRIT Nein, ich weiß nichts davon, ich glaube nicht, ich weiß es nicht.
ROLF Also, der Vater war Soldat, aber ob da etwas gewesen ist, wissen wir nicht.
HELLINGER Der war Soldat? Nein, das reicht nicht. Das reicht dafür nicht, außer wenn er bei der SS war oder so. Das ist merkwürdig, beide Kinder sind gefährdet.
nach einer Weile Was sollen wir jetzt machen? *Erneut Stille.*
HELLINGER Ist etwas bei der Tochter?
1 ERSTES KIND Ich würde mich gerne zum Vater rüberstellen.
HELLINGER Ja, tue.

Hellinger stellt beide Kinder neben den Vater.

Bild 5

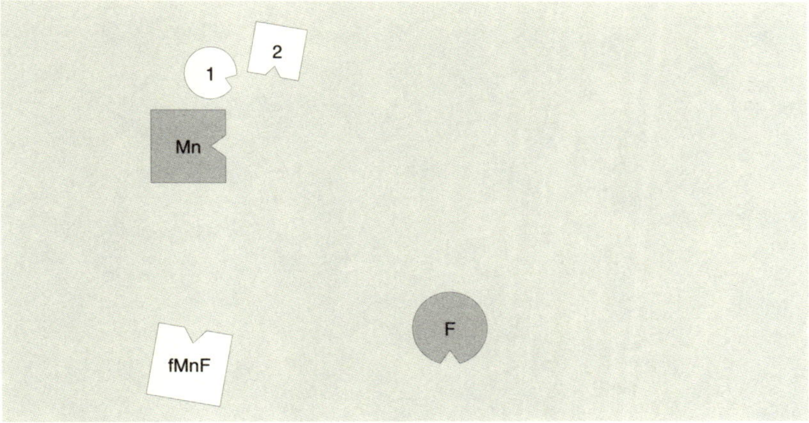

HELLINGER Wie ist das?
1 ERSTES KIND Ja, es ist gut, sich so anzulehnen.
2 ZWEITES KIND Ja, es ist gut.
1 ERSTES KIND Der Blick zur Mutter ist komisch.
HELLINGER *zu Margrit* Die Kinder suchen Schutz beim Vater.

HELLINGER *zur Stellvertreterin von Margrit* Jetzt drehe ich dich mal um.

Bild 6

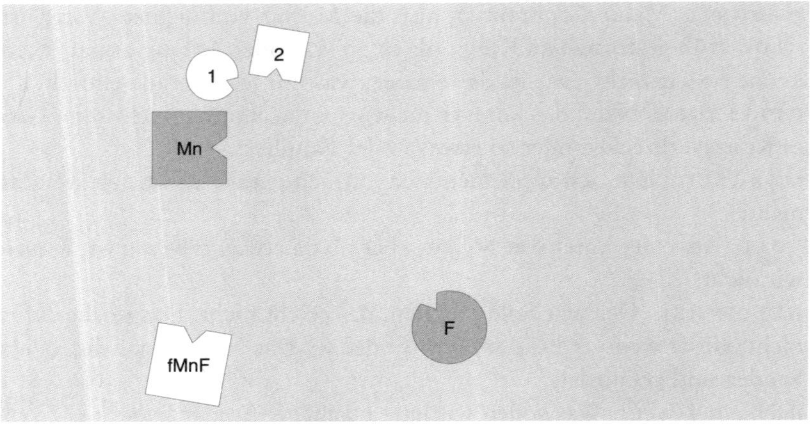

HELLINGER Wie ist das?

F FRAU *weint* Sehr traurig. Aber es ist gut, sie geschützt zu wissen. Ich müsste etwas tun, und ich weiß nicht, was.

Hellinger stellt sie neben den früheren Mann.

Bild 7

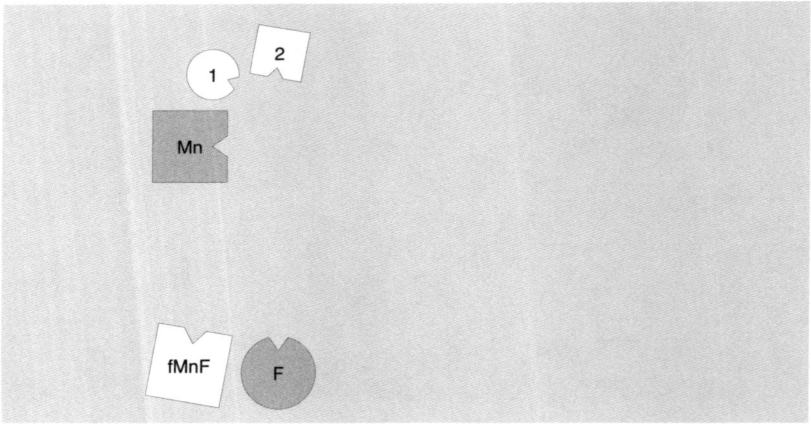

HELLINGER Wie ist das?

F FRAU Ich verachte ihn so.

HELLINGER Hm?

F FRAU Ich verachte ihn so.

HELLINGER Genau.
zur Gruppe Sie verachtet ihn so.
zu Margrit Das kann man nicht machen. Das hat schlimme Folgen, wenn man jemand so verachtet.

Hellinger stellt Margrit vor ihren früheren Mann.

Bild 8

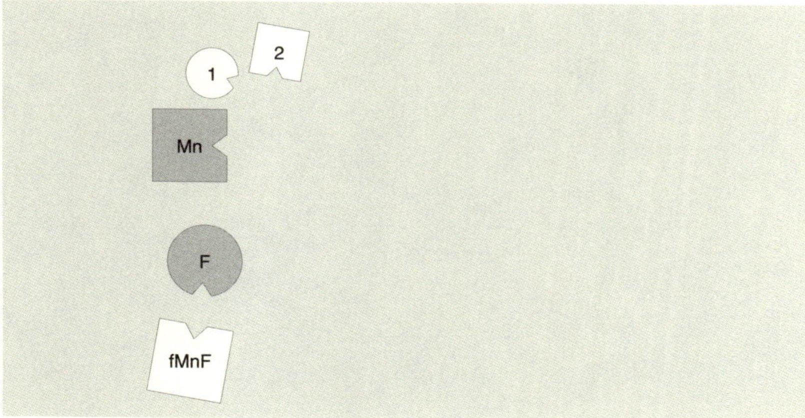

HELLINGER *zur Stellvertreterin von Margrit* Du kannst dich jetzt setzen. Gehe aus der Rolle raus, ja?
nach einer Weile zu Margrit Was ist jetzt?
F MARGRIT Ich kann Kontakt haben. Ich habe Kontakt. Seine Augen sprechen so zu mir, wie …
HELLINGER Nein, nein, nicht so viele Worte. Was ist fällig zu sagen?
F MARGRIT *nach einer Weile, aber ohne Kraft* Ich achte dich?
HELLINGER Du musst ihm etwas angetan haben. Was hast du ihm angetan? So ohne weiteres geht das nicht.
F MARGRIT *seufzt* Ich wollte ihn verlassen, ich wollte gehen.
HELLINGER Das reicht nicht. Da ist etwas passiert. *Sie schüttelt den Kopf.*
HELLINGER *zum früheren Mann* Was ist bei dir jetzt?
fMnF FRÜHERER MANN DER FRAU Sie ist sehr streng zu mir. Das Auge blickt mich auch sehr streng an. Also, ich habe keine Gnade. Ich frage mich, warum?
HELLINGER Das frage ich mich auch, die ganze Zeit schon.

Margrit schaut den Mann lange an.

HELLINGER Was ist?

F MARGRIT Ich glaube, ich hatte Angst, zu sehr vereinnahmt zu sein. Diese Offenheit hat mir Angst gemacht.
HELLINGER Nein, nein, das ist psychologisches Blabla.

Hellinger dreht den früheren Mann um.

Bild 9

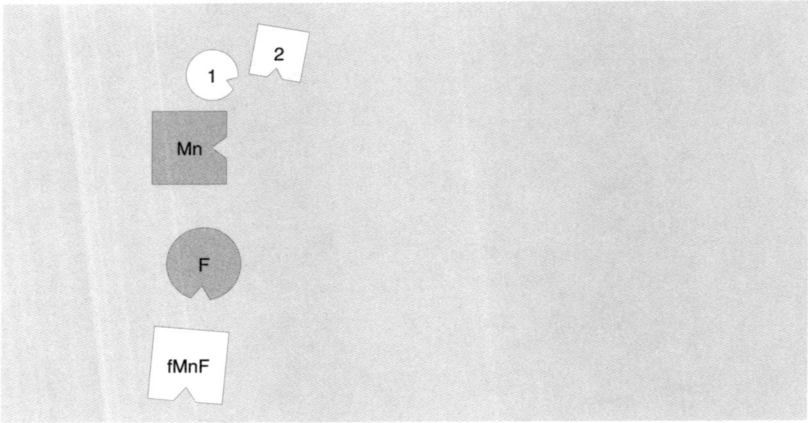

HELLINGER Wie ist das?
F MARGRIT Besser.
HELLINGER *zum Mann* Was ist jetzt hier?
Mn MANN Ich hatte vorhin, als die Kinder noch gegenüber standen, ein Bedürfnis, dass irgendetwas links neben mir sein sollte, eine große Kraft. Die Kinder haben diese Leere zwar ausgefüllt, aber nicht richtig. Also, das passt nicht. Die Frau beobachte ich, mehr nicht.
1 ERSTES KIND Für mich ist es eine Erleichterung, dass sie dort steht.
2 ZWEITES KIND Seitdem sich der Mann umgedreht hat und es da um irgendetwas zwischen den beiden geht, geht es mir besser. Solange sie nur daneben stand, gab es eine starke Aggression in mir. Ich war ihr böse.
Mn MANN Als die Frau vorhin hier stand und sich umgedreht hat, hierher gewandt, da hätte ich gewünscht, dass sie auch herkommt.
HELLINGER Ich unterbreche es da und lasse das Bild so stehen. Einverstanden? Okay, das war's dann.

TEILNEHMER Zu der letzten Aufstellung bewegt mich noch eine Frage, die mich an ähnlichen Stellen schon öfter bewegt hat. Wenn ich es richtig verstanden habe, hängt die Beurteilung der Frage, ob persönliche Schuld oder übernommene Schuld eine Rolle spielt, im wesentlichen von deiner Einfühlung ab. Ich unterstelle, dass du es auch so siehst, dass selbst dann, wenn man ein sehr klares Gefühl hat, man dennoch niemals ganz ein restliches Risiko ausschließen kann, sich unter Umständen sogar gründlich zu irren.

HELLINGER Ja, einverstanden.

TEILNEHMER Ich denke schon, dass in so einer Situation man nicht anders kann, als eine Intervention entschieden vorzubringen und dass man ihr jede Kraft nimmt, wenn man jedesmal pflichtschuldig gleich auch den Zweifel dazuliefern wollte. Trotzdem die Frage: Gibt es eine Hoffnung, dass in Situationen, wo man unter Umständen eine Intervention entschieden vorbringt, die aber auf falschen Voraussetzungen beruht, der Klient oder das System die Kraft hat, sich gegen diese Intervention zur Wehr zu setzen?

HELLINGER Ja, hat es.

TEILNEHMER Oder schlicht gesagt, wirkt eine falsche Intervention weniger als eine richtige, und zwar entschieden weniger?

HELLINGER Es hängt natürlich von den Umständen ab. Wenn es – wie hier – nicht klar ist und ich mache einen klar erkennbaren Versuch, lasse es dann dabei, wenn es nicht zur Lösung führt, dann traue ich, dass dennoch etwas Gutes passiert. Die Frau hat ja deutlich gezeigt, dass sie selbständig ist und mir nicht einfach gehorcht. Und ich vertraue noch auf viel mehr. Ich vertraue nämlich zum Beispiel einer so großen Gruppe. Da hat nämlich gleich einer gefragt: Wie ist das mit dem Systemischen? Der hat das also gleich hochgebracht als eine Möglichkeit und jetzt wurde es noch einmal hochgebracht. Die Frau kann sich also daran, an diesen Interventionen orientieren. Ich orientiere mich auch daran.

Bert und Mariann
Die Sorge um ein behindertes Kind

HELLINGER Um was geht es?
BERT Ich bin zum zweiten Mal verheiratet. Wir haben einen zweijährigen Sohn, der hat eine Missbildung im Gehirn. Sein Kleinhirn ist zu klein. Er hat motorische Probleme und hat an der Großhirnrinde auch eine Missbildung. Mich beschäftigt sein Schicksal sehr. Er ist vor einem Jahr fast gestorben. Er hatte einen Atemstillstand und ist ganz knapp am Tod vorbeigegangen.
HELLINGER Wie alt ist das Kind?
BERT Zweijährig.
HELLINGER Welche Überlebenschancen hat es?
BERT Es hat sehr gute Überlebenschancen. Es ist auch nicht klar, wie seine Entwicklung sein wird. Er könnte sich noch normal entwickeln mit gewissen motorischen Schwierigkeiten. Die Diagnose ist offen.
HELLINGER Das steht in einem gewissen Widerspruch zu dem, was vorher gesagt wurde.
BERT Ich verstehe dich nicht, also mit …
HELLINGER Dass er voriges Jahr fast gestorben wäre.
BERT Ja, das hängt aber wahrscheinlich nicht direkt damit zusammen. Er hatte einen Fieberkrampf, der aber wahrscheinlich nicht ursächlich mit der Missbildung im Gehirn zusammenhängt. Das ist wahrscheinlich ein anderes Thema.
HELLINGER Was sagt die Mutter?
MARIANN Wir haben jetzt sehr viel Therapie gemacht, und es geht ihm im Motorischen jetzt gut. Diese Situation war, er hat einfach beinahe nicht mehr geatmet. Ich war dabei und hatte das Gefühl, es geht darum zu entscheiden: Will ich leben, will ich nicht leben?
HELLINGER Und was wäre gewesen, wenn das Kind gestorben wäre? *Lange Stille.*
BERT Ich kann nichts sagen im Moment.
MARIANN In dem Moment, als das war, habe ich gespürt, dass ich ihn auch gehen lassen kann. Ich habe innerlich zu ihm gesagt: Du kannst gehen, wenn du willst. Aber ich wäre natürlich total verzweifelt gewesen.
HELLINGER Ich glaube, für beide Eltern ist es notwendig, die Behinderung ernst zu nehmen und mit im Auge zu haben, dass vielleicht sein Schicksal begrenzt ist oder sein Leben begrenzt ist. Und dass beide Eltern sich verbinden in der Verantwortung für dieses Kind und in der Liebe für dieses Kind und auch darin, dass sie sagen, wenn die Zeit kommt,

dann lassen wir es ziehen mit Liebe, wir lassen es sterben mit Liebe. Beides. Wie ist das für den Mann?

BERT Das spricht aus meinem Herzen. Meine Beziehung zu meinem dritten Kind hat sich auch seit diesem Jahr sehr erweitert.

HELLINGER Und wie ist das für die Frau?

MARIANN Ja, das stimmt.

HELLINGER Kann ich es so lassen für euch?

BERT Mich würden auch noch meine beiden älteren Kinder sehr interessieren, meine älteste Tochter vor allem.

HELLINGER Nein. Es gibt Gewichte. Dieses Kind hier hat ein solches Gewicht, dass das andere in den Hintergrund tritt. Wenn man das jetzt vermischt, dann nimmt es Kraft weg. Ich denke, ihr beide wisst, wie man damit umgeht. Das ist jetzt das Wesentliche für euch. Ich würde es da lassen. Das ist mein Bild, dass es gemäß ist, es hier zu lassen. Kannst du zustimmen?

BERT Ja, ich kann das nehmen.

HELLINGER Die Frau?

MARIANN Ja, das geht.

HELLINGER Okay, da lasse ich es dann, gut.

als sie aufstehen wollen Bleibt ruhig sitzen.

Ich hatte im Mai eine Aufstellung – da habe ich bei einem Kongress einen Nachmittag mit Paaren gearbeitet – da war ein Schweizer Ehepaar dabei. Sie hatten einen kleinen Sohn, der einen schweren Herzfehler hatte. Da habe ich die Eltern nebeneinander gestellt und habe den Stellvertreter des Kindes sich mit dem Rücken an die Eltern anlehnen lassen. Die haben den Arm um das Kind gelegt, und das hat sich ganz selig gefühlt. Das ist ein schönes Bild für euch.

Bert und Mariann schauen sich an und nehmen sich bei der Hand.

Vor vierzehn Tagen bekam ich von diesem Paar einen Brief, das Kind sei bei einer Operation gestorben. Die Eltern haben tief getrauert und haben mir auch zwei Grabansprachen geschickt. Das war sehr bewegend für mich, was da gesagt wurde, da war so viel Liebe drin. Das Kind, das gestorben ist, hat in der Nacht vor der Operation geschrien und wollte die Mutter haben. Die Mutter hat es auf den Arm genommen und hat es eineinhalb Stunden herumgetragen. Das war eine ganz innige Verbindung, und es war wie Abschied. Die Mutter hat das so erlebt. Und so ist es dann von ihnen gegangen. Aber es war ein Leben, das hat solche Kraft ausgestrahlt, dass spürbar wurde, dass auch das kurze Leben wertvoll und besonders ist. Okay so? Gut.

Der Trennungsschmerz

HELLINGER Ich möchte etwas sagen zu Trennungen. Die meisten Beziehungen gehen auseinander ohne Schuld. Man kann das ablesen, ob das ohne Schuld ist. Man sieht das an dem Schmerz des Paares. Beiden tut es weh, und das heißt: »ohne Schuld«. Dennoch ist die Trennung unausweichlich. Wieso, weiß ich nicht. Der eine ist so verstrickt, der andere so, aus was für Gründen immer. Deswegen darf man nicht nach der Schuld suchen. Sobald man nach der Schuld sucht, kann das Paar nicht trauern.

Die Heftigkeit des Streites um eine Trennung herum ist nur ein Sich-dem-Schmerz-der-Trennung-Entziehen, ist Ersatz für den Trennungsschmerz. Wenn beide auseinandergehen und beide überlassen sich dem Schmerz, dann verschmerzen sie über diesen Schmerz die Trennung und sind frei für Neues.

Bei der Paartherapie ist es ganz wichtig, dass man einem Paar ermöglicht, das anzuschauen. Ich habe das einmal in einer kleinen Geschichte beschrieben:

Da ist also ein Paar, das geht auf Wanderschaft mit einem schweren Rucksack voller guter Sachen. Sie wandern durch Wiesen und Felder. Nach einiger Zeit wird es etwas steiniger, es geht bergauf, und sie verbrauchen etwas von ihrem Vorrat. Dann geht es noch höher und noch höher. Dann bleibt der eine sitzen, er kann nicht mehr. Der andere geht noch ein bisschen weiter, und es ist alles aufgebraucht. Dann schaut er zurück ins Tal und beginnt zu weinen.

Das Startkapital

In dieser Geschichte ist noch etwas anderes verpackt. Beziehungen beginnen mit einem Startkapital. Es ist meistens ein sehr hohes Startkapital. Und jetzt kann man dieses Kapital vermehren, zum Beispiel durch den Austausch, durch das gegenseitige Sichanerkennen und Geben. Durch diesen guten Austausch wird das Kapital vermehrt. Und durch den negativen Austausch wird das Kapital verringert.

Das Merkwürdige ist, wenn das Kapital aufgebraucht ist, kann man es nicht erneuern. Es ist dann vorbei. Wenn ein Paar mit Paarschwierigkeiten zu mir kommt, dann schaue ich auf das Kapital, das noch zur Verfügung steht. Wieviel ist da noch investiert? Wenn ich bei einem dann merke, da ist eigentlich nichts mehr investiert, dann ist für mich klar, diese Beziehung ist vorbei.

Wenn die Freundin des Vaters sich umgebracht hat

TEILNEHMER Wenn die Freundin des Vaters sich umbringt, und der Vater hat mit dieser Freundin ein Kind, hat das Auswirkungen auf das System der Tochter des Vaters?
HELLINGER Ja, das hat es ganz bestimmt. Und zwar über den Vater, weil der Vater sich dann so mit der Freundin verbunden fühlt, vielleicht schuldig fühlt, vielleicht ihr nachfolgen will und die Tochter sich ihm dann in den Weg stellt. Das wäre eine Möglichkeit unter vielen. Aber es hat sicherlich Auswirkungen auf das System.

Homosexuelle Partnerschaften

ANDERER TEILNEHMER Können homosexuelle Partnerschaften auch ein System bilden?
HELLINGER Ja, das können sie, und zwar, wie mir scheint, eher bei Männern, oder sogar ausschließlich bei Männern, und weniger bei Frauen. Wieso, weiß ich nicht.

Wenn der Vater sich umgebracht hat

TEILNEHMERIN Wenn ein Vater sich das Leben genommen hat und hinterlässt einen fünf Monate alten Sohn und eine siebenjährige Tochter, welche Möglichkeiten hat die Mutter, die zurückgebliebene Partnerin, die Auswirkungen dieses Selbstmordes ihres Mannes für die Kinder möglichst gering zu halten?
HELLINGER Das erste ist, dass die Frau es in Ordnung bringt mit dem Mann, zum Beispiel, indem sie ihm sagt: »Ich achte deine Entscheidung, und ich achte dein Schicksal, und ich lasse dich ziehen mit Liebe. Ich sorge für unsere Kinder auch im Andenken an dich. Ich bin ihnen jetzt Vater und Mutter.« Dann ist hier etwas geklärt. Dann sagt sie etwas Ähnliches den Kindern. Zum Beispiel: »Wir lassen den Vater ziehen. Wir wissen nicht, was da war. Wir lassen ihn ziehen mit Liebe. Er schaut auf uns zurück mit Liebe, und ich vertrete ihn jetzt für euch. Ich bin euch Vater und Mutter.« So in dieser Richtung. Dann wird das abgefedert und wirkt nicht mehr so stark.

Gerhard und Josephine
Die Liebe

HELLINGER Um was geht es?
JOSEPHINE Ich bin innerlich ununterbrochen in einem Stress. Ich kämpfe ständig ums Überleben. Ich kriege gar keine Luft. Wir streiten uns und finden hinterher keinen fassbaren Grund.
HELLINGER Bist du magersüchtig?
JOSEPHINE Ich glaube, ich war es.
HELLINGER Was ist in der Herkunftsfamilie passiert?
JOSEPHINE Ich bin, bis ich sieben Jahre alt war, mit meiner Mutter aufgewachsen. Mein Vater existierte auch nicht auf dem Papier. Als ich sieben war, heiratete sie. Vor meinem Stiefvater habe ich mich sehr gefürchtet. Er hat mich verfolgt. Ich habe einen Halbbruder. Mit 13 versuchte ich, mir das Leben zu nehmen. Ich bin dann sehr früh ausgezogen.
HELLINGER Kennst du deinen Vater?
JOSEPHINE Ja, ich habe ihn dann mit 20 zum ersten Mal gesehen.
HELLINGER Ich stelle das Herkunftssystem von dir auf: den Vater, die Mutter, dich, den Stiefvater und den Halbbruder.

Als Josephine aufstellt, stellt sie ihren Vater weit weg, unterhalb der Bühne.

Bild 1

V Vater
M Mutter
1 Erstes Kind, Tochter (= Josephine)
2MnM Zweiter Mann der Mutter, Vater von 2
2 Zweites Kind, Sohn

HELLINGER Wieso hat deine Mutter deinen Vater nicht geheiratet?
JOSEPHINE Sie haben sich getrennt, bevor ich zur Welt kam. Er war nicht der Richtige.
HELLINGER Wer wollte die Trennung?
JOSEPHINE Ich denke, beide. Die waren gar nie richtig zusammen.
HELLINGER Wer will sich umbringen? Wenn du das anschaust, wer will sich umbringen?
JOSEPHINE Die Mutter.
HELLINGER Genau, die Mutter will sich umbringen. Wieso eigentlich? Ist dein Vater verheiratet?
JOSEPHINE Ja, er ist verheiratet und hat drei Söhne.
HELLINGER Und was sagt er zu dir?
JOSEPHINE Nichts, kein Kontakt.
HELLINGER Du bist ihm sehr böse? Ja klar, es ist so.
JOSEPHINE Ja.
HELLINGER Er hat dir sehr gefehlt. Und was ist mit dem Stiefvater?

JOSEPHINE Er war Alkoholiker und ist sehr früh gestorben.
HELLINGER Ich hole den Vater ein bisschen höher herauf.

Bild 2

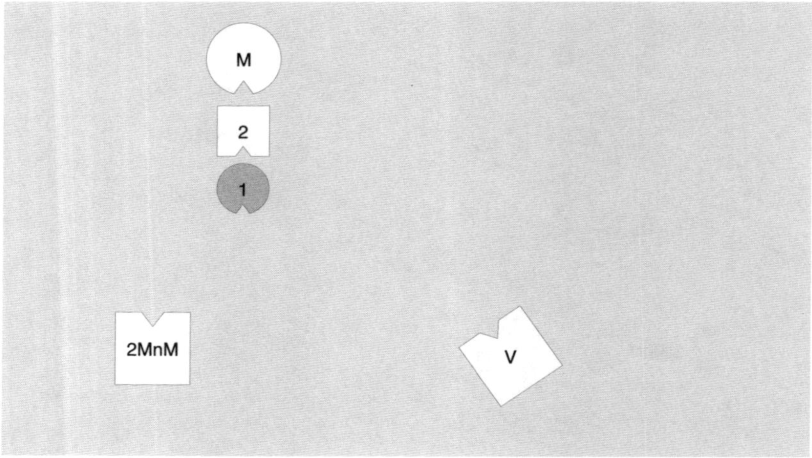

HELLINGER *zum Vater* Wie war es da unten?

V VATER Sehr weit weg. Wie im Gefängnis kam ich mir vor da unten, als ob ich eingesperrt bin. Ja, wie ein Gefängnis, das war mein Bild.

HELLINGER Und wo möchtest du hin?

V VATER Ich sehe jetzt das erste Mal. Ich muss erst einmal schauen. *zeigt auf den zweiten Mann* Was macht der da?

HELLINGER Das ist der zweite Mann.

V VATER Der hat da nichts zu suchen. Ich glaube, ich möchte an die Stelle.

HELLINGER *zum zweiten Mann, als dieser Platz machen will* Nein, nein. Bleibe ruhig stehen. Nur nicht verjagen lassen. Wie geht es dem zweiten Mann?

2MnM ZWEITER MANN DER MUTTER Nicht gut.

Hellinger stellt den Vater daneben.

Bild 3

HELLINGER *zum zweiten Mann* Wenn er neben dir steht?

2MnM ZWEITER MANN DER MUTTER Ein bisschen besser.

V VATER *zur Tochter* Ich sehe dich das erste Mal. *Er atmet tief.* Ich war traurig.

HELLINGER *zur Stellvertreterin von Josephine* Und was ist bei dir?

1 ERSTES KIND Ich fühle mich jetzt zum ersten Mal gehalten. Am Anfang, als nur der Stiefvater da war, fühlte ich mich sehr allein und auch ausgeliefert. Das gibt mir jetzt Halt und Schutz.

Hellinger stellt nun Josephine an ihren Platz.

HELLINGER *zum Vater* Gehe auf sie zu. Sie kann das nicht von sich aus. Gehe auf sie zu, nimm sie bei den Händen und ziehe sie weg, ziehe sie weg zu dir.

Der Vater geht erst langsam auf die Tochter zu, nimmt sie bei den Händen und zieht sie an seinen Platz.

HELLINGER Und jetzt nimm sie, nimm sie fest.

Vater und Tochter umarmen sich lange und innig. Inzwischen stellt Hellinger den Sohn links neben seinen Vater.

Bild 4

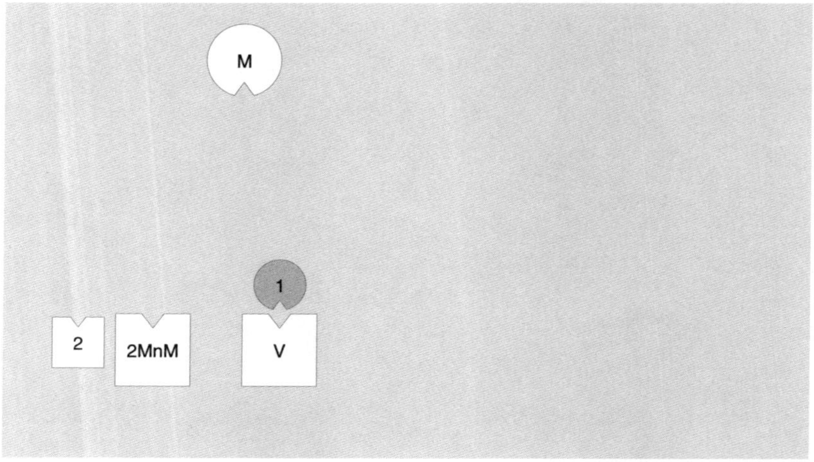

HELLINGER *zum zweiten Mann* Drehe dich zu ihm, nimm ihn ganz fest.

Der zweite Mann legt den Arm um seinen Sohn. Dieser legt den Kopf an die Schulter des Vaters. Dann umarmen sich beide innig. Nach einer Weile stellt sich Josephine neben ihren Vater. Beide legen die Arme umeinander.

Bild 5

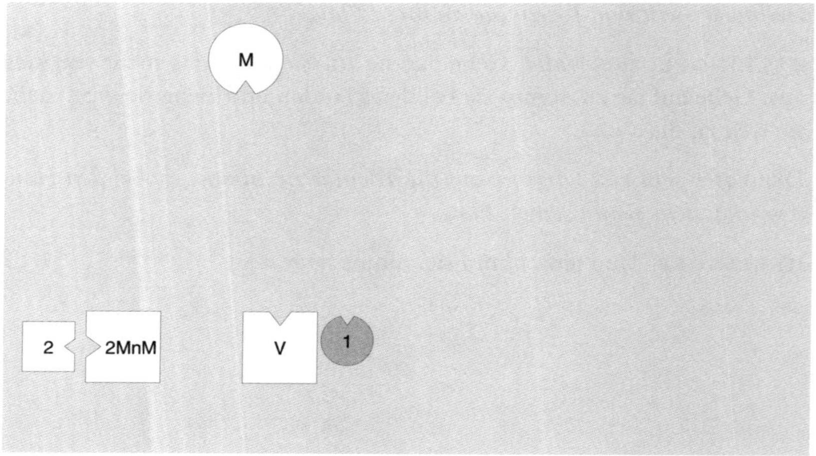

HELLINGER Wie geht es der Mutter?

M MUTTER Ich habe so das Gefühl, das kann nur irgendetwas Verrücktes gewesen sein. Ich war immer interessiert an diesem Mann.

HELLINGER Sage ihm: »Ich lasse sie jetzt bei dir.«

M MUTTER Ich lasse sie jetzt bei dir.

HELLINGER Sage es ihr: »Ich lasse dich jetzt bei deinem Vater.«

M MUTTER Ich lasse dich jetzt bei deinem Vater.

HELLINGER Ich glaube, du musst doch hin.

Hellinger führt die Mutter zum Vater von Josephine. Alle drei umarmen sich innig.

Bild 6

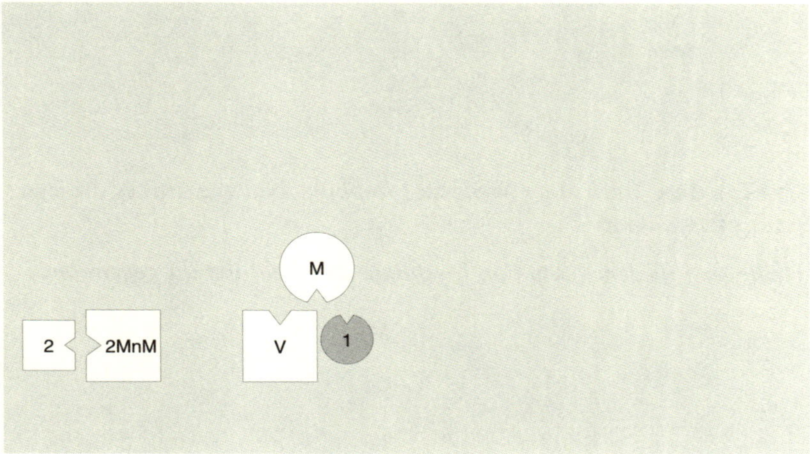

HELLINGER Wie ist das beim Sohn?

2 ZWEITES KIND Ich fühle mich richtig aufgetankt.

HELLINGER *zum Vater des Sohnes* Wie geht es bei dir?

2MnM ZWEITER MANN DER MUTTER Es ist gut.

HELLINGER *zu Vater und Sohn* Stellt euch nebeneinander.

Bild 7

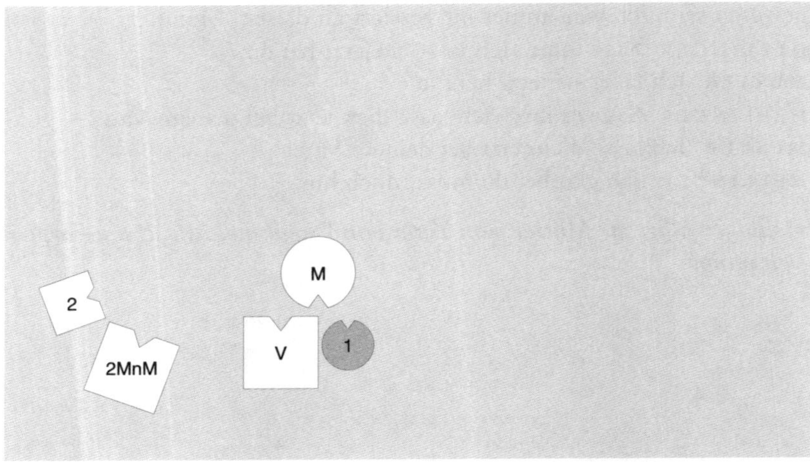

HELLINGER *nach einer Weile zu Josephine* Na, wie geht es dir jetzt?
1 JOSEPHINE Gut.

Hellinger ruft den Mann von Josephine und stellt ihn ihr gegenüber.

Bild 8

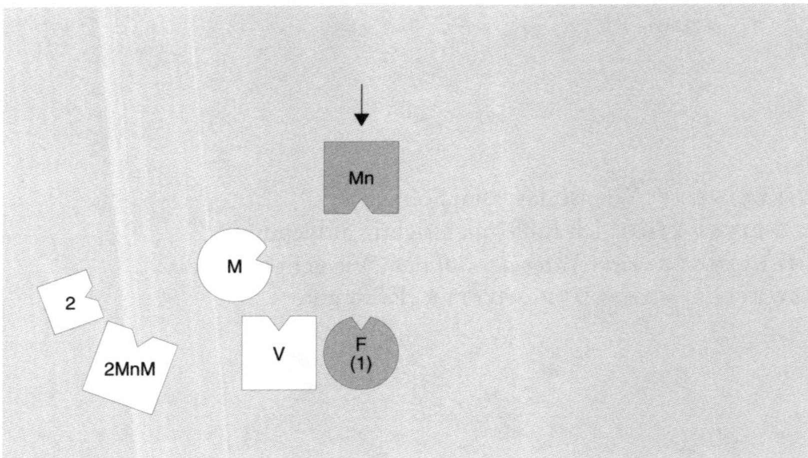

Mn Mann (= Gerhard)
F(1) Frau, erstes Kind (= Josephine)

F(1) HELLINGER *zu Josephine* Sage ihm: »Ich bleibe.«

F(1) JOSEPHINE Ich bleibe.

HELLINGER So lieb hast du es aber nicht gesagt. Wie ist es? Willst du oder willst du nicht?

F(1) JOSEPHINE *liebevoll* Ich bleibe.

HELLINGER »Jetzt bleibe ich.«

F(1) JOSEPHINE Jetzt bleibe ich.

HELLINGER Stelle dich neben ihn.

Josephine stellt sich neben ihren Mann, und beide umarmen sich fest.

Bild 9

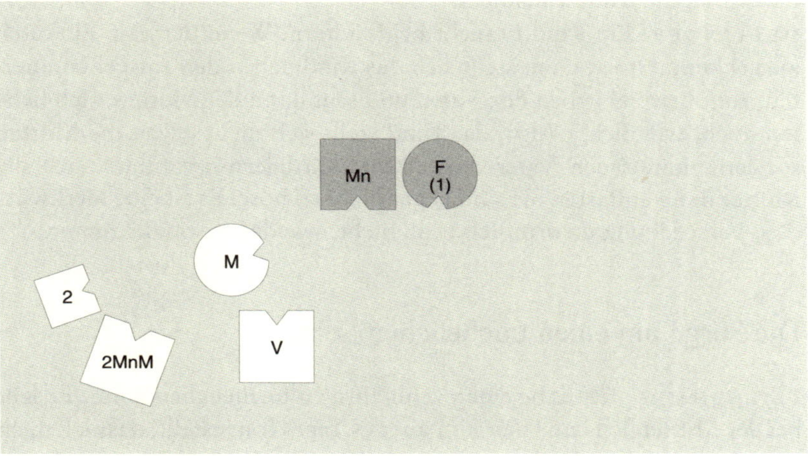

HELLINGER *nach einer Weile* Okay. Lasst es euch gutgehen. Das war's.

Zusammenfassung

Die Verstrickung *Die Frau war magersüchtig und hat einen Selbstmordversuch gemacht. Ihre Eltern haben sich schon vor ihrer Geburt getrennt. Sie hat den Vater erst mit zwanzig Jahren kennengelernt.*

Die Lösung *Der Vater wird seiner Tochter gegenübergestellt. Er zieht sie an sich und beide umarmen sich innig. Die Mutter sagt dem Vater: »Ich lasse sie jetzt bei dir.« Sie sagt der Tochter: »Ich lasse dich jetzt bei deinem Vater.«*

Die Frau sagt ihrem Mann: »Ich bleibe. Jetzt bleibe ich.« Sie stellt sich neben ihn, und beide halten sich fest.

Ein Kind braucht beide Eltern

TEILNEHMERIN Um eine gute Frau zu sein, muss eine Frau die Mutter nehmen. Wie ist das für eine bulimische Frau?
HELLINGER Bulimische?
TEILNEHMERIN Eine, deren Mutter den Vater verachtet, wie kann diese Frau die Mutter nehmen?
HELLINGER Ein Kind braucht beide Eltern. Wenn der eine Elternteil ausgeklammert ist, dann stellt sich das Kind neben den Ausgeklammerten, zum Beispiel neben den Vater, und sagt dann der Mutter: »Ich liebe ihn auch, wie dich.« Also, das Kind stellt sich nicht gegen die Mutter, sondern nimmt den Vater dazu. Merkwürdigerweise fühlen sich die Mütter dann entlastet. Sie sind ja gar nicht so böse. Es ist eine merkwürdige Verstrickung da drin. Ich weiß nicht, wie das zustandekommt.

Die Sorge um einen unehelichen Sohn

TEILNEHMER Ich habe einen zehnjährigen unehelichen Sohn. Er lebt bei der Mutter. Ich habe hier im Lauf des Tages festgestellt, dass ich mich nicht berechtigt fühle, ihn zu mir zu nehmen, weil ich die Frau nicht geheiratet habe. Das ist mein Gefühl im Moment.
HELLINGER Dass du die Frau nicht geheiratet hast, ist eine Sache. Das ist eine Sache, die ist zwischen dem Mann und der Frau. Die Elternschaft ist wieder etwas anderes. Also, mit Bezug auf die Kinder haben beide Eltern gleiche Rechte. Du musst deinem Sohn vermitteln: »Auch wenn ich deine Mutter nicht geheiratet habe, ich bin dein Vater, und du kannst dich auf mich verlassen als deinen Vater. Du hast bei mir einen Platz, auch wenn du bei deiner Mutter bist.«

DRITTER TAG

Das gemeinsame Sorgerecht

HELLINGER Es besteht jetzt Gelegenheit, noch etwas zu gestern nachzutragen.
TEILNEHMERIN Es geht um das gemeinsame Sorgerecht. Meine Frage ist, ob es außer schwerer Schuld oder schwerer Krankheit noch Gründe gegen gemeinsames Sorgerecht gibt? Da gibt es ja viel Theater.
HELLINGER Ich glaube nicht, dass man das allgemein an Regeln festmachen kann. Da muss man das konkrete Paar sehen, inwieweit die da dazu bereit sind.
TEILNEHMERIN Die Frauen wollen es immer nicht, auch wenn sie es sind, die abhauen. Das erlebe ich so oft.
HELLINGER Frauen halten sich halt für kompetenter als die Männer.
TEILNEHMERIN Ich kämpfe dann dafür, dass der jeweilige Mann, wenn ich es für richtig halte, auch das Sorgerecht kriegt.
HELLINGER Ja, genau. Denn die Frau, die sich gegen den Mann mit dem Sorgerecht durchsetzt, verliert die Kinder, weil die Kinder sich heimlich immer mit dem Ausgeklammerten identifizieren. Wenn die Frau wirklich will, dass die Kinder werden wie der Mann, muss sie darauf bestehen, dass sie das alleinige Sorgerecht bekommt.

Die Achtung vor der eigenen Seele

TEILNEHMERIN Gestern war da ein Paar, die sich gegenüberstanden, und die Frau zog sich dann zurück. Der Vater sagte dann zum Sohn: »Ich bin jetzt dein Vater und deine Mutter.« Aber die Frau lebt ja noch. Warum ist sie nicht selbst die Mutter? Es war da keine Schuld im Spiel.
HELLINGER Ach, in dem Augenblick hat es etwas bewirkt. Was die dann später machen, wenn sie weitere Einsichten haben, ist wieder etwas Neues. Nur nicht so genaunehmen, was ich sage!
TEILNEHMERIN Für mich geht es da auch um die Frage des Sorgerechtes. Wenn Vater und Sohn dann mal weg sind, was macht dann die Mutter? Sie war ja unglücklich.
HELLINGER Also, in der Situation war das eigentlich klar, dass die beiden Eltern im Einklang sind. Da würde ich keine Gefahr sehen, selbst wenn die sich trennen. Es ist nicht sicher, wie sie sich trennen und ob sie

sich überhaupt trennen. Es geht hier nur um die inneren Bilder. Wenn ich darüber entscheiden müsste, müsste ich ganz anders vorgehen.

Hier geht es um eine Bewegung in der Seele, nicht um eine rechtliche Anweisung. Das muss man genau unterscheiden, sonst greife ich ja in die Autonomie und in die Rechte der Eltern ein. Das darf ich nicht machen, und ich mache das hier auch nicht. Ich bringe nur die Bilder ans Licht, damit die sich daran orientieren. Und die entscheiden, nicht ich. Das ist ganz wichtig zu sehen.

Übrigens gilt bei all dieser Arbeit: Man darf nach einer solchen Aufstellung in der Regel nicht sofort handeln. Das ist ganz wichtig. Erst muss sich die eigene Seele neu orientieren. Und wenn von der eigenen Seele die Regung kommt: »Jetzt ist etwas zu tun«, und es wird dann gemacht, dann kommt es ganz aus der eigenen Seele und ist nicht ein Befolgen von etwas, was sie hier gesehen haben.

Die Achtung vor dem, was die eigene Seele will, ist besonders wichtig. Darauf achte ich.

Peter und Elisabeth
»Danke«

HELLINGER Um was geht es?
ELISABETH Wir sind seit 20 Jahren zusammen, seit elf Jahren standesamtlich verheiratet und seit diesem Jahr im Juli kirchlich verheiratet. Nach der kirchlichen Trauung ging es rapide bergab. *Sie lacht.* Ich habe seitdem das Gefühl, dass ich einen Riesenschritt in seine Familie reingemacht habe, habe aber auch das Gefühl, dass ich das, was da passiert ist, einfach nicht tragen kann. Ich habe seitdem starke Ängste, dass der älteste Sohn sich umbringt. Ich kann damit einfach nicht umgehen.
PETER Wir haben vier Kinder, einen 18-jährigen Sohn, eine 12-jährige Tochter, einen 5-jährigen Sohn und einen 2-jährigen Sohn. Drei Wochen nach der kirchlichen Hochzeit hat es dermaßen gekracht, dass wir nachts um vier daheim auch handgreiflich geworden sind. Unsere Beziehung kennzeichnet sich dadurch, dass wir immer sehr hohe und glückliche Hochs haben, dann aber auch zusammen wahnsinnig tief fallen. Ich habe aus meiner Herkunftsfamilie noch einen Bruder, der sich umgebracht hat. Mein jüngster Sohn hat einen zweiten Namen von diesem Bruder.
HELLINGER Tiefs in der Beziehung sind die Ruhephasen. *Alle lachen.* Wieso habt ihr denn kirchlich geheiratet?
ELISABETH Ja, zur Vorgeschichte: Ich habe lange Zeit meinen Mädchennamen behalten, und er hat meinen Mädchennamen, also einen Doppelnamen, gehabt. Irgendwann habe ich gemerkt, das stimmt einfach nicht. Ja, es war dann das Gefühl, ich gebe mich ihm hin, und ich gehe mit ihm und stehe zu ihm. Die Entscheidung für ihn war einfach irgendwann klar. Das war so ein Schritt, um das noch als Ritual auch nach außen zu zeigen.
HELLINGER Hat er das gewürdigt?
ELISABETH *seufzt* Hm.
HELLINGER *zu Peter* Na, hat der Mann das gewürdigt?
PETER Ich denke schon. Von mir aus war es auch die Intention, dass es einfach ein sehr starkes Ritual ist. Ich wollte dadurch unsere Beziehung noch einmal festigen. Und *lacht* dann hat es nicht so geklappt, wie ich das gedacht habe.
HELLINGER Du hast es nicht gewürdigt. Hast du ihr etwas Gleichwertiges auch angeboten? Das war ja ein ganz großes Angebot von ihrer Seite.
PETER *betroffen* Ich denke nicht, dass ich ihr etwas Gleichwertiges angeboten habe.

HELLINGER Das ist nachzuholen. Okay, das geht in deine Seele; jetzt lässt du das wirken, und dann wird dir einfallen, was ein gleichwertiges Geschenk von dir zu ihr ist, damit ihr wieder ausgeglichen seid. *Er nickt.*

zur Frau Wie ist das für dich?

ELISABETH Es hört sich gut an.

HELLINGER Okay, jetzt stellen wir einmal die Familie auf. War jemand vorher in fester Bindung von euch?

ELISABETH Nach dem, was du gestern gesagt hast, habe ich das Gefühl, das muss man vielleicht mit dazu aufstellen. Ich habe eine Fehlgeburt gehabt nach dem zweiten Kind, aber das Kind war von einem anderen Mann. Also, die vier Kinder sind alle von ihm, und die Fehlgeburt war von einem anderen Mann.

HELLINGER In der Ehe?

ELISABETH Nein, da waren wir noch nicht verheiratet.

HELLINGER Aber ihr wart in fester Bindung sozusagen.

ELISABETH Ja.

HELLINGER Ja, den Mann müssen wir aufstellen. Okay, fange mal an.

Bild 1

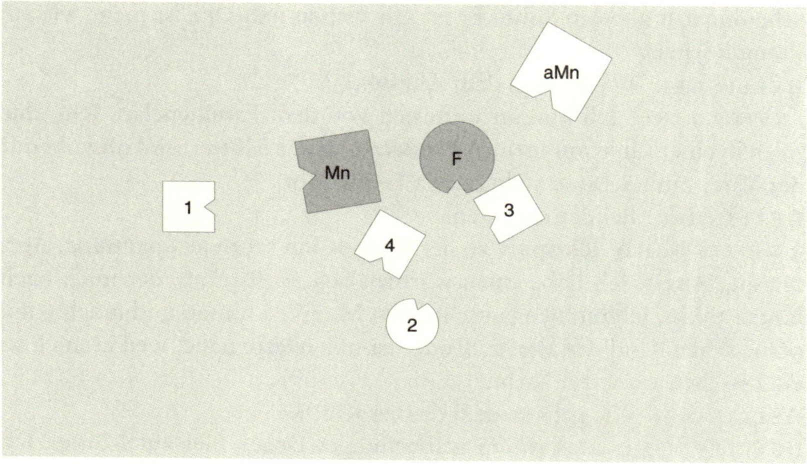

Mn **Mann (= Peter)**
F **Frau (= Elisabeth)**
1 Erstes Kind, Sohn
2 Zweites Kind, Tochter
3 Drittes Kind, Sohn
4 Viertes Kind, Sohn
aMn Anderer Mann der Frau während der Beziehung

HELLINGER *zu Peter* Stimmst du damit überein, oder würdest du das anders aufstellen?
PETER Das ist okay, ja.
HELLINGER *zu Elisabeth* Wer ist selbstmordgefährdet?
ELISABETH Der Jüngste.
HELLINGER Nein, die Frau ist selbstmordgefährdet.
ELISABETH Das heißt, die Kinder halten sie fest, oder?
HELLINGER Genau, die Kinder halten sie fest.
zur Stellvertreterin von Elisabeth Wie geht es der Frau?

F FRAU Es ist eng, schrecklich eng. Und von der linken Seite, dem dritten Kind, habe ich einen Druck. Wenn er nicht wäre, würde ich umkippen, absolut umkippen. Meinen Mann kriege ich gar nicht mit, also auch mit Kopfdrehen habe ich Mühe, ihn in mein Blickfeld zu kriegen. Mein ältester Sohn, der ist ganz weg, da steht dann auch der Vater noch dazwischen. Und hier, zur Tochter, ist ein dezenter Kontakt. Ich sehe sie, aber die Beziehung kommt nicht zustande.

HELLINGER Wie geht es dem Mann?

Mn MANN Ziemlich mies, weil ich keinen Kontakt zur Familie habe. Ich sehe nur den ältesten Sohn. Er ist mir viel zu nahe. Er ist mehr wie ein Fremdkörper.

HELLINGER Wie geht es dem Ältesten?

1 ERSTES KIND Ich bin am weitesten von dem Familienclan. Ich fühle mich in einer Linie mit meinen Brüdern und der Mutter, und obwohl mir der Vater am nächsten steht, ist da kein Draht.

HELLINGER Bei der nächsten?

2 ZWEITES KIND Ich spüre zu der Gruppe hin sehr viel Spannung, Aufregung, Angst. Ich habe einen warmen Sog im Rücken, der mich nach hinten treibt. Ich bin neugierig auf den Mann da hinten und möchte ihn gerne sehen. Und der älteste Bruder ist mir relativ nahe, weil er auch so ein bisschen vereinzelt steht.

HELLINGER Wie geht es dem dritten Kind?

3 DRITTES KIND Das ist ein wahnsinniger Druck hier zur Mutter. Ich muss eigentlich weg hier. Zu den Geschwistern ist es ganz angenehm. Ich will zum Vater. Und von hinten fühle ich mich bedroht irgendwie, gefährlich, unsicher.

HELLINGER Dem Jüngsten?

4 VIERTES KIND Das ist unwahrscheinlich anstrengend hier. Ich habe das Gefühl, meine Beine wachsen an. Wenn das nicht so wäre, dann würde ich hier entweder umkippen, oder die Mutter schubst mich raus. Ich würde eigentlich viel lieber zu meinen älteren Geschwistern hin, das ist der eigentliche Halt, den ich habe. Zu meinem Vater habe ich keinen Kontakt. Der ist zwar hier rechts neben mir, ist aber nicht in meinem Blickkreis.

HELLINGER *zur Frau* Ich führe dich einmal hier heraus.

Bild 2

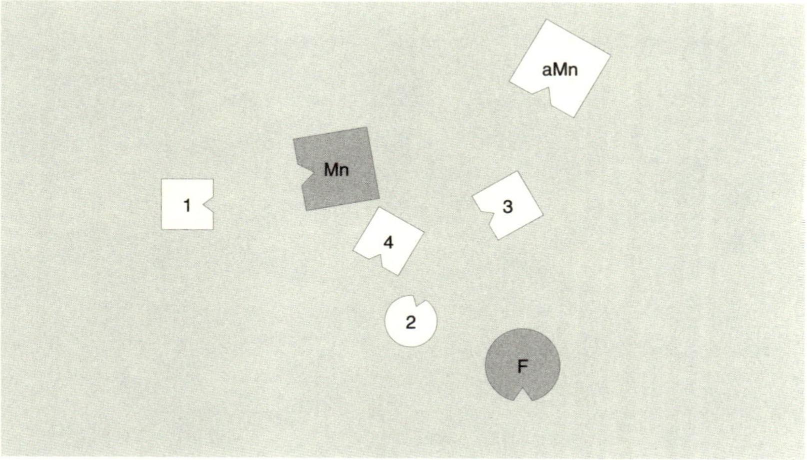

HELLINGER Wie ist das?

F FRAU Erleichternd.

HELLINGER *zum Mann* Was ist jetzt hier verändert?

Mn MANN Es ist irgendetwas passiert, aber ich kann es weder als besser oder schlechter bezeichnen im Moment.

1 ERSTES KIND Es ist schwer zu sagen. Mich zieht es zu meinen Geschwistern. Ich spüre ein bisschen die Erleichterung meiner Mutter, aber mich berührt das selber nicht so sehr.

2 ZWEITES KIND Es wird nicht sehr viel leichter. Das, was mich nach hinten zieht, geht in die Richtung der Mutter. Ich möchte der Mutter nach.

3 DRITTES KIND Das ist eine Riesenerleichterung und mehr Verbindung zum Vater.

4 VIERTES KIND Es ist erst einmal nur ganz viel Last weg.

HELLINGER *zu den Kindern* Stellt euch neben den älteren Bruder, in der Reihenfolge.

Bild 3

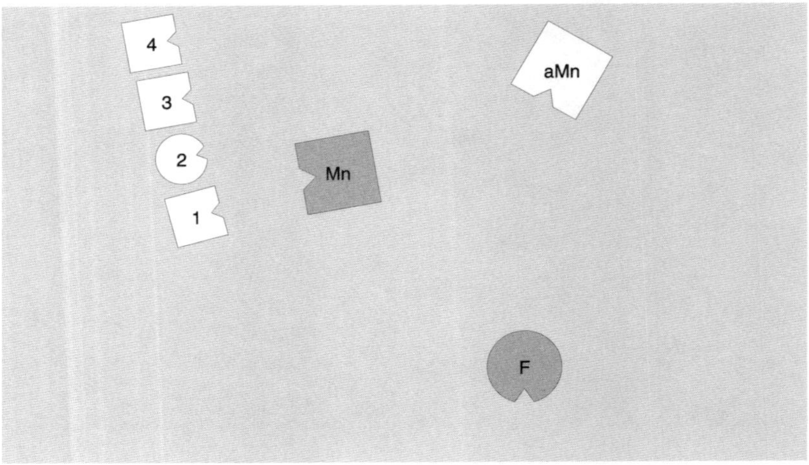

HELLINGER Was ist jetzt?

1 ERSTES KIND Das ist besser. Der Vater ist, glaube ich, ein bisschen zu nahe. Wenn die Mutter dabei ist, wird es vielleicht besser.

2 ZWEITES KIND Es ist leichter, freundlicher, ich kann gerade stehen.

3 DRITTES KIND Es ist so neu, ein bisschen ungewohnt.

4 VIERTES KIND Es ist traurig. Ich fühle mich zwar in der Geschwisterreihe an dem richtigen Platz, aber ich empfinde Trauer, dass die Eltern nicht da sind.

HELLINGER Was ist beim Vater jetzt?

Mn MANN Es ist eine ganze Ecke besser. Schon als sie sich bewegten, merkte ich, *atmet laut aus* es geht etwas weg. Und ich kann jetzt halt gucken, ich sehe sie jetzt, ich nehme sie wahr.

HELLINGER Stelle dich mehr in die Mitte. Das wäre ein besserer Platz.

Bild 4

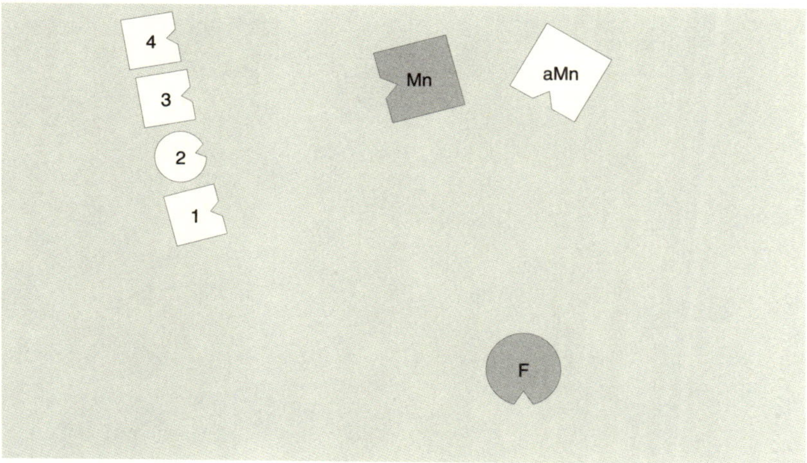

HELLINGER *zum anderen Mann* Wie geht es denn dir?

aMn ANDERER MANN DER FRAU Ich möchte gar nicht hingucken und habe dauernd das Gefühl gehabt, ich will weg. Aber gleichzeitig hatte ich keinen Impuls wegzugehen, als ob ich hinschauen müsste, aber ich wollte auch wegschauen. Also, wie gefangen und nicht weggehen können. Es wurde etwas leichter, als die auseinandergingen, aber der Grundimpuls von »Ich gucke zu etwas, das ich eigentlich nicht angucken will« ist dabei.

HELLINGER Wie geht es der Mutter jetzt?

F FRAU Ich würde gerne noch ein bisschen weiter weg, mich dafür aber umdrehen. Einfach um zu sehen.

HELLINGER Mach mal.

Bild 5

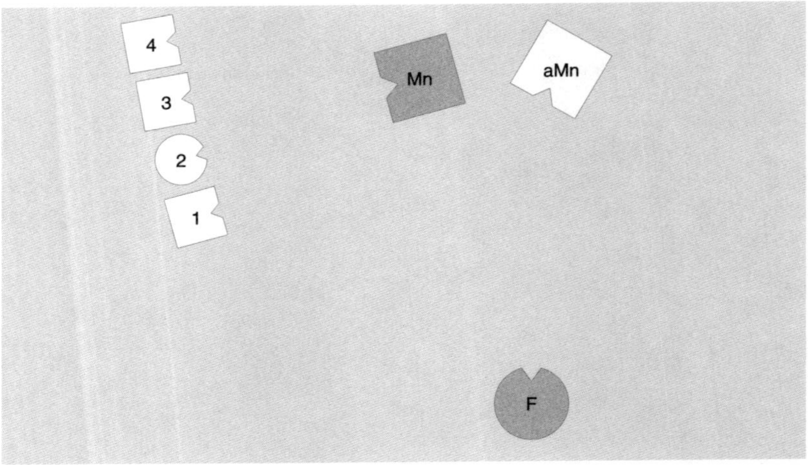

F FRAU Die Entfernung ist gut. Aber ich merke, ich kriege Herzklopfen, wenn ich mir das angucke. Es wird nicht unbedingt leichter. Obwohl ich es schön finde, meine Kinder so in der Reihe zu sehen. Der andere Mann ist mir noch fremd.

Hellinger stellt sie vor ihren Mann.

Bild 6

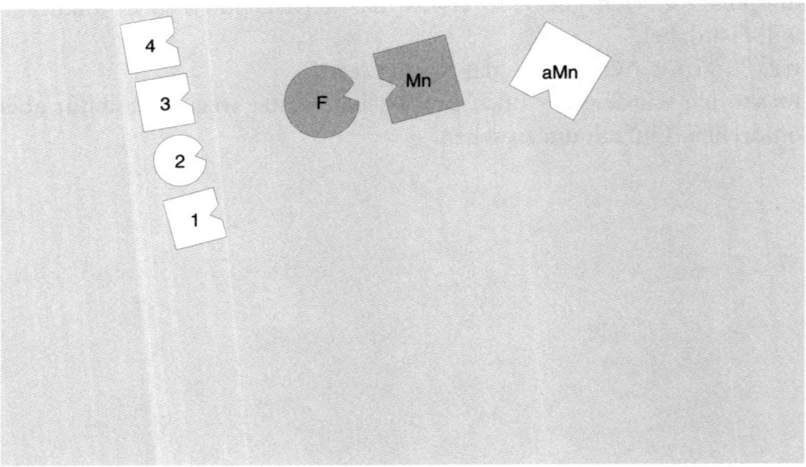

HELLINGER Möchtest du ihm etwas sagen?

F FRAU *nach einigem Zögern* Ich denke schon, ich weiß nur noch nicht, was. Ich merke, ein Gefühl von Verliebtsein und Aufgeregtsein ist da. Aber ich weiß nicht, was es konkret zu sagen gibt.

HELLINGER Sage ihm: »Danke.«

F FRAU Danke.

HELLINGER Wie ist das?

F FRAU Das ist schön. Es wird ruhiger.

HELLINGER Beim Mann?

Mn MANN Es ist gut. Zuerst war etwas dazwischen, es versperrte was, und jetzt ist es besser.

HELLINGER *zur Frau* Stelle dich neben ihn.

Bild 7

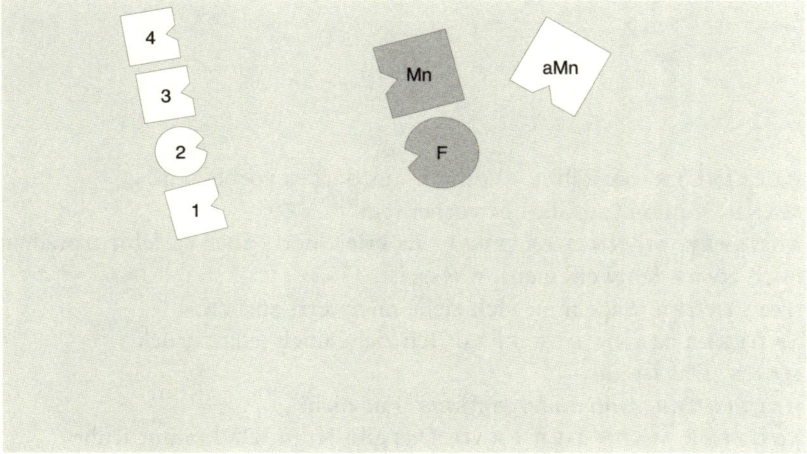

HELLINGER Wie ist es jetzt?

F FRAU Schön. Im Vergleich zu eben, wo ich neben dem Sohn stand, und er mich halten musste, habe ich das Gefühl, jetzt darf ich mich anlehnen. Der kann mich auch halten.

1 ERSTES KIND Es ist gut.

2 ZWEITES KIND Es entlastet unwahrscheinlich. Es ist schön so.

3 DRITTES KIND Ich kann mich noch nicht ganz entspannen. Der andere soll weg dahinten.

4 VIERTES KIND Es macht stärker. Es ist schön zu sehen.

HELLINGER *zum anderen Mann* Was ist jetzt bei dir?

aMn ANDERER MANN DER FRAU Ich kann nicht weg hier. Ich brauche irgendetwas, um hier wegzukommen. Ich will weg und kann nicht.

HELLINGER *zum Mann* Drehe dich um, ihm gegenüber.

Bild 8

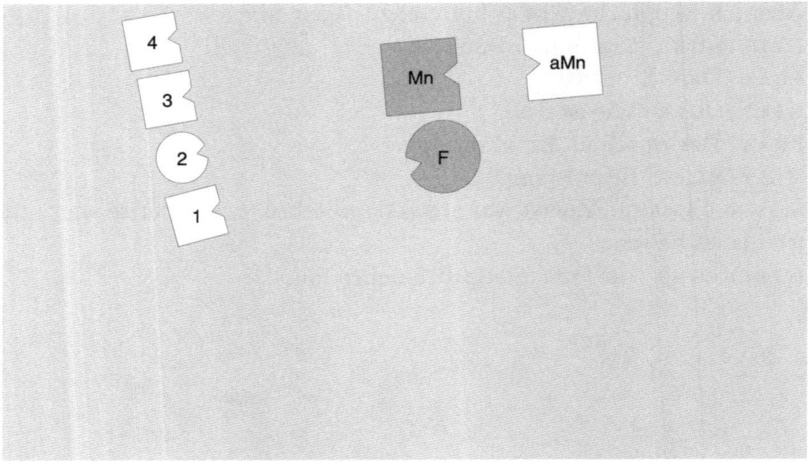

HELLINGER Sage ihm: »Von mir aus darf es vorbei sein.«

Mn MANN Von mir aus darf es vorbei sein.

aMn ANDERER MANN DER FRAU Es erleichtert, aber es fehlt trotzdem noch etwas. Ich weiß nicht, was es ist.

HELLINGER Sage ihm: »Ich ziehe mich jetzt zurück.«

aMn ANDERER MANN DER FRAU Ich ziehe mich jetzt zurück.

Mn MANN Das ist gut.

HELLINGER *zum anderen Mann* Für dich?

aMn ANDERER MANN DER FRAU Das gibt Kraft. Da kommt Ruhe.

Der andere Mann zieht sich zurück, und der Mann dreht sich wieder um.

Bild 9

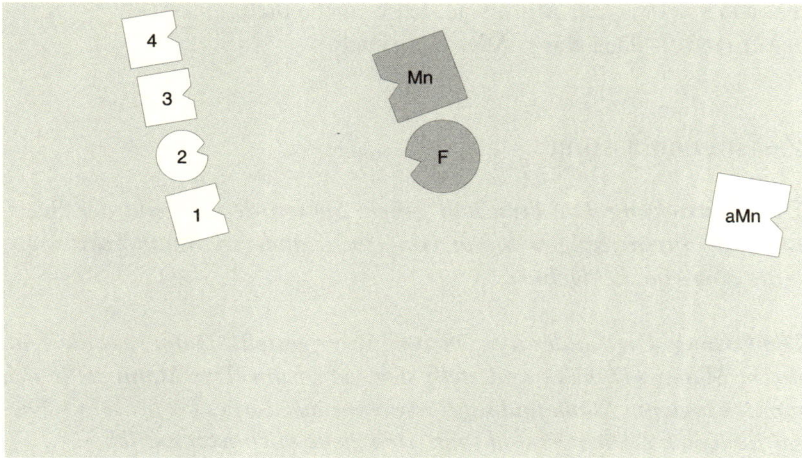

HELLINGER *zum dritten Kind* Wie ist es jetzt?

3 DRITTES KIND Ja, viel besser.

4 VIERTES KIND Ja, es ist gut so.

HELLINGER *zu Elisabeth* Haben wir es?

ELISABETH *zögerlich* Ich weiß es nicht.

HELLINGER Wie ist es für den Mann?

PETER Für mich ist es gut so.

HELLINGER *zum Paar* Stellt euch einmal da rein jetzt beide.

Sie stellen sich an ihren Platz, und nach einer Weile legt der Mann den Arm um seine Frau.

HELLINGER *nach einer Weile zu Elisabeth* Sage deinem Mann: »Ich bleibe.« Schaue ihn an.

F ELISABETH Ich bleibe.

HELLINGER »Und danke, dass du mich hältst.«

F ELISABETH Danke, dass du mich hältst.

Der Mann zieht sie an sich, und beide umarmen sich lange und fest.

HELLINGER *zu Elisabeth* Sage es den Kindern: »Ich bleibe.«

F ELISABETH Ich bleibe.

HELLINGER *zu den Kindern* Wie ist das?

1 ERSTES KIND Gut.

2 ZWEITES KIND Ich bin ganz berührt. Ich spüre auch ganz große Nähe zur Mutter.
3 DRITTES KIND Ja, das kann ich jetzt glauben, es gibt Kraft.
4 VIERTES KIND *zur Mutter* Ja, ich brauche dich.
HELLINGER Das war's. Alles Gute euch.

Zusammenfassung

Die Verstrickung *Die Frau will gehen. Sie wurde während der Beziehung zu ihrem jetzigen Mann von einem anderen Mann schwanger, hatte aber eine Fehlgeburt.*

Die Lösung *Die Kinder werden zum Vater gestellt. Dann sagt die Frau ihrem Mann: »Danke« und stellt sich neben ihn. Der Mann stellt sich vor den anderen Mann und sagt: »Von mir aus darf es vorbei sein.« Dieser fühlt sich erleichtert und sagt: »Ich ziehe mich jetzt zurück.«*

Die Frau sagt ihrem Mann: »Ich bleibe. Danke, dass du mich hältst.« Sie sagt ihren Kindern: »Ich bleibe.«

HELLINGER Möchte jemand etwas sagen dazu oder fragen?
TEILNEHMER Mich hat sehr verblüfft, als Sie den Mann zum ersten Mann haben sagen lassen: »Von mir aus ist es gut« ... oder so. Was hat Sie dazu bewegt?
HELLINGER Das war eine ganz subtile Form der Arbeit. Also, der Mann hat vorher die Kraft dafür von der Frau bekommen, weil sie sich bedankt hat. Und dann ging das weiter. Es begann bei der Frau und ging über den Mann zum anderen Mann. So ist er dann entlassen worden.

Die Vorsicht

TEILNEHMERIN Warum hast du am Anfang den Mann gefragt, ob er der Frau etwas Ebenbürtiges zurückgegeben hat? In der Familienaufstellung und in der Erzählung vorher, zum Beispiel, dass er ihren Namen angenommen hat, hatte ich den Eindruck, dass er ihr auch eine Menge gegeben hat. Die Frage kam bei mir so an, als ob er ihr etwas schuldig wäre. Das habe ich nicht richtig verstanden.
HELLINGER Ich verstehe es auch nicht. Wenn ich schon so weit vorangekommen bin, gehe ich nicht mehr zurück. Wenn man dann mit einem Paar noch einmal anfangen würde nachzufragen, zu bohren, dann ist

das für mich wie eine Unverfrorenheit, wie eine Einmischung in etwas Tiefes.

Ich habe bei ihm etwas in Gang gebracht, ein Klingen. Wenn ich das aber jetzt detailliert haben wollte, verstummt die Musik. Selbst, wenn es nicht genau richtig ist, was ich sage, merke ich an seiner Reaktion, dass etwas in Gang gekommen ist. Er war ihr zugewandt in dem Augenblick. Was will ich mehr?

Das fehlgeborene Kind

TEILNEHMER Warum wurde das fehlgeborene Kind nicht mit aufgestellt?

HELLINGER Fehlgeborene Kinder gehören nicht zum System. Das wäre hier falsch gewesen. Totgeborene Kinder schon, aber fehlgeborene nicht.

Die Unterbrechung

TEILNEHMERIN Kann man das hier so sehen, dass diese Familie durch die Außenbeziehung gar nicht unterbrochen war?

HELLINGER Sie war unterbrochen. Ich habe die Unterbrechung überbrückt, aber für solche, die mit dieser Arbeit noch wenig vertraut sind, kaum wahrnehmbar. Doch es war ganz deutlich, dass ich mit dem Paar die Unterbrechung der Beziehung überbrückt und wieder in Ordnung gebracht habe.

Die Verlässlichkeit von Aufstellungen

TEILNEHMERIN Wie verlässlich sind die Aufstellungen?

HELLINGER Wenn einer davon ausgehen würde, dass diese Aufstellungen ein ganz genaues Spiegelbild sind, wissenschaftlich genau, läge er natürlich daneben. Was hier vor sich geht, ist etwas Lebendiges, an dem lebendige Personen beteiligt sind, auch von ihrer eigenen Geschichte her. Es ist aber genau genug, um die Lösung zu finden, und das genügt.

Es gibt Leute, die wollen wissenschaftlich eine Tür untersuchen, mit dem Mikroskop. Die kriegen sie nie auf.

Peter und Marleen
»Sollen wir?«

HELLINGER Okay, machen wir weiter mit euch.

MARLEEN Peter und ich sind jetzt seit sechs Jahren zusammen und haben einen 4½-jährigen Sohn. Wir haben die ersten zwei Jahre unserer Beziehung zusammengelebt und leben jetzt seit zweieinhalb Jahren getrennt, in getrennten Wohnungen. Wir wissen nicht, wie wir miteinander weitergehen, ob wir noch einmal zusammenziehen. Die Extreme reichen von Heiraten bis Trennung. Das geht jetzt schon über einen sehr langen Zeitraum. Ich habe für mich die Frage: Gibt es durch meine Verstrickung mit meiner Herkunftsfamilie irgendetwas, was mich hält oder was Peter hält?

Ich habe einen geistig behinderten Bruder – ich habe nur einen Bruder. Meine Oma väterlicherseits, nach der ich benannt bin, hat sich umgebracht. Es beschäftigt mich innerlich, ob es da irgendetwas gibt, was mich am Einlassen hindert.

HELLINGER Will der Mann etwas dazu sagen?

PETER Ich habe erst mal, außer eigener Verstrickung in der eigenen Familie, nichts Wesentliches hinzuzufügen. Wenn ich väterlicherseits gucke, da ist die Oma im Kindbett mit dem Kind zusammen gestorben.

HELLINGER Das ist die Mutter von wem?

PETER Von meinem Vater. Meine Mutter selbst ist fast bei einer Fehlgeburt vor mir gestorben. Ich habe drei Geschwister, zwei Brüder, eine jüngere Schwester, vor mir die Fehlgeburt, bei der meine Mutter fast gestorben wäre. Ja, und ich habe nie langfristig in Beziehungen gelebt bisher. Zwei, drei Jahre, das war es.

HELLINGER Was ist euer Altersunterschied?

MARLEEN Neun Jahre.

HELLINGER Das sind bedeutsame Ereignisse in den Herkunftsfamilien. Wir fangen mal mit euch dreien an, also Mann, Frau und das Kind.

HELLINGER *zu Marleen* Fange du an aufzustellen.

Bild 1a

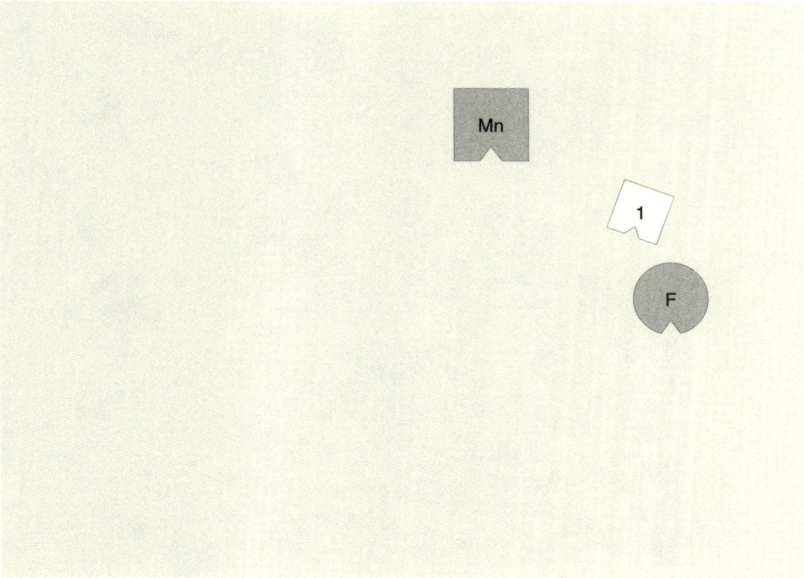

Mn Mann (= Peter)
F Frau (= Marleen)
1 Einziges Kind, Sohn

HELLINGER *zu Peter* Wie würdest du es aufstellen?

Bild 1b

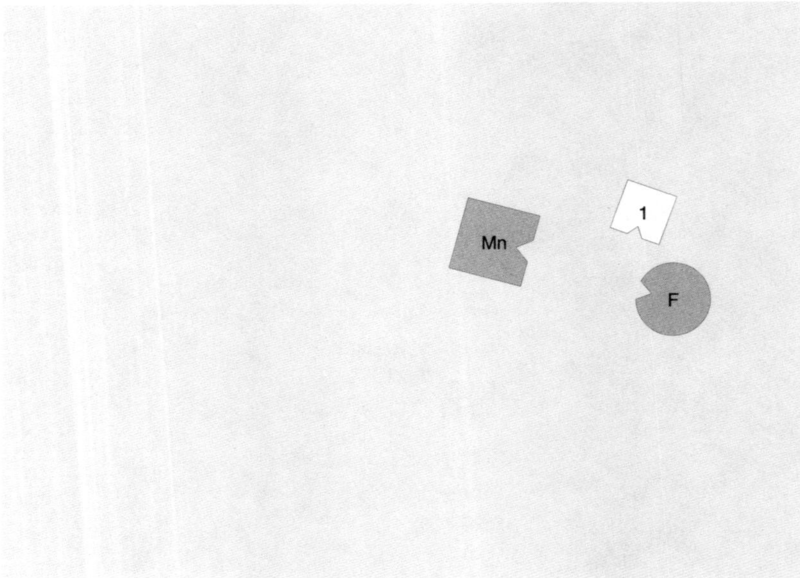

HELLINGER Welche Aufstellung war brisanter?

PETER Brisanter ist die erste.

HELLINGER Ja, genau, die ist näher an der Wirklichkeit.

zu den Stellvertretern Stellt euch wieder so hin, wie es am Anfang war. – Wie geht es dem Kind?

1 KIND Mir geht es nicht gut. Da ist ziemliche Kälte, nach vorne keine Perspektive, zur Mutter noch weniger Kontakt als zum Vater. Da ist ein bisschen Gemeinsamkeit durch die Blickrichtung.

HELLINGER Wie geht es der Mutter?

F FRAU Ich habe immer wieder so Gänsehautschauer, habe aber feuchte Hände. *Sie seufzt schwer.* Ja, ich friere.

HELLINGER Wie geht es dem Mann?

Mn MANN Einsam, feuchte Hände. Ich weiß nicht genau, wo bin ich denn hier? Ich fühle mich nicht als Vater und nicht als Mann, so irgendwie diffus und orientierungslos.

Hellinger wählt einen Stellvertreter für den geistig behinderten Bruder der Frau und stellt ihn ihr gegenüber.

Bild 2

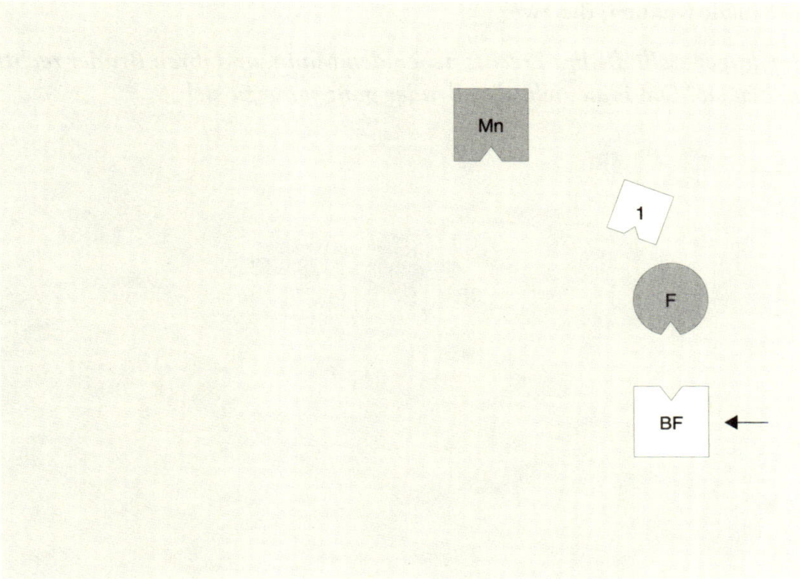

BF Bruder der Frau, geistig behindert

HELLINGER Das wäre der geistig behinderte Bruder.
zu Marleen Ist der älter oder jünger als du?
MARLEEN Älter.
HELLINGER *zur Frau* Was ist?
F FRAU Ich mache die Arme auf. Ich möchte, dass er rüberkommt.
HELLINGER *zum behinderten Bruder* Gehe hin zu ihr.

Der behinderte Bruder geht auf die Frau zu, und beide umarmen sich fest.

HELLINGER *nach einer Weile* Wie geht es dem Bruder?
BF BRUDER DER FRAU Ruhe und Geborgenheit.

Hellinger stellt ihn wieder zurück an seinen Platz.

HELLINGER *zur Frau* Wie geht es dir jetzt?

F FRAU Jetzt, wo er wieder weg ist, oder wo er gerade bei mir war? Wenn er weggeht, fehlt er mir.

HELLINGER Ja, der muss ganz nahe bei der Schwester sein. Man kann die nicht trennen, die zwei.

Hellinger stellt die Frau rechts neben den Mann, und ihren Bruder rechts neben sie. Die Frau zieht den Bruder ganz nahe zu sich.

Bild 3

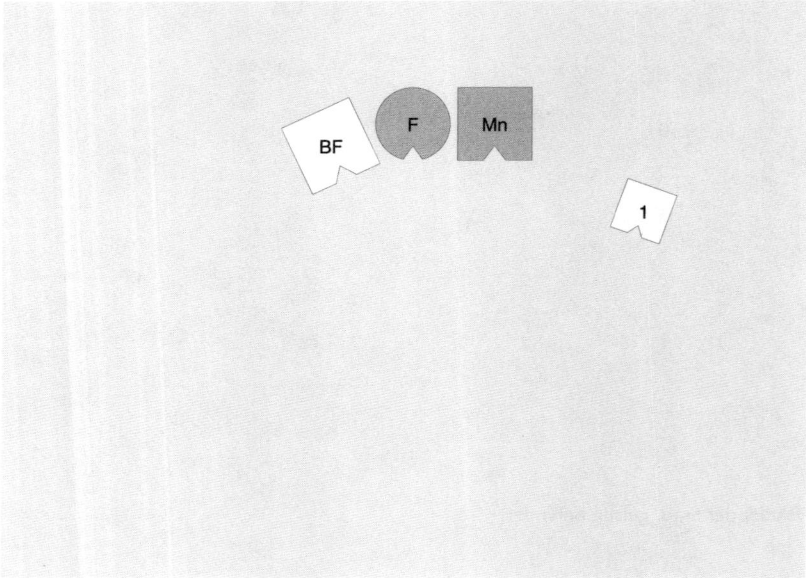

HELLINGER Wie geht es dem Mann jetzt?

Mn MANN Jetzt, wo sie mich berührt, weiß ich nicht, ob es besser ist, aber ich habe mehr Gefühl zu mir selber. Vorhin war es mehr so: Da passiert etwas, aber es hat nichts mit mir zu tun. Ich selbst bin nach wie vor orientierungslos.

HELLINGER *zum Sohn* Was ist bei dir jetzt?

1 KIND Ich möchte gerne näherkommen.

Hellinger stellt ihn den Eltern gegenüber.

Bild 4

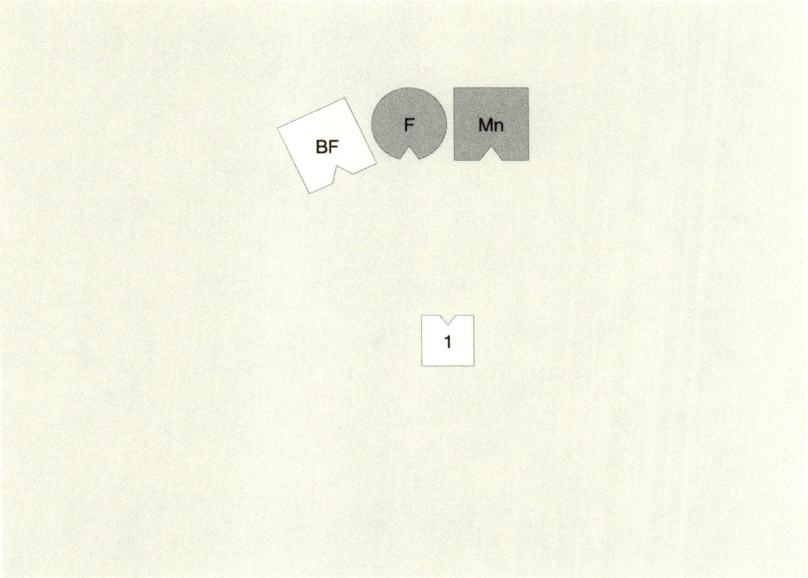

1 KIND Jetzt habe ich schon einmal eine Position. Das ist eine Verbesserung, ich fühle mich besser.

HELLINGER *zu Marleen* Was war noch alles in deiner Herkunftsfamilie?

MARLEEN Die Mutter meines Vaters hat sich umgebracht. Ich trage ihren Vornamen, habe den aber vor fünf Jahren abgelegt.

HELLINGER Das ist gut, es sei denn, wir bringen das in Ordnung. Dann kannst du ihn wieder nehmen.

Hellinger wählt eine Stellvertreterin für die Großmutter und stellt sie in den Blick der Frau.

Bild 5

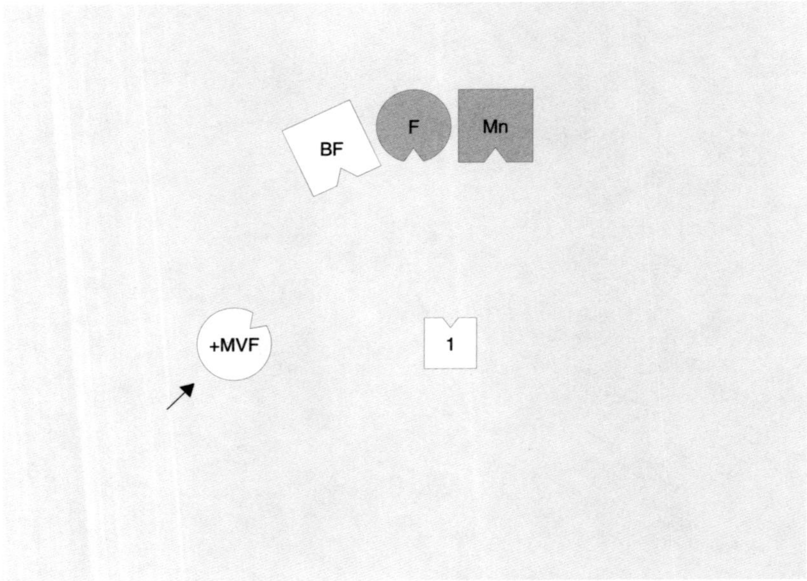

+MVF Mutter des Vaters der Frau, hat sich umgebracht

HELLINGER *zur Frau* Wie geht es dir, wenn sie da steht?

F FRAU Es macht mich traurig. Aber sie muss da sein.

HELLINGER *zur Großmutter* Wie geht es dir?

+MVF GROSSMUTTER DER FRAU † Es ist schwer. *Sie schluchzt.*

HELLINGER Schwer?

HELLINGER *zur Frau* Komm mal her, mit dem Bruder zusammen. Geht zur Oma.

Bild 6

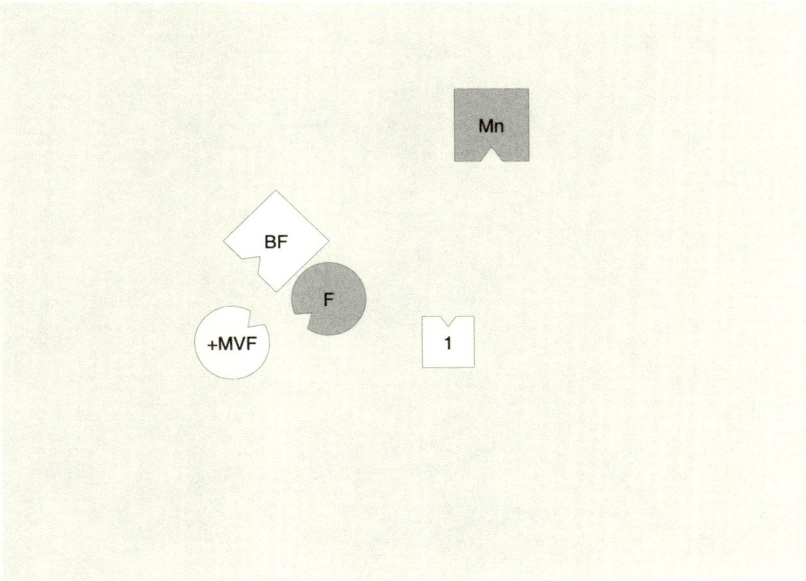

HELLINGER *zur Frau* Sage ihr: »Liebe Oma.«

F FRAU Liebe Oma.

HELLINGER »Ich achte dich als meine Oma.«

F FRAU Ich achte dich als meine Oma.

HELLINGER »In mir und in meinem Bruder bist du noch da.«

F FRAU In mir und in meinem Bruder bist du noch da, Oma.

HELLINGER Wie geht es der Oma?

+MVF GROSSMUTTER DER FRAU † *weint noch* Gut.

HELLINGER *zur Frau* Sage ihr: »Schaue freundlich auf uns.«

F FRAU Schaue freundlich auf uns. *Sie atmet tief.*
zu Hellinger Ich hätte sie gerne näher.

HELLINGER Gehe hin.

Die Frau und ihr Bruder gehen zur Oma. Alle drei umarmen sich lange und innig.

HELLINGER *zur Großmutter* Geht es jetzt?

+MVF GROSSMUTTER DER FRAU † Ja, gut.

HELLINGER *zur Frau und ihrem Bruder* Stellt euch wieder zurück. Die Oma stelle ich jetzt hinter euch als einen Schutzengel.

Bild 7

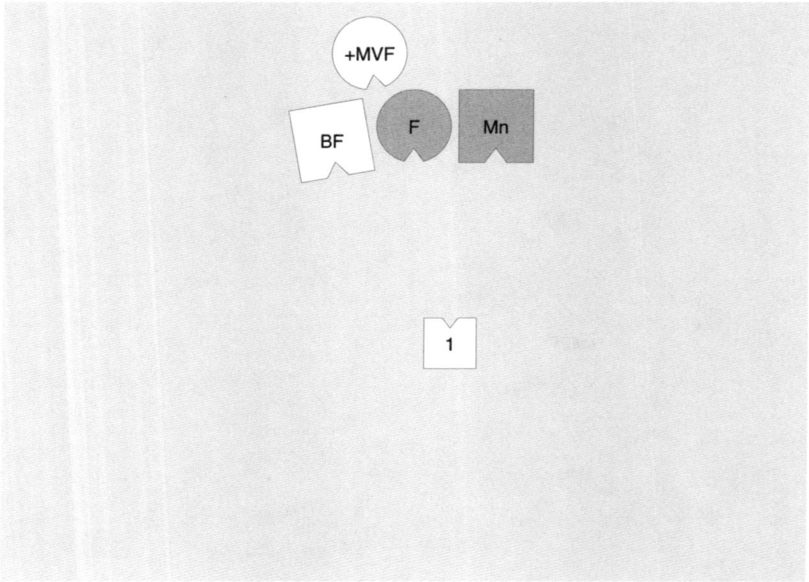

HELLINGER *zur Großmutter* Wie ist das?

+MVF GROSSMUTTER DER FRAU *lacht* Das ist sehr gut.

HELLINGER *zur Frau* Wie geht es dir?

F FRAU Ja, ganz hell, sehr schön.

BRUDER DER FRAU Ist in Ordnung.

HELLINGER *zum Mann* Das ist alles noch aus dem anderen System.

Mn MANN Ja, ich nehme das wie durch einen Nebel wahr.

HELLINGER Was ist beim Sohn?

1 KIND Ich könnte ruhig noch ein bisschen näher gehen oder mehr Kontakt gebrauchen.

HELLINGER Das kommt noch.

zu Peter Jetzt gehen wir zu deinem Herkunftssystem. Was war bei euch?

PETER Ich fange bei der Mutter an. Sie hatte vor mir eine Fehlgeburt, wobei sie im Krankenhaus fast gestorben wäre. Dann in der Linie meines Vaters: Mein Vater ist der Zweite von acht Geschwistern. Davon sind vier gestorben. Zwei mit eineinhalb Jahren, und sein jüngstes Geschwisterkind, was er gar nicht zählt, ist bei der Geburt zusammen mit der Mutter gestorben, mit seiner Mutter, meiner Oma. Die älteste Schwester ist im Alter von 23 Jahren gestorben.

HELLINGER Das ist schon zuviel, ich bin eh schon verwirrt. Stellen wir mal einige Personen auf. Als erstes stelle deine Mutter auf.
zu den anderen Stellvertretern Ich wechsle jetzt die Positionen von Mann und Frau. Das System des Mannes ist das gewichtigere System. Da sind die Schicksale noch schlimmer als in dem der Frau.

Bild 8

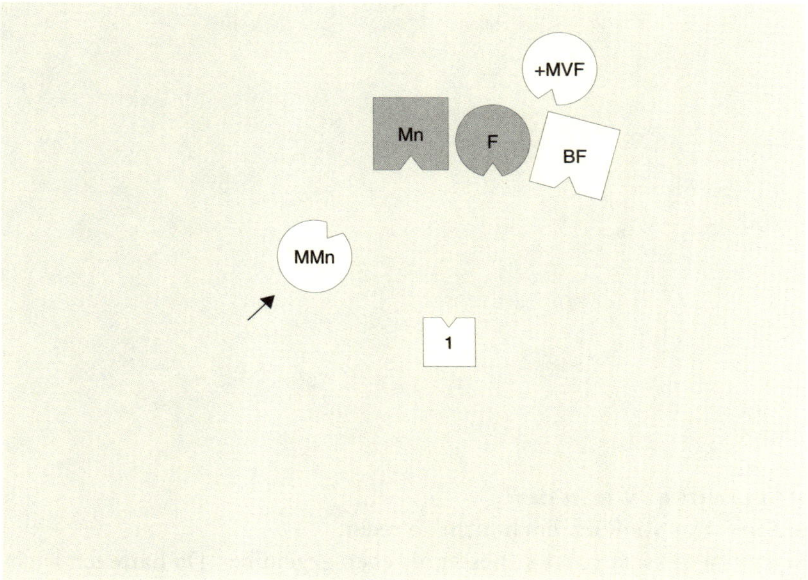

MMn Mutter des Mannes

HELLINGER Was ist verändert?
Mn MANN Als sie noch da drüben auf der anderen Seite stand, wurde ich traurig. Jetzt kann ich sie ansehen ohne Traurigkeit, einfach so.

Hellinger stellt die Mutter neben den Mann.

Bild 9

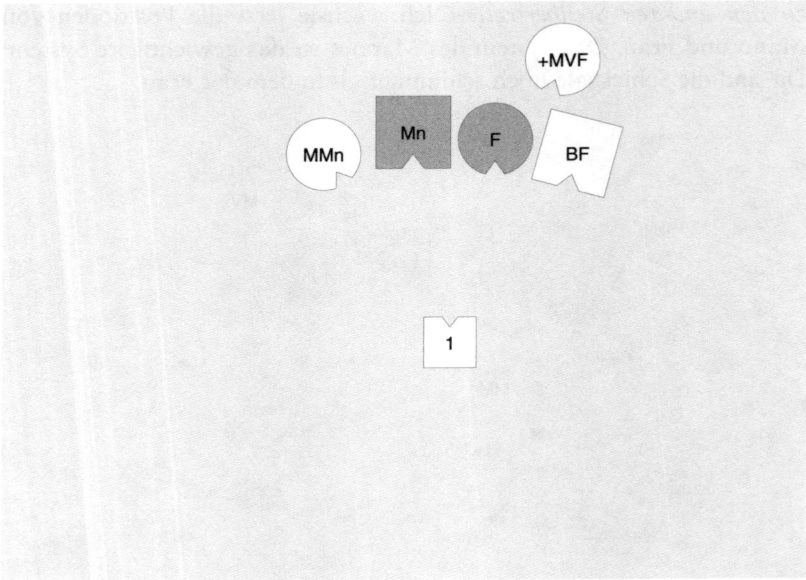

HELLINGER Wie ist das?

Mn MANN Das weiß ich noch nicht so recht.

MMn MUTTER DES MANNES Besser als eben gegenüber. Da hatte ich leichtes Herzklopfen.

Mn MANN Ich weiß nicht, ob das sein darf.

HELLINGER Es darf sein. Wie ist das für die Frau?

F FRAU Das darf sein. Ich habe auch jemanden an meiner Seite. Mein Mann darf das auch.

Hellinger lässt Stellvertreter auswählen für die Großmutter und das Kind, das mit ihr bei der Geburt starb, sowie für drei andere tote Geschwister des Vaters, und stellt sie in den Blick. Den Sohn stellt er näher zu seiner Mutter. Dann lässt er das Paar in der Aufstellung seinen Platz einnehmen.

Bild 10

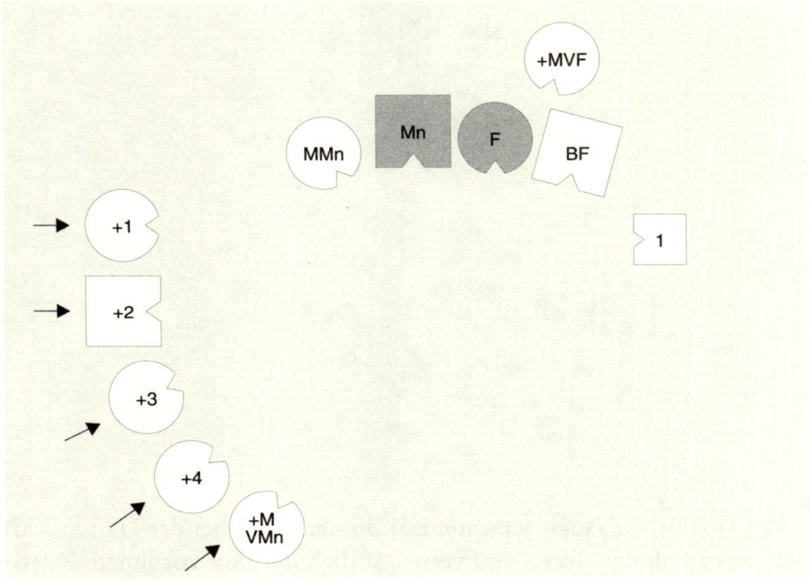

+MVMn Mutter des Vaters des Mannes, starb im Kindbett
+1 Schwester des Vaters des Mannes, starb mit 23
+2 Bruder des Vaters des Mannes, starb mit 1½
+3 Schwester des Vaters des Mannes, starb mit 1½
+4 Schwester des Vaters des Mannes, starb mit der Mutter bei der Geburt

HELLINGER *zum Paar* Jetzt fühlt euch erst einmal ein in die Situation.

HELLINGER *zum Sohn* Jetzt stelle ich dich mit dem Rücken vor die Eltern.

Bild 11

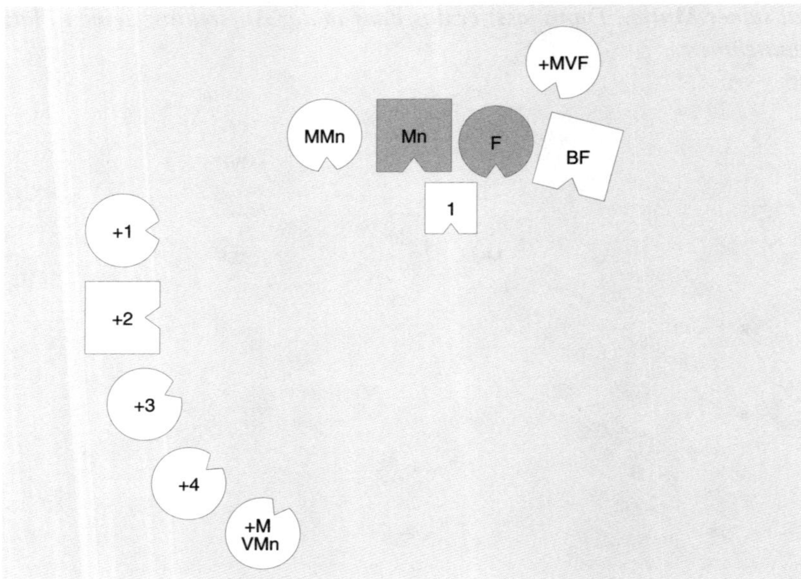

HELLINGER *zu Peter* Jetzt nimmst du den Sohn bei der Hand, gehst mit ihm zu all den Toten und verneigst dich mit ihm vor ihnen. Zuerst bei der Großmutter.

Beide gehen zur Großmutter, verneigen sich und richten sich wieder auf.

HELLINGER *zu Peter* Sage: »Liebe Oma.«
Mn PETER Liebe Oma.
HELLINGER »Segne uns.«
Mn PETER Segne uns. Segne uns, bitte.
HELLINGER Wie ist das bei der Oma?
+MVMn GROSSMUTTER DES MANNES † Das ist gut für die Oma.
HELLINGER *zu Peter* Sage: »Schaue freundlich auf meinen Sohn und auf meine Frau.«
Mn PETER Schaue bitte freundlich auf meinen Sohn und auf meine Frau.

Hellinger führt Vater und Sohn noch etwas näher vor die Oma.

HELLINGER *zu Peter* Wie ist das?
Mn PETER Gut. Ich habe sie nie gekannt.
HELLINGER Sage ihr: »Jetzt hast du bei mir einen Platz.«

Mn PETER *lacht* Jetzt hast du bei mir einen Platz.
HELLINGER Gehe hin zu ihr.

Peter geht zu seiner Großmutter, und beide umarmen sich innig.

HELLINGER *nach einer Weile zu Peter* Gut so?
Mn PETER Es ist gut so.
HELLINGER Für die Oma?
+MVMn GROSSMUTTER DES MANNES † Für die Oma ist es auch gut.
HELLINGER *zu Peter und seinem Sohn* Okay, jetzt geht weiter, verneigt euch vor der Tante, dem Kind, das mit der Mutter starb.
zu Peter Sage ihr: »Ich zähle dich dazu.«
Mn PETER Liebe Tante, ich zähle dich dazu. *Er atmet tief aus.*
+4 TANTE † Das ist gut, ich gehöre ja dazu.
HELLINGER *zu Peter* Gehe auch hin zu ihr.

Peter geht zu der Tante, und beide umarmen sich innig. Dann schauen sie sich in die Augen.

HELLINGER Jetzt nimm den Sohn wieder bei der Hand und verneige dich vor jedem der anderen.
nach einer Weile, als Peter sich vor der letzten Tante verneigt hat Gehe hin zu ihr.

Peter umarmt auch sie.

HELLINGER Und jetzt verneige dich mit deinem Sohn vor deiner Mutter.
als er sich verneigt hat Schaue sie an. Wie hast du sie angeredet?
Mn PETER Mama.
HELLINGER Sage: »Mama, ich bin so froh, dass es gut ausgegangen ist.« *Peter ist sehr bewegt.* Sage es ihr.
Mn PETER Mama, ich bin so froh, dass es gut ausgegangen ist. *Er weint.*
HELLINGER »Ich achte deine Größe.«
Mn PETER Ich achte deine Größe.
HELLINGER »Bitte segne mich und meine Familie.«
Mn PETER Bitte segne mich und meine Familie.
HELLINGER Wie ist das für die Mutter?
MMn MUTTER DES MANNES Ich segne dich und deine Familie.
HELLINGER *zu Peter* Gehe hin zu ihr.

Peter geht zu seiner Mutter und umarmt sie innig. Inzwischen stellt Hellinger den Vater von Peter neben die Mutter.

Bild 12

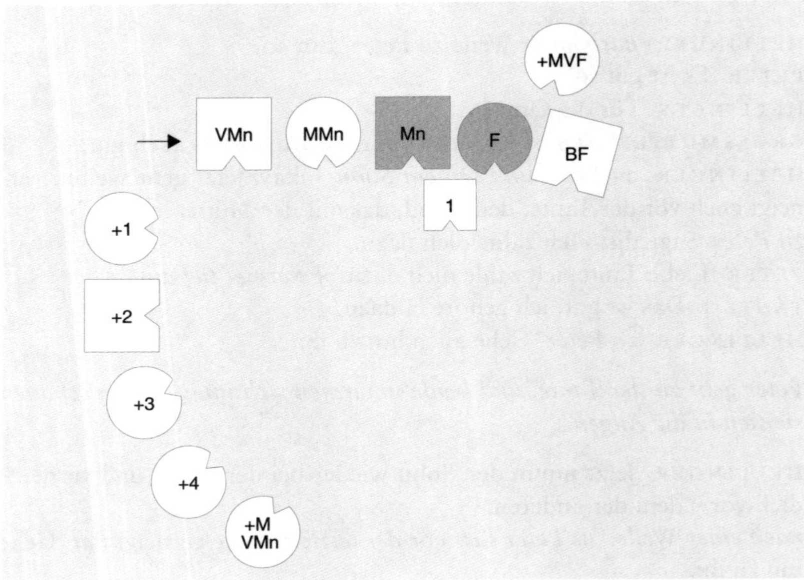

VMn Vater des Mannes

HELLINGER *nach einer Weile* Okay, jetzt nimm den Sohn und gehe wieder zurück.

Als der Sohn wieder mit dem Rücken vor seinen Eltern steht, hält Peter ihn mit seiner rechten Hand.

HELLINGER Wie geht es dem Sohn?

1 KIND Prima geht es mir. Ich habe bei meinem Vater eine tolle Position gefunden. Er hat die Hand auch gewechselt. Ich hatte vorher den Eindruck, als ob ich ihn an die Hand genommen hätte. Jetzt hat er mich an die Hand genommen.

HELLINGER Okay, stelle dich den Eltern gegenüber und dann probiere aus, wo dein bester Platz ist.

Der Sohn probiert aus und stellt sich dann neben den Bruder der Mutter.

Bild 13

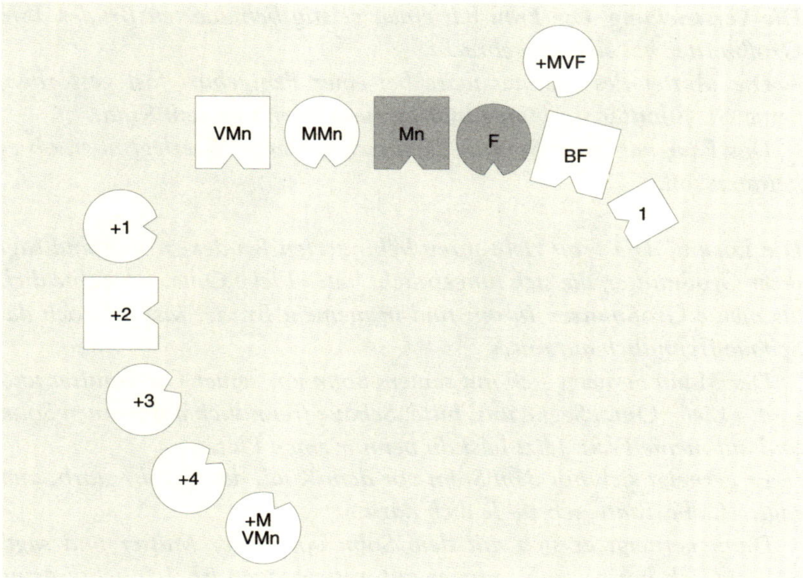

HELLINGER Ja, im Bannkreis der Mutter stehen, das ist hier gut.
zum Paar, das sich bei den Händen hält Jetzt schaut ihr zwei euch mal an.
zu Marleen Frage ihn: »Sollen wir?«

F MARLEEN *lacht* Sollen wir?

Mn PETER Warum nicht? Ja.

HELLINGER *zu Marleen* Einverstanden?

F MARLEEN Einverstanden.

Mn PETER Gut.

HELLINGER Okay, das war's.

Zusammenfassung

Die Verstrickung *Die Frau hat einen geistig behinderten Bruder. Ihre Großmutter hat sich umgebracht.*

Die Mutter des Mannes wäre bei einer Fehlgeburt fast gestorben. Seine Großmutter starb im Kindbett zusammen mit dem Kind.

Das Paar hat einen Sohn. Es hat sich getrennt, überlegt aber, ob es heiraten soll.

Die Lösung *Die Frau zieht ihren behinderten Bruder zu sich und sagt ihrer Großmutter, die sich umgebracht hat: »Liebe Oma. Ich achte dich als meine Großmutter. In mir und in meinem Bruder bist du noch da. Schaue freundlich auf uns.«*

Der Mann verneigt sich mit seinem Sohn vor seiner Großmutter und sagt: »Liebe Oma. Segne uns, bitte. Schaue freundlich auf meinen Sohn und auf meine Frau. Jetzt hast du bei mir einen Platz.«

Er verneigt sich mit dem Sohn vor dem Kind, das mit ihr starb, und sagt: »Liebe Tante, ich zähle dich dazu.«

Dann verneigt er sich mit dem Sohn vor seiner Mutter und sagt: »Mama, ich bin so froh, dass es gut ausgegangen ist. Ich achte deine Größe. Bitte segne mich und meine Familie.«

Dann fragt die Frau den Mann: »Sollen wir?« Er antwortet: »Warum nicht, ja.«

Behindertes Geschwister

TEILNEHMERIN Ich habe eine Frage zum Problem »behinderte Geschwister«. Das war ja in der letzten Aufstellung auch wichtig. Dass sich ein nichtbehindertes Geschwister gegenüber dem behinderten schuldig fühlt, ist einleuchtend und klar. Meine Frage ist: Kann ich als Mutter, können die Eltern durch entsprechende Haltung, Einstellung, Verhalten, Sprechen, diese Auswirkung für das nichtbehinderte Geschwister in Grenzen halten, erleichtern? Oder ist das immer unabwendbar, dass das nichtbehinderte Geschwister durch so einen Prozess durch muss und das selber erledigen muss?

HELLINGER Hier hatten wir ein sehr schönes Beispiel für die Lösung. Das gesunde Kind fühlt sich dem anderen verpflichtet, weil es selbst gesund ist. Wenn es diese Verpflichtung nun auf die Weise erfüllt, dass es für das andere sorgt, darf es seine Gesundheit behalten. Also, es benutzt die Gesundheit, um dem Kranken zu helfen. Dann ist es ausgeglichen im guten Sinn.

Aber wenn es zum Ausgleich selber krank wird, ist das ein Ausgleich, der für beide nichts bringt. Wenn es aber sagt: »Ja, ich bin gesund, ich habe einen Vorteil, und du sollst von meinem Vorteil auch einen Gewinn haben, ich werde für dich sorgen«, dann ist das ein guter Ausgleich für alle.

TEILNEHMERIN Aber ist es auch möglich und dann okay, dass ein gesundes Geschwister eine Einstellung vom Elternhaus gegenüber dem Behinderten mitbekommt, dass es sagt: »Ich sorge für dich, aber ich darf leben, und du darfst auch leben«, und gar nicht durch so einen schmerzlichen Prozess und durch diese Schuldgefühle durch muss?

HELLINGER Es kommt auf die Rangordnung an. In erster Linie sorgen die Eltern für das behinderte Kind, und die Geschwister unterstützen die Eltern. Wenn das klar ist, dann sind die gesunden Kinder nicht so sehr belastet.

Jürgen und Hilke
Die Folgen

HELLINGER Um was geht es bei euch?
HILKE Wir sind seit sechs Jahren ein Paar. Wir kommen beide aus einer Beziehung mit zwei Kindern. Wir haben zunächst mit zwei Kindern, mit meinen Kindern, zusammengelebt. Nach drei Jahren kam sein ältester Sohn zu uns dazu. Das vierte Kind pendelt jedes zweite Wochenende. Wir haben also den üblichen Austausch der Kinder.

Vor ungefähr vier Jahren begann es, dass ich spürte, dass der Druck auf mich immer größer wurde. Ich empfinde Auseinandersetzungen, die zwischen uns beiden laufen, als so belastend, dass mir jegliche Energie genommen wird. Das ist, schätze ich, bei ihm genauso. Ich habe inzwischen das Gefühl, dass ich seine Liebe nicht erfüllen kann. Ich frage mich, wo die Ursachen dafür sind. Ich reagiere auf dieses aussaugende Lieben, was ich so empfinde, mit einer absoluten Sperre, weil ich das kenne von meinem Vater her. Ich bin inzwischen so erstarrt, dass kaum mehr eine Beziehung möglich ist.
HELLINGER Wieso hast du dich vom ersten Mann getrennt?
HILKE Ich bin von ihm schwanger geworden, und dann haben wir geheiratet. Nach einem Jahr stellte sich heraus, dass unsere Anforderungen aneinander nicht erfüllt werden konnten. Wir haben es nicht geschafft, zusammenzubleiben.
HELLINGER Weißt du, wie eine Beziehung beginnt, die heiße Liebe? Was das im Klartext bedeutet?
zur Gruppe Der Verliebte meint, er habe in der Geliebten endlich die Mutter gefunden, die ihm alle seine Wünsche erfüllt. Das ist Verliebtheit. Und die Verliebte hat das Gefühl, sie hat jetzt endlich im Geliebten auch die Mutter gefunden, die alle Wünsche erfüllt. Das ist das Geheimnis der Verliebtheit. Die Anforderungen, die dann an den anderen gestellt werden, sind eigentlich nicht die von einem Mann an eine Frau, oder einer Frau an einen Mann, sondern die von einem Kind an eine Mutter. Dann fühlen sie sich entsprechend überfordert.
zu Hilke Macht das Sinn für dich?
HILKE So habe ich es mir und ihm und uns auch schon erklärt. Nur, ich kann mich daraus nicht lösen.
HELLINGER Was sagt denn der Mann dazu?
JÜRGEN Ich sehe, dass ich eigentlich – pfh – einfach enttäuscht bin, weil ich glaube, ich will mehr und ich bekomme es nicht. Ich könnte mehr geben, kann es aber nicht geben. Das schnürt mich total ab. Ich habe das Gefühl, da ist jemand, der will mich umkrempeln, der will

mich umdrehen, der will mich so haben, wie er es will, und nicht, wie ich bin.

HELLINGER Wieso hast du dich von der ersten Frau getrennt?

JÜRGEN Pfh! Wir waren zehn Jahre zusammen. Nach vier Jahren kam das erste Kind. Wir sprachen eigentlich schon nach drei Jahren über Trennung. Irgendwann ging es dann einfach nicht mehr.

HELLINGER Wer wollte die Trennung?

JÜRGEN Ich.

HELLINGER Du hast mir zwei merkwürdige Körpersignale gegeben. Jedesmal als du angefangen hast zu reden, hast du gesagt: Pfh! Okay, wir stellen es einmal auf.

zu Hilke Fängst du mal an: also euch, die früheren Partner, die Kinder.

HELLINGER *zu Jürgen* Ist die erste Frau wieder verheiratet?
JÜRGEN Nein.

Bild 1

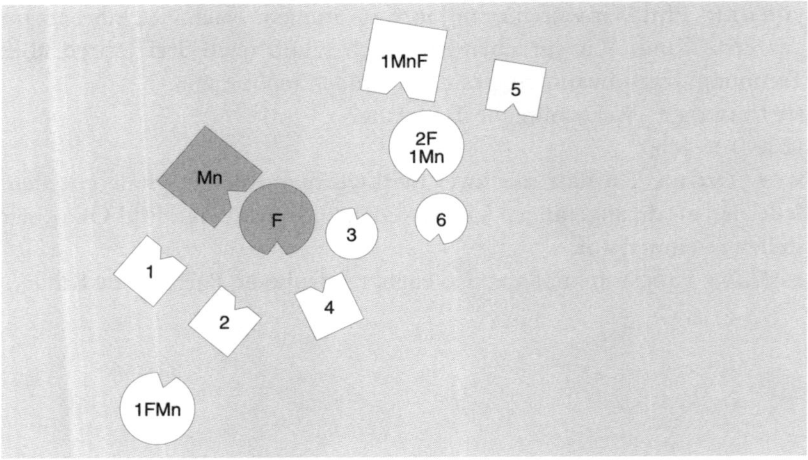

Mn **Mann (= Jürgen), Vater von 1+2**
F **Frau (= Hilke), Mutter von 3+4**
1FMn Erste Frau des Mannes, Mutter von 1+2
1MnF Erster Mann der Frau, Vater von 3–6
1 Erstes Kind des Mannes, Sohn
2 Zweites Kind des Mannes, Sohn
3 Erstes Kind der Frau, Tochter
4 Zweites Kind der Frau, Sohn
2F1Mn Zweite Frau des ersten Mannes, Mutter von 5+6
5 Fünftes Kind, Sohn
6 Sechstes Kind, Tochter

HELLINGER *zu Jürgen* Ich lasse es bei dieser Aufstellung.
zur Gruppe So eine Aufstellung kann man nicht erfinden. Das ist das Leben. So etwas Dramatisches kann keiner erfinden. – Wie geht es dem Mann?

Mn MANN Es ist sehr eng. Ich wollte mich zuerst in mich selber zurückziehen. Seit mein Sohn dazukam, ist eine gewisse Verbundenheit. Ich bin einerseits gerne da, aber es ist mir zu eng, ich will auch weg. Ja, erst mal weg hier. Zur ersten Familie habe ich ein bisschen mehr Kontakt. Es ist sehr voll hier.
HELLINGER Wie geht es der Frau?

F FRAU Es gibt da eine Zelle, da fühle ich mich sehr wohl drin, diese kleine Zelle. Das rechts ist mir zuviel, und das dahinten ist Ballast. Das ist mir auch zuviel.

HELLINGER Wie geht es dem ersten Mann der Frau?

1MnF ERSTER MANN Ich fühle mich sehr zu meiner jetzigen Frau hingezogen. Als sie vor mich hingestellt wurde, habe ich mir gedacht: Das darf doch nicht wahr sein, das entspricht nicht der Wirklichkeit. Zu meiner ältesten Tochter, meiner ersten Tochter, habe ich eine sehr intensive Beziehung. Das ist eigentlich die einzige Person, die mir direkt zugewandt ist. Meine jüngste Tochter ist völlig verschwunden, und ich denke, auch das stimmt nicht. Der einzige, der hier wirklich mit mir verbunden ist, also mir nahe ist, so wie eine Unterstützung, ist mein jetziger Sohn, also der Älteste aus meiner jetzigen Ehe. Die erste Frau war mir von Anfang an sehr fremd, sehr kalt.

HELLINGER Wie geht es der Tochter?

3 DRITTES KIND Ich fühle mich zu meinen Halbgeschwistern hingezogen. Die beiden Kinder links interessieren mich nicht. Ich möchte meinen Vater näher haben. Meiner Mutter mache ich einen Vorwurf. So: Warum?

HELLINGER Dem Sohn?

4 VIERTES KIND Wut, Wut, Wut. Die Schwester schützt mich, sie hält mich zurück, sonst würde ich den anderen Mann dahinten rausziehen. Er versteckt sich hinter meiner Mutter.

HELLINGER Wie geht es der zweiten Frau?

2F1Mn ZWEITE FRAU DES ERSTEN MANNES Räumlich war ich froh, dass ich hier hingestellt wurde, weil ich das Gefühl hatte, wenn sie mich mehr in die Richtung nach vorne stellt, muss ich befürchten, dass sie mich in den Abgrund stürzt. Von daher war ich erst einmal froh, in die Richtung zu kommen. Mein Mann fehlt mir. Den möchte ich näher haben. Zur älteren Tochter meines Mannes ist etwas da, aber es ist auch Feindseligkeit. Da ist ein Vorwurf, der mitschwingt. Und mein Sohn ist mir zu weit weg. Den kriege ich gar nicht mit.

HELLINGER *zu Hilke* Diese Frau wird ja auch aufgehalten, dass sie nicht geht. – Wie geht es ihrem Sohn?

5 FÜNFTES KIND Der Vater ist ganz wichtig für mich. Als er eben schon mal so halb ordnend eingriff, merkte ich: Genau richtig, gut, dass du da bist. Ein bisschen mehr Ordnung brauche ich noch. Da drüben will ich besser nicht hingucken.

HELLINGER Der Jüngsten?

6 SECHSTES KIND Für mich ist es anstrengend, zwischen diesen Systemen zu stehen. Es gibt wohl den Blickkontakt da rüber zu meinen Halb-

geschwistern. Ich schwimme immer zwischen »Ich will Kontakt« und »Ich will nur weg«.

HELLINGER Okay, ich schaffe erst einmal in diesem System etwas Ordnung.

Hellinger stellt die Kinder der Frau aus ihrer ersten Ehe rechts neben ihren ersten Mann, und seine Kinder aus der zweiten Ehe links von ihm. Seine zweite Frau stellt er abgewandt abseits.

Bild 2

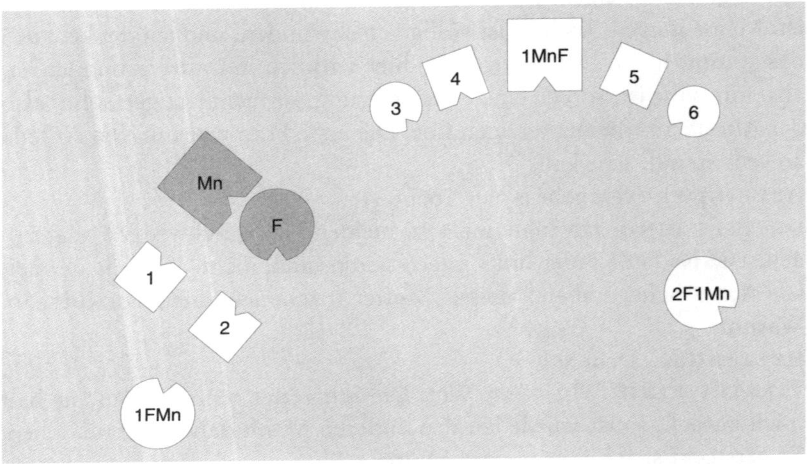

HELLINGER Wie ist das?

1MnF ERSTER MANN Das fühlt sich gut an. So stand es vorher auch, bevor wir aufgestellt worden sind. Das fühlt sich jetzt sehr ausgewogen an.

HELLINGER *zur ältesten Tochter* Wie geht es dir jetzt?

3 DRITTES KIND Ich dachte: Gott sei Dank, ich darf auch mit rüber gehen. Ich finde das schön hier.

4 VIERTES KIND Ich bin sehr beruhigt. Ich hatte Angst, ich tue dem anderen Mann etwas an.

5 FÜNFTES KIND Das ist eine gute Truppe hier. Hier bin ich gerne.

6 SECHSTES KIND Mir fehlt die Mutter.

1MnF ERSTER MANN Das ist für mich auch so. Die ist mir noch zu weit weg.

HELLINGER *zur zweiten Frau* Wie geht es dir jetzt?

2F1Mn ZWEITE FRAU Mir fehlen die Kinder. Ich empfinde das vor mir nicht mehr als Abgrund. Es hatte etwas Befreiendes, so einen Schritt wegzugehen. Die Kinder fehlen mir, mein Mann nicht so sehr.

Hellinger dreht sie ihrer Familie zugewandt.

2F1Mn ZWEITE FRAU Darf ich näher?
HELLINGER Mache es nach deinem Gefühl.

Bild 3

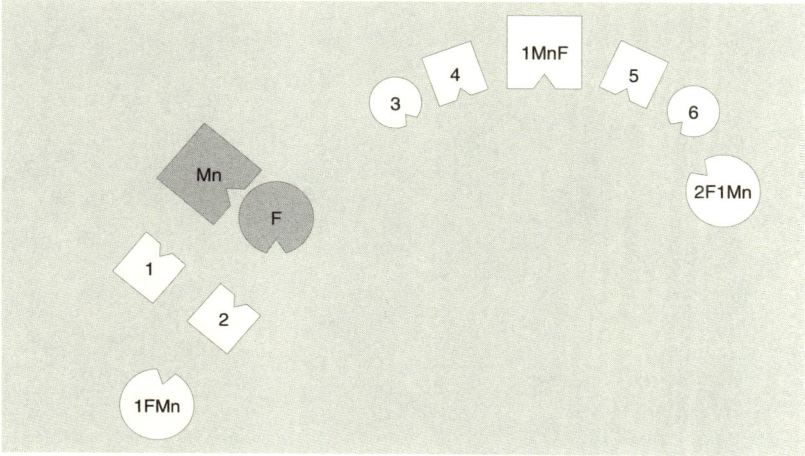

HELLINGER Wie ist das?

2F1Mn ZWEITE FRAU Gut. Ich komme auch wieder in Kontakt mit meinem Mann.

1MnF ERSTER MANN Irgendetwas fehlt da noch, wie wenn noch etwas zwischen uns stände. Aber eigentlich ist viel mehr in Ordnung zwischen ihr und mir, als es sich jetzt im Moment anfühlt. Ich weiß nicht, was da noch fehlt.

5 FÜNFTES KIND Es ist noch besser. Klar.

6 SECHSTES KIND Ich hätte sie lieber im Rücken, also nicht neben mir, hinter mir.

Hellinger stellt die Mutter direkt neben die Tochter.

HELLINGER Wie ist das?

2F1Mn ZWEITE FRAU So komme ich ein bisschen von meinem Mann weg. *Sie dreht sich ihm wieder etwas zu.* So finde ich den Kontakt intensiver.

Bild 4

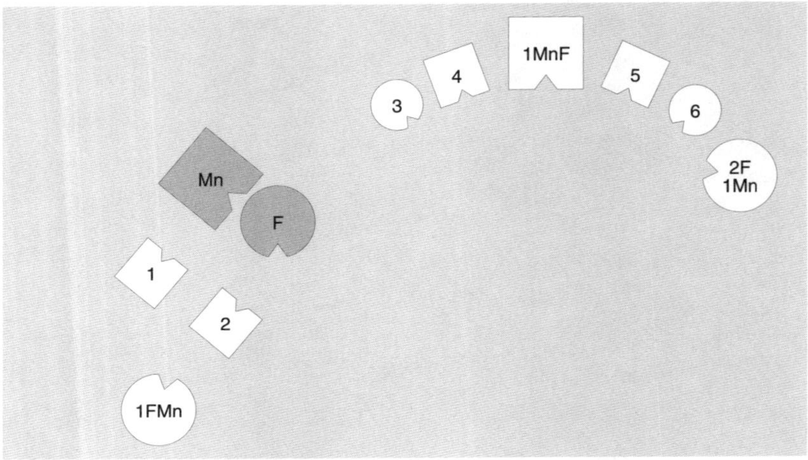

HELLINGER Ich lasse es hier erst einmal stehen.
zur Frau Was ist hier jetzt?

F FRAU Ich finde es skandalös, dass man mir einfach die Kinder nimmt. Ich bin wütend. Ich möchte auch Kontakt haben zu ihnen.

HELLINGER Verändere dich zu deinen Gunsten.

Sie wendet sich ihnen zu.

Bild 5

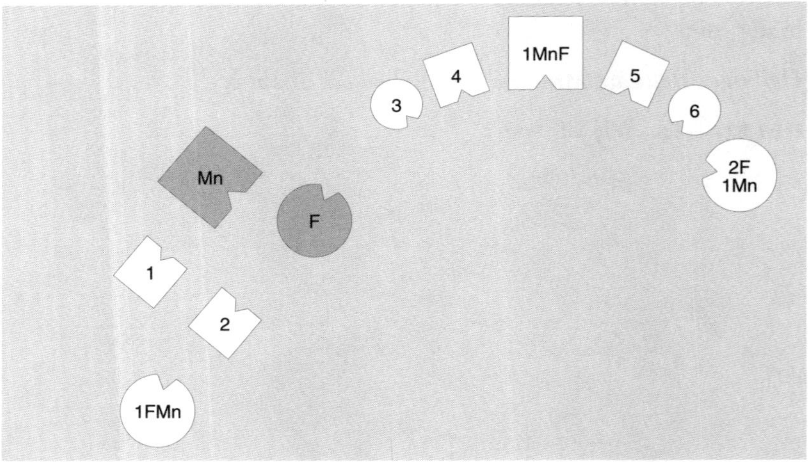

F FRAU Die sind zu weit weg. Ich will auch von da, von der anderen Familie, nicht gehen. Ich bin jetzt so zerrissen. Wohin soll ich mich wenden? Ich fände es besser, wenn sie näherkämen zu mir.

HELLINGER Wie ist das für die Tochter?

3 DRITTES KIND Das will ich nicht. Ich möchte hier sein.

4 VIERTES KIND Mir geht es genauso. Ich möchte hier bleiben und hätte gerne, dass die Mutter näherkommt.

F FRAU Ich probiere mal aus.

Sie stellt sich erst neben die Tochter. Dann wendet sie sich um und will die übrigen nach sich ziehen.

HELLINGER Nein, nur für dich, jeder für sich hier.

Sie stellt sich zu ihren Kindern.

Bild 6

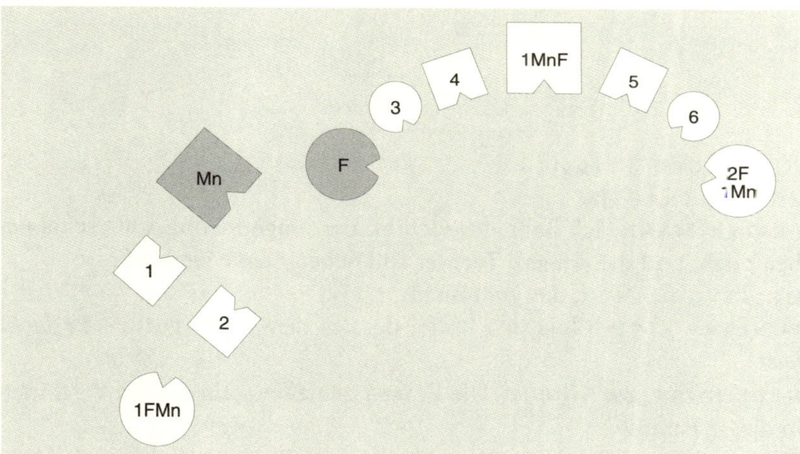

HELLINGER *zur Tochter* Wie ist das?

3 DRITTES KIND Ich habe Angst, dass sie mich wegholt hier. Ich möchte sie nicht neben mir haben. Sie soll da rübergehen, sonst will sie mich hier abholen, wegholen. Das möchte ich nicht. Ich will eindeutig hier bleiben. Und sie soll auch weggehen. Ich bin ihr auch noch böse. Also, wenn sie so ist, bin ich ihr böse.

4 VIERTES KIND Da ist ein Trick dabei. Ich will lieber bei meiner Schwester bleiben.

Die Schwester legt die Arme um ihn und hält ihn fest.

2F1Mn ZWEITE FRAU Jetzt, wo sie dazukommt, möchte ich gerne neben meinen Mann gehen.

HELLINGER Ja, tu mal.

Bild 7

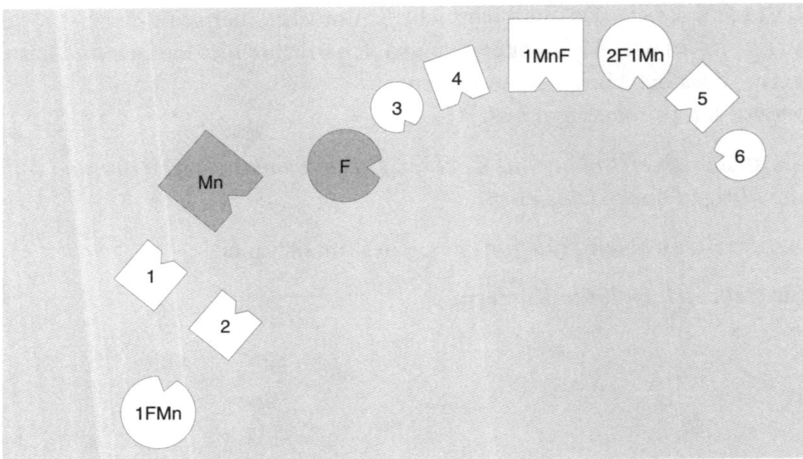

HELLINGER Ist es gut so?

2F1Mn ZWEITE FRAU Ja.

1MnF ERSTER MANN Ich habe das Gefühl, der jüngere Sohn soll rechts neben mich, und die jüngere Tochter soll neben meine jetzige Frau.

HELLINGER Nein, das geht nicht.

5 FÜNFTES KIND Naja, ich hoffe, dass es dem Vater guttut. *Er lacht laut.*

HELLINGER *zur Gruppe* Die Frauen genießen kein großes Vertrauen in dieser Familie.

1MnF ERSTER MANN Ich hatte eben, als die erste Frau den Fokus zum Handeln bekam, Angst um meine Kinder aus erster Ehe bekommen, vor allem um den Sohn. Dann habe ich mir gedacht, wenn sie sie wegholen will, dann müssen die Kinder selber entscheiden, ob sie mitgehen wollen, oder wo sie hinwollen. Ich war dann sehr beruhigt, wie die Tochter aus der ersten Ehe den Sohn auch beschützt hat.

HELLINGER Ja, wie geht es jetzt dem Mann?

Mn MANN Ich war ganz froh, als die Mutter zu ihren Kindern gegangen ist. Es war eine gewisse Erleichterung. Meine erste Familie möchte ich mehr angucken, mich ihnen mehr zuwenden.

HELLINGER Wie geht es der ersten Frau?

1FMn ERSTE FRAU DES MANNES Ich sehe meinen Mann. Die Kinder stören mich, als ob sie mir den Weg zu ihm versperren. Und ich sehe den ersten Mann seiner jetzigen Frau. Ansonsten habe ich keinen Kontakt.

HELLINGER *zu ihrem jüngeren Sohn* Wie geht es dir?

2 ZWEITES KIND Ich stehe hier ziemlich außerhalb. Am Anfang, in dem ganzen Chaos, habe ich sofort das Gefühl gehabt, ich bin wie ein Spielball, also, ich weiß gar nicht, wo ich als nächstes lande. Hier gibt es wenig Ordnung für mich. Ich fühle mich nicht sicher.

HELLINGER *zum älteren Sohn* Bei dir?

1 ERSTES KIND Es war sehr entspannend, als die neue Frau gegangen ist. Mit dem Vater ist es sehr gut. Ich möchte die Mutter nach vorne holen, die ist zu weit weg. Auch der Bruder ist zu weit weg.

Hellinger stellt die Söhne zwischen ihre Eltern.

Bild 8

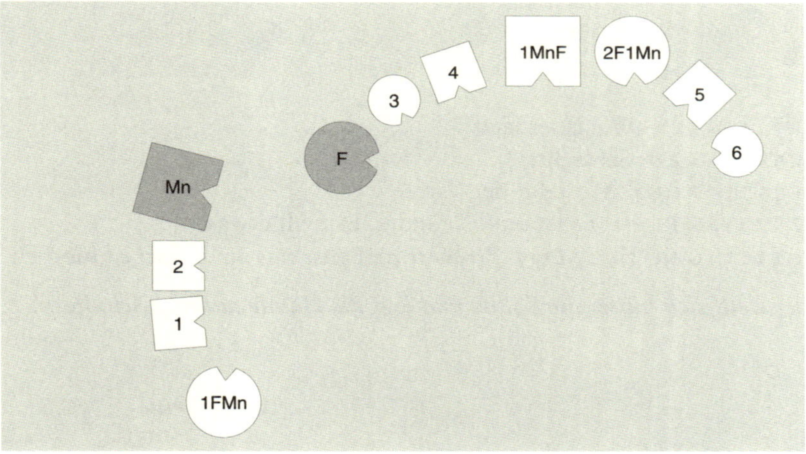

HELLINGER Wie ist das jetzt?

1FMn ERSTE FRAU Besser, viel besser. Jetzt habe ich eine Familie.

Mn MANN Meine linke Seite ist etwas leer, aber ich bin sehr froh, jetzt auch den zweiten Sohn hier zu haben und in einer Reihe zu sein.

1 ERSTES KIND Ja, es ist sehr schön, das Gefühl von Familie.

2 ZWEITES KIND Ich fühle mich hier aufgehobener.

HELLINGER Das ist das Bild einer geschiedenen Familie natürlich.

Mn MANN Nicht ganz harmonisch. Ich bin schon noch im Ungleichgewicht. Die Beziehung zur Frau stimmt halt auch nicht mehr richtig.

1FMn ERSTE FRAU Ich habe ganz viel Herzklopfen.

Hellinger stellt den Mann und seine zweite Frau nebeneinander und etwas weiter zurück.

Bild 9

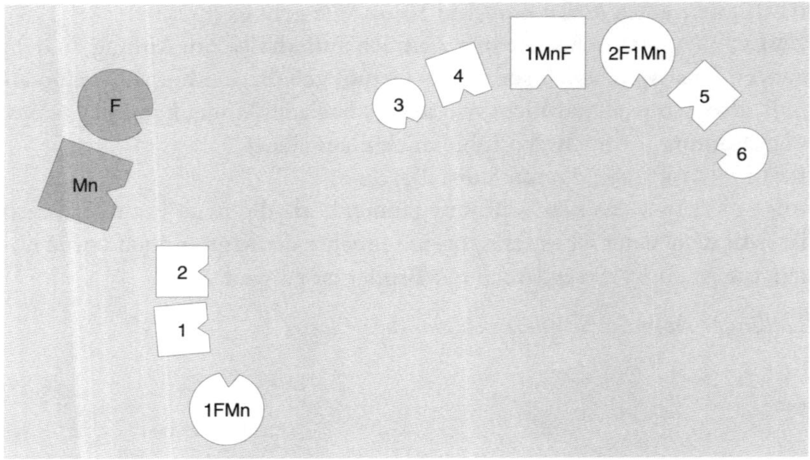

HELLINGER Wie ist es jetzt?

1FMn ERSTE FRAU Schlechter.

1 ERSTES KIND Mir fehlt der Vater.

2 ZWEITES KIND Es ist unvollständig. Es fehlt etwas.

HELLINGER *zum Mann* Probiere mal aus, was am besten ist für dich.

Er stellt sich hinter die Söhne und legt die Hände auf ihre Schultern.

Bild 10

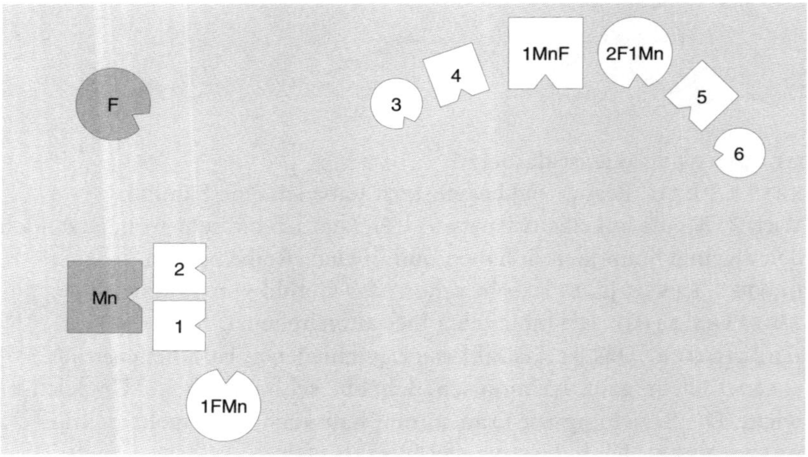

HELLINGER Wie ist das?

1 ERSTES KIND Schön.

2 ZWEITES KIND Das ist prima.

ERSTE FRAU Erleichternder für mich.

HELLINGER Für den Vater?

Mn MANN Es ist schön mit den Söhnen. Aber wo die Frau bleibt und welche Frau, weiß ich nicht.

HELLINGER Das ist mir auch ein Rätsel. Wie geht es der Frau jetzt?

F FRAU Total mies. Ich kann gehen. Adieu. Die da drüben wollen mich nicht, und der Mann geht.

HELLINGER Ja, so ist es.

F FRAU Eine große Trauer und Verzweiflung, mitzuerleben, wie das langsam zerbröckelt. Anfangs war noch in meinem Körper eine Drehung, und die Gebeine gingen hierhin und der Körper dahin. Jetzt bin ich gerade, aber einfach alleine.

HELLINGER *zum Paar* Was sagt ihr dazu?

HILKE Ich freue mich für den Kleinen, weil seine Schwester sich um ihn kümmert, denn die kümmert sich überhaupt nicht. Die Tendenz der Tochter zum Vater ist da. Ich unterbinde die im Moment, weil ich sie nicht brechen möchte. Ich denke, sie hat genug gelitten. *Sie weint laut.* Sie soll nicht ganz zerschmettert werden, weil es eine Riesenkonkurrenz gibt. Die neue Frau missachtet mich. Ich habe das Gefühl, sie intrigiert. Das ist mein großes Problem. Wenn ich das so sehen könnte, könnte ich die Kinder gehen lassen, aus Liebe zu den Kindern. Aber ich werde nicht anerkannt, *schluchzt laut* weder vom Vater, zumindest nicht ausgesprochen, und von der Mutter auch nicht. Das ist aber ein Problem, das sie hat, was sie aber dann in die Familie hineinträgt. Das ist meine Sicht.

HELLINGER Was ist Besonderes in deiner Herkunftsfamilie?

HILKE Ich hätte eine Schwester haben dürfen, wenn sie nicht im sechsten Monat geboren und dann gestorben wäre. Meine Eltern haben immer von Trennung gesprochen, sich aber nie scheiden lassen. Ich habe noch zwei Brüder. Ich habe also keine weibliche Unterstützung.

HELLINGER Das bringt nichts. Stelle dich mal an deinen Platz und gehe einen Schritt vor.

Bild 11

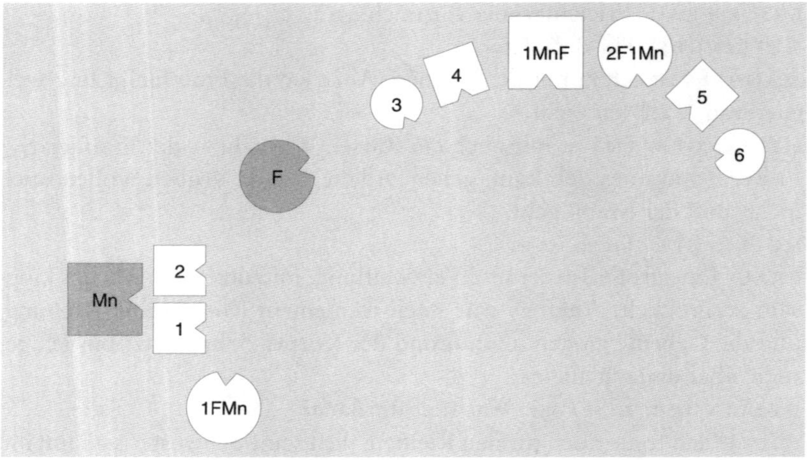

HELLINGER *zu Hilke* Schaue den ersten Mann an. Siehst du ihn? *Sie nickt.* Sage ihm: »Ich stehe zur Trennung und ihren Folgen.«

F HILKE Ich stehe zur Trennung und ihren Folgen.

HELLINGER »Und ich lasse die Kinder bei dir.«

F HILKE Das kann ich nicht.

HELLINGER Das sind die Folgen. Sage es noch einmal: »Ich stehe zur Trennung und ihren Folgen.«

als sie weint Nein, bleibe in der Kraft. Schaue ihn an und sage es. Du musst dich innerlich aufrichten, sonst bist du ein Kind.

F HILKE *weinend* Ich stehe zur Trennung und ihren Folgen. Ich lasse die Kinder bei dir.

HELLINGER Sage es mit ganz normaler Stimme: »Ich stehe zur Trennung und ihren Folgen, und ich lasse die Kinder bei dir.« Ohne Emotion. Schaue ihn an dabei.

F HILKE *weinend* Ich kann nicht.

HELLINGER Wie ist das beim ersten Mann?

1MnF ERSTER MANN Ich merke in dem Moment, ich möchte mich ihr zuwenden, zwar meine jetzige Frau schon noch festhalten, aber nicht mehr so eng. Sie wird für mich spürbar, und ich merke, ich kann die Kinder aus erster Ehe ein bisschen loslassen. Wie wenn das Sie-festhalten-Wollen mich verlässt.

HELLINGER *zu Hilke* Das ist die Wirkung, wenn man dazu steht. Dann löst sich etwas für alle. Sage es noch einmal.

F HILKE *mit klarer Stimme* Ich stehe zur Trennung und zu ihren Folgen.

HELLINGER »Und ich lasse die Kinder bei dir.«

F HILKE Ich muss eine Bedingung stellen, ich muss wissen, dass ...

HELLINGER Ich sage sie dir nachher. Sage es erst einmal so: »Ich lasse die Kinder bei dir.«

F HILKE Ich lasse die Kinder bei dir.

HELLINGER »Doch ich bleibe die Mutter.«

F HILKE Und ich bleibe die Mutter. Ich muss wissen, dass du dich um die Kinder kümmerst.

HELLINGER Nein, nein. Jetzt schaue die Kinder an. Sage ihnen: »Ich lasse euch beim Vater.«

F HILKE Ich lasse euch beim Vater.

HELLINGER »Doch ich bleibe eure Mutter.«

F HILKE Und ich bleibe eure Mutter.

HELLINGER »Ihr dürft ihn haben und mich.«

F HILKE Ihr dürft ihn haben und mich.

HELLINGER Wie ist es jetzt?

F HILKE *weint* Nur Gefühl.

HELLINGER Wie ist das für die Kinder?

3 DRITTES KIND Wenn sie das so sagt, dann: Ja, du bist meine Mutter und du bist wichtig für mich. Ich bleibe trotzdem hier. Aber du bist wichtig, meine Mutter.

4 VIERTES KIND Meine Schuld ist weg. Ich habe das Gefühl gehabt, ich muss sie opfern, um leben zu können. Das ist jetzt weg, wenn sie das sagt, wenn sie das wirklich tut.

HELLINGER Genau, sonst tragen es die Kinder, wenn es die Eltern nicht tragen. Ich lasse es da jetzt stehen. Okay, das war's.

Zusammenfassung

Die Verstrickung *Beide Partner sind zum zweiten Mal verheiratet und haben aus ihrer ersten Ehe zwei Kinder.*

Die Lösung *Der Mann trennt sich von der zweiten Frau und stellt sich hinter seine Kinder.*

Die Frau sagt ihrem ersten Mann: »Ich stehe zur Trennung und ihren Folgen. Ich lasse die Kinder bei dir.«

Sie sagt den Kindern: »Ich lasse euch beim Vater, doch ich bleibe eure Mutter. Ihr dürft ihn haben und mich.«

Berthold und Ines
»Ich habe fünf Kinder«

HELLINGER Was ist bei euch?
INES Wir sind seit 19 Jahren zusammen und 18 Jahre verheiratet. Wir haben gegen den Willen unserer Eltern die Beziehung begonnen und weitergeführt. Ich finde meinen Platz nicht. Ich habe das Gefühl, meine vier Söhne gegen mich zu haben. Zu Hause ist ein Kampfplatz.
HELLINGER Was will der Mann sagen?
BERTHOLD Es geht auf und ab. Es gibt Phasen, wo wir uns sehr gerne haben. Ab und zu entstehen Löcher, mit denen wir beide nicht klarkommen.
HELLINGER Welche Eltern waren gegen die Beziehung?
INES Mein Vater und seine Mutter. *Lachen im Publikum.*
HELLINGER Das genügt, das genügt völlig. Wir stellen es auf. War jemand vorher in fester Bindung von euch?
INES Mein Mann.
BERTHOLD Ja, ich hatte als Student eine Beziehung.
INES Das war die Schwiegertochter. Also, der Platz wird zu Hause noch warmgehalten.
HELLINGER Ich habe das nicht ganz mitgekriegt. Was ist da noch?
INES Der Platz wird im Dorf noch warmgehalten.
HELLINGER Was für ein Platz?
INES Meiner Vorgängerin.
HELLINGER Was heißt warm gehalten?
INES Dass ich in der Familie meines Mannes nicht aufgenommen bin.
HELLINGER Die wollten die andere haben?
INES Noch jetzt.
HELLINGER Okay, wir fangen an mit euch beiden und den Kindern.
zu Berthold Fang du mal an.
als dieser die Stellvertreter ausgewählt hat Hast du der anderen Frau Unrecht getan?
BERTHOLD Es war damals etwas nicht gelöst. Ich habe jetzt den Eindruck, dass wir uns ausgesprochen haben, und dass das von mir aus beendet ist.
HELLINGER Hast du ihr Unrecht getan?
BERTHOLD Ja.

HELLINGER Okay. Die stellen wir auch auf.

Bild 1

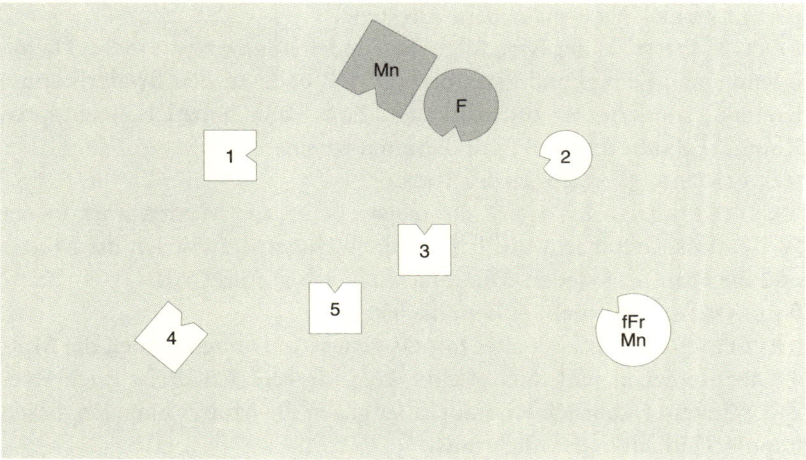

Mn Mann (= Berthold)
F Frau (= Ines)
1 Erstes Kind, Sohn
2 Zweites Kind, Tochter
3 Drittes Kind, Sohn
4 Viertes Kind, Sohn
5 Fünftes Kind, Sohn
fFrMn Frühere Freundin des Mannes

HELLINGER *zu Ines* Okay. Ich arbeite mit der Aufstellung. Einverstanden? *Sie nickt.*

HELLINGER Wie geht es dem Mann?

Mn MANN Ich hatte gleich einen Blick in die Ferne. Meine Frau berührt mich ganz zart, aber da klebe ich. Das hält mich fest. Der Mann war noch dabei, die Kinder aufzustellen, da wusste ich, ich bin mir ziemlich sicher, ich schaue da zu einer Frau. Ob zu meiner Mutter, weiß ich nicht, zu irgendeiner Frau. Ich bin ganz aufgeregt geworden, als er die frühere Frau hingestellt hat. Ich traue mich nicht, da rüberzuschauen. Ich habe vollkommen den Faden verloren, welches die Reihenfolge bei meinen Kindern ist, obwohl ich es mir eben gut gemerkt habe.

HELLINGER Ich erinnere es noch. – Wie geht es der Mutter?

F FRAU Mir geht es nicht gut. Ich habe das Gefühl, von dem Sohn vor mir bald aufgespießt zu werden. Mit der früheren Freundin habe ich sehr viel Mitleid. Wenn die Tochter nicht da stehen würde, würde ich zu ihr da durchgehen. Ich habe eine große Verbindung zur Tochter.

HELLINGER Wie geht es dem Ältesten?

1 ERSTES KIND In der Rangfolge der Kinder stimmt etwas nicht. Da hat irgendjemand einen anderen überholt. Ich habe zu den Brüdern kaum Kontakt, sondern nur zur Schwester. Zum Vater habe ich einen guten Kontakt, glaube ich. Die Frau dahinten ist eine Bedrohung.

HELLINGER Wie geht es der Tochter?

2 ZWEITES KIND Ich spüre die meiste Nähe zur Mutter, aber in der Weise, dass sie mir leid tut. Ich würde mich gerne zwischen die Mutter und die Frau dort stellen. Die Jungs habe ich gut im Griff.

HELLINGER Wie geht es dem nächsten?

3 DRITTES KIND Mein erster Impuls war, so in Djangomanier, die Mutter abzuschießen und mich rechts wegzudrehen. Ich drehe mich weg. Zur Schwester habe ich Kontakt, aber gegen die Mutter habe ich diesen Impuls. Und ich drehe mich raus.

4 VIERTES KIND Mein erster Blick war, dass die Eltern in verschiedene Richtungen gehen. Dann spürte ich, dass ich am weitesten draußen bin. Ich halte mich am großen und am jüngeren Bruder fest.

HELLINGER Wie geht es dem Jüngsten?

5 FÜNFTES KIND Ich fühle mich desorientiert. Ich spüre, dass die Eltern nicht zusammen sind. Ich weiß nicht, wo ich hinsoll.

HELLINGER *zu Ines* Jetzt brauchen wir noch seine Mutter und deinen Vater. Stelle du sie auf.

Bild 2

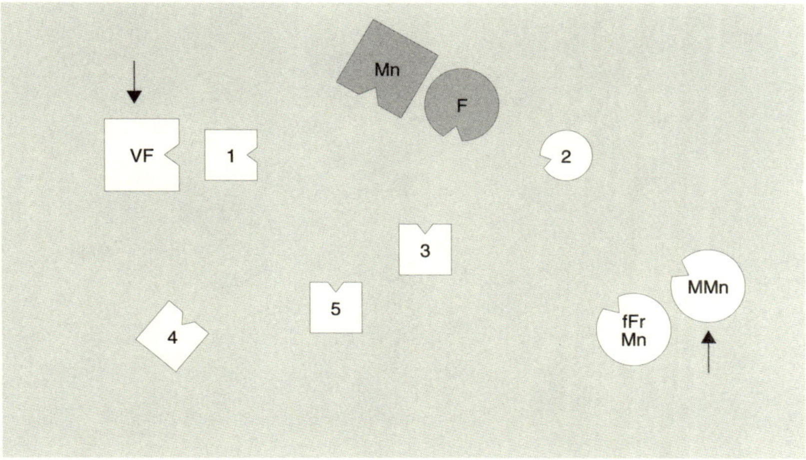

MMn Mutter des Mannes
VF Vater der Frau

HELLINGER Was ist verändert beim Mann?

Mn MANN Als die Mutter dazukam, war das im Prinzip das gleiche wie bei der ersten Freundin, nur war die Aufregung noch ein bisschen heftiger. Ich fühle mich zittrig in den Beinen. Mit dem Vater meiner Frau komme ich gut zurecht. Ich sehe jetzt den Zusammenhang: Aha, darum steht der Sohn da. Aber das ist nicht so schlimm.

Hellinger führt ihn vor seine Mutter.

Bild 3

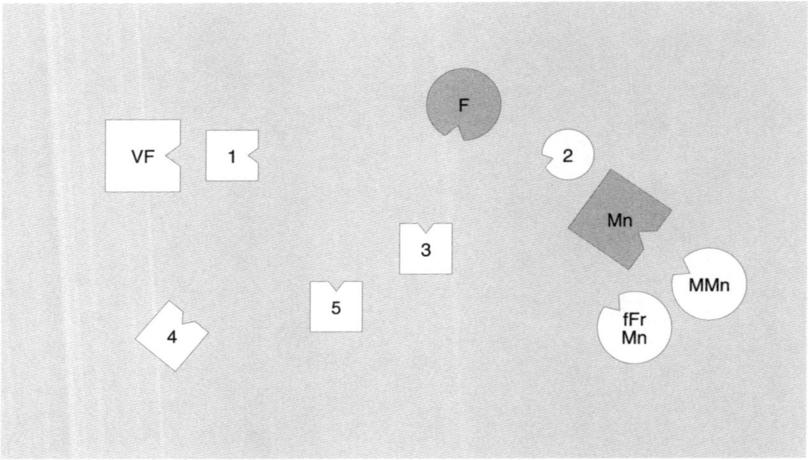

HELLINGER Schaue die Mutter an. Sage ihr: »Ich mache es wie du.«

Mn MANN Ich mache es wie du.

HELLINGER »Ich trenne mich von meiner Familie.«

Mn MANN Ich trenne mich von meiner Familie.

HELLINGER »Und gehe zu meinem Partner.«

Mn MANN Und gehe zu meinem Partner.

HELLINGER Wie ist das?

Mn MANN Gut.

HELLINGER Wie ist das für die Mutter?

MMn MUTTER DES MANNES Als wenn ein Riesenpaket abfällt. Vorher war Schuld, und jetzt geht es mir besser.

HELLINGER *zum Mann* Sage ihr: »Was zwischen mir und meiner früheren Frau ist, geht dich nichts an.«

Mn MANN Was zwischen mir und meiner früheren Frau ist, geht dich nichts an.

HELLINGER »Das erledige ich selbst.«

Mn MANN Das erledige ich selbst.

MMn MUTTER DES MANNES Das tut gut.

Hellinger stellt ihn vor die frühere Freundin.

Bild 4

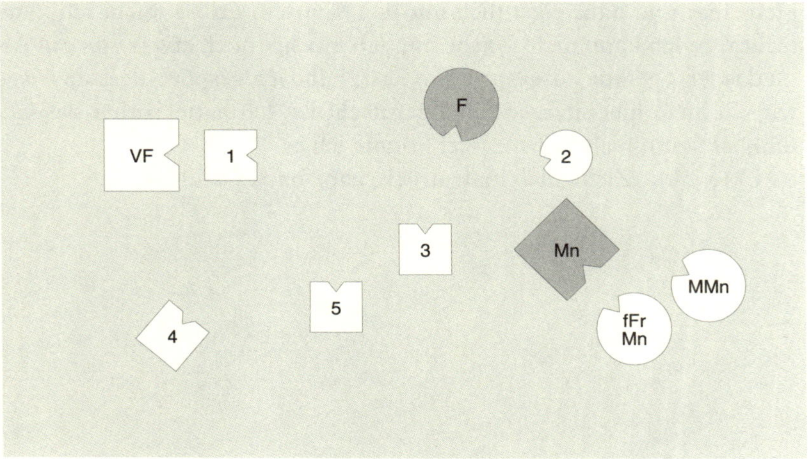

HELLINGER Was ist zu sagen?

Mn MANN Ich bin mir nicht ganz sicher, ob ich ihr Unrecht getan habe.

HELLINGER Okay, ich sage dir ein paar Sätze vor.

Mn MANN Ja.

HELLINGER Sage ihr: »Ich habe dich sehr geliebt.«

Mn MANN Ich habe dich sehr geliebt.

HELLINGER »Und ich behalte, was du mir geschenkt hast.«

Mn MANN Und ich behalte, was du mir geschenkt hast.

HELLINGER »Ich halte es in Ehren.«

Mn MANN Ich halte es in Ehren.

HELLINGER »Und du darfst behalten, was ich dir geschenkt habe.«

Mn MANN Und du darfst behalten, was ich dir geschenkt habe.

HELLINGER »Und darfst es mitnehmen in dein Leben.«

Mn MANN Und darfst es mitnehmen in dein Leben.

HELLINGER »Und für das, was schiefgegangen ist, übernehme ich meinen Teil der Verantwortung, und ich lasse dir deinen.«

Mn MANN Und für das, was schiefgegangen ist zwischen uns, übernehme ich meinen Teil, und ich lasse dir deinen.

HELLINGER »Ich gehe jetzt zu meiner Frau und zu meinen Kindern.«

Mn MANN Ich gehe jetzt zu meiner Frau und zu meinen Kindern.

HELLINGER »Und ich entlasse dich mit Liebe.«

Mn MANN Und ich entlasse dich mit Liebe.

HELLINGER Wie ist das?

fFrMn FRÜHERE FREUNDIN DES MANNES Vorhin, als er drüben stand, habe ich gespürt, dass ich hier wie ein Magnet festgewurzelt stehe. Ich klebe hier und habe eigentlich nur den Wunsch: Erlöse mich. Ich kann nicht ran. Ich kann nichts mehr tun. Ich möchte noch etwas von dir. Als du das jetzt gerade ausgesprochen hast, habe ich gespürt, dass das, was wie ein Stein hier sitzt, so durchgerutscht ist. Ich hatte vorher das Gefühl, ich kann nicht gehen. Jetzt könnte ich es.

HELLINGER Ziehe dich mal zurück, ganz nach Gefühl.

Bild 5

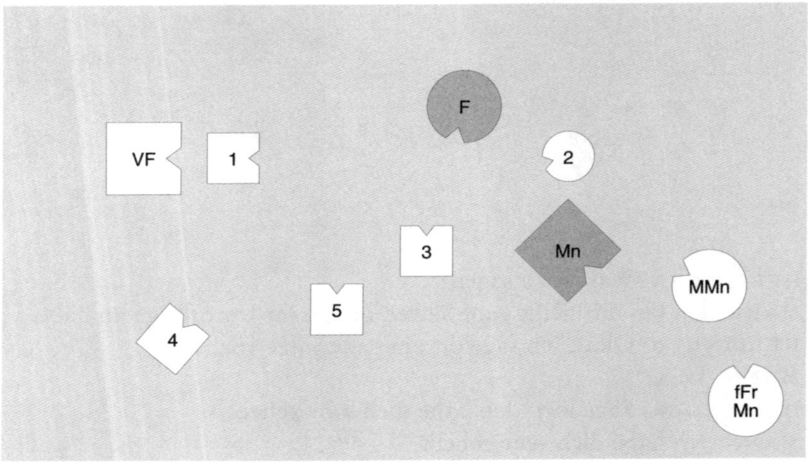

HELLINGER Schaue noch mal zu ihr rüber und sage: »Danke.«

Mn MANN Danke.

HELLINGER Jetzt gehe neben die Frau.

Bild 6

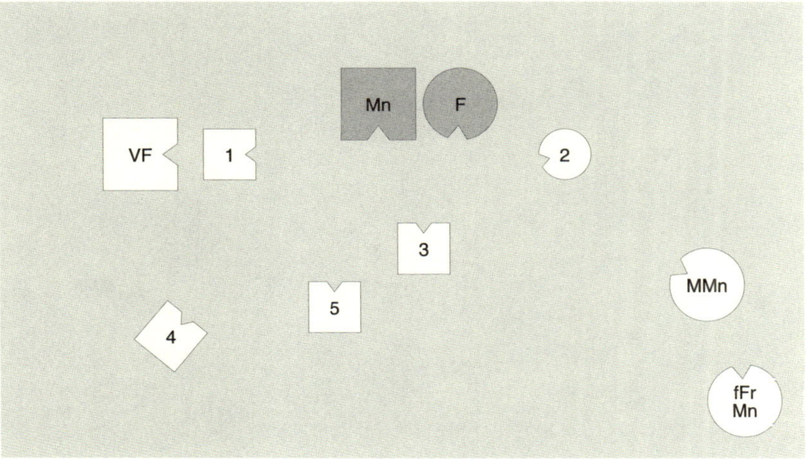

HELLINGER Was ist bei der Frau jetzt?

F FRAU Sehr viel Trauer, wenn sie geht. Ich habe die Tendenz mitzugehen. Irgendwie zieht es mich zu ihr hin. Ich bin froh, dass ich seine Mutter nicht sehe. Meinem Vater kann ich nicht in die Augen gucken. Aber diese Frau zieht mich an.

HELLINGER Das ist seine Mutter.

F FRAU Ja. Die Tochter steht genau vor dieser Mutter. Es ist gut, dass ich sie nicht sehen muss. Sie schaut so mitleidig.

Hellinger führt sie vor die Mutter des Mannes.

Bild 7

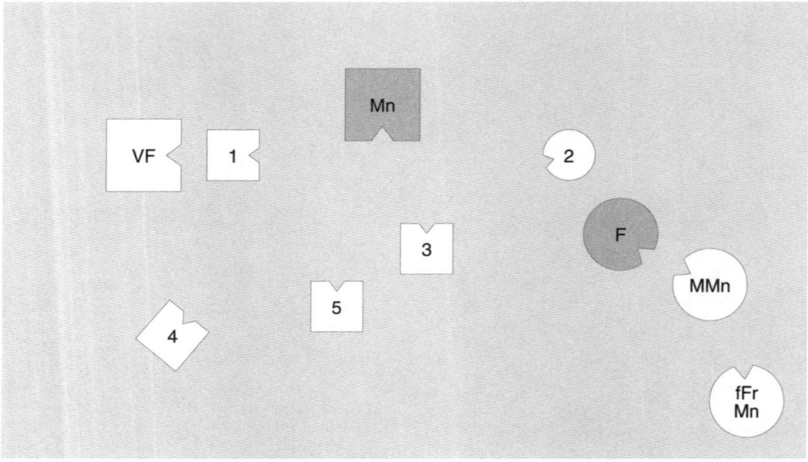

HELLINGER Sage ihr: »Ich nehme ihn.«

F FRAU Ich nehme ihn.

HELLINGER »Und halte ihn fest.«

F FRAU Und halte ihn fest.

HELLINGER Sage es seiner früheren Freundin auch.

F FRAU Ich nehme ihn und halte ihn fest.

HELLINGER Wie ist das für die Mutter?

MMn MUTTER DES MANNES Das ist richtig.

HELLINGER *zur früheren Freundin* Bei dir?

fFrMn FRÜHERE FREUNDIN DES MANNES Ich lasse ihn schweren Herzens ziehen.

HELLINGER *zur Frau* Sage ihr: »Er ist jetzt mein Mann.«

F FRAU Er ist jetzt mein Mann.

HELLINGER »Und ich mute dir zu, dass ich ihn festhalte als meinen Mann.«

F FRAU Und ich mute dir zu, dass ich ihn festhalte als meinen Mann.

HELLINGER *zur früheren Freundin* Wie ist es jetzt?

fFrMn FRÜHERE FREUNDIN DES MANNES Ich hätte ihn so gerne für mich behalten, aber ich muss auch sehen, dass die Jahre vergangen sind. Du hast ein Recht auf ihn. Nimm ihn. Ich ziehe mich zurück.

HELLINGER *zur Frau* Sage ihr: »Ich achte dich als die Erste.«

F FRAU Ich achte dich als die Erste.

HELLINGER »Ich bin die Zweite.«

F FRAU Ich bin die Zweite.

HELLINGER »Doch ich nehme ihn jetzt als meinen Mann.«

F FRAU Doch ich nehme ihn jetzt als meinen Mann.

HELLINGER *zur früheren Freundin* Okay? *Sie nickt.*
zur Frau Für dich?

F FRAU Als sie gesagt hat »Nimm ihn«, hat mich das sehr traurig gemacht.

HELLINGER Das war gnädig. Das ist nämlich so eine Art Rache, wenn man so von oben herab jemand etwas gestattet. Deswegen musst du dich dagegen durchsetzen. Sage ihr: »Ich habe fünf Kinder.« *Lachen im Publikum.*

F FRAU *mit lauter und fester Stimme* Ich habe fünf Kinder. Mache mir das einmal nach.

HELLINGER Ja, genau. Jetzt gehst du neben den Mann.

Sie stellt sich neben den Mann. Hellinger stellt die Kinder in der Altersreihenfolge den Eltern gegenüber und die Mutter des Mannes etwas weiter weg.

Bild 8

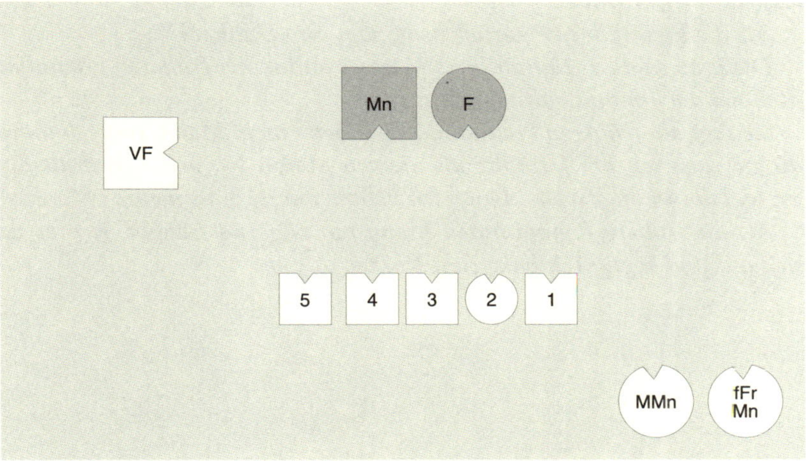

F FRAU Fünf Kinder, ja, das ist gewaltig.

HELLINGER Sage es deinem Vater: »Fünf Kinder.«

F FRAU Ich habe fünf Kinder und einen Mann. *Lachen und Applaus im Publikum.*

HELLINGER *zum Paar* Gut für euch?

BERTHOLD Ja.

INES Danke.

HELLINGER Okay, das war's.

Zusammenfassung

Die Verstrickung *Die Mutter des Mannes und der Vater der Frau waren gegen die Heirat. Der Mann hatte vor der Ehe eine Freundin, die seinen Eltern lieber war.*

Die Lösung *Der Mann sagt seiner Mutter: »Ich mache es wie du. Ich trenne mich von meiner Familie und gehe zu meinem Partner. Was zwischen mir und meiner früheren Freundin war, geht dich nichts an. Das erledige ich selbst.«*

Er sagt seiner früheren Freundin: »Ich habe dich sehr geliebt und ich behalte, was du mir geschenkt hast. Ich halte es in Ehren.«

»Du darfst behalten, was ich dir geschenkt habe und darfst es mitnehmen in dein Leben.«

»Für das, was zwischen uns schiefgelaufen ist, übernehme ich meinen Teil der Verantwortung, und ich lasse dir deinen.«

»Ich gehe jetzt zu meiner Frau und zu meinen Kindern, und ich entlasse dich mit Liebe.«

Als die Freundin sich zurückzieht, sagt er: »Danke.«

Die Frau sagt der Mutter ihres Mannes und seiner früheren Freundin: »Ich nehme ihn und halte ihn fest.«

Sie sagt der früheren Freundin: »Er ist jetzt mein Mann, und ich mute dir zu, dass ich ihn festhalte als meinen Mann. Ich achte dich als die Erste. Ich bin die Zweite. Doch ich nehme ihn jetzt als meinen Mann.«

Als die frühere Freundin den Mann nur zögernd freigibt, richtet sie sich auf und sagt: »Ich habe fünf Kinder.«

Peter und Gunda
»Jetzt ist es gut«

HELLINGER Was war bei euch?
GUNDA Das ist der Mann, den ich vor 36 Jahren geheiratet habe. Ich habe mit ihm drei Kinder großgezogen, zwei Töchter und einen Sohn. Unser Sohn hat sich mit 25 Jahren das Leben genommen. Das ist jetzt acht Jahre her. Immer, wenn wieder Streitigkeiten zwischen uns vorfallen, dann mache ich meinem Mann mehr oder weniger heimlich Vorwürfe. Und dann habe ich wieder Schuldgefühle. Ich denke oft, was für eine schlechte Mutter ich war. Ich möchte davon loskommen, weil ich die Beziehung mit meinem Mann ganz toll finde, immer noch. Das andere ist aber ganz schlimm.
HELLINGER Wir gehen der Sache mit dem Selbstmord von dem Sohn nach.
zum Mann Willst du noch etwas sagen?
PETER Ja, das stimmt, dass das mitunter sehr unter die Gürtellinie geht, wenn wir in den Streitigkeiten unseren Sohn dazwischenkriegen und da diese Vorwürfe reinkriegen. Wenn ich sie schachmatt setzen will, dann holt sie den Sohn hervor, und dann geht es ans Eingemachte.
HELLINGER Ich möchte etwas sagen über die Funktion von Vorwürfen und von der Suche nach Schuld in so einem Zusammenhang. Damit schützt man sich vor der Trauer und vor dem Schmerz. Die Suche nach der Schuld wird ja getrieben von der Annahme, es hätte auch anders sein können und man hätte es in der Macht gehabt, es zu ändern. Das ist eine merkwürdige Vorstellung, eine sehr anmaßende. Wenn man damit aufhört, dann kommt der Schmerz. Der ist sehr demütig. Der ehrt das Kind. Während die Suche nach der Schuld für das Kind schlimm ist. Soweit zur Orientierung.

Jetzt stelle ich euer System auf. War jemand von euch vorher in fester Bindung?
GUNDA Nein.

HELLINGER Wir stellen also auf: den Mann, die Frau und die drei Kinder. Der Sohn, der sich umgebracht hat, war das wievielte?
GUNDA Das mittlere.

Bild 1

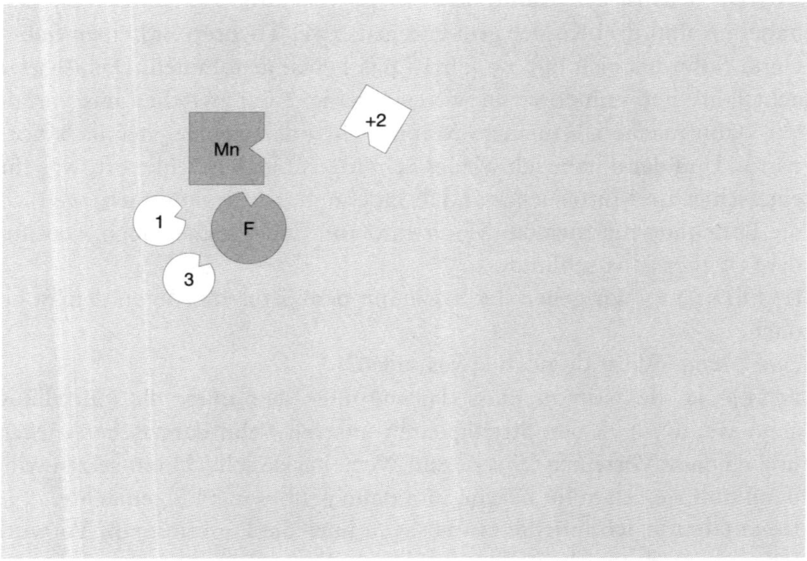

Mn **Mann (= Peter)**
F **Frau (= Gunda)**
1 Erstes Kind, Tochter
+2 Zweites Kind, Sohn, hat sich mit 25 Jahren umgebracht
3 Drittes Kind, Tochter

HELLINGER Wer ist selbstmordgefährdet?
GUNDA Ich.
HELLINGER Ja. Die Frau ist selbstmordgefährdet.

HELLINGER *zum Stellvertreter des Sohnes* Gehe aus der Tür und mache sie hinter dir zu.

Bild 2

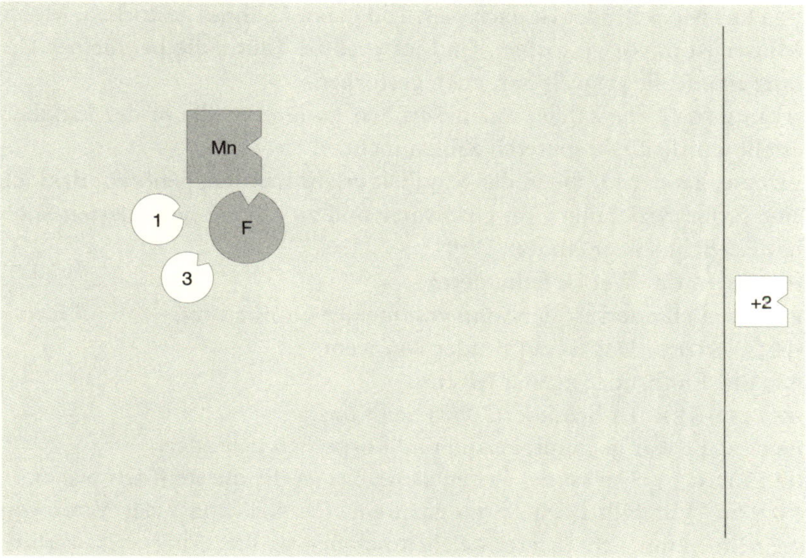

HELLINGER Was ist verändert?

F FRAU Ich habe nicht mehr so eine große Panik. Ich fühle mich erleichtert.

HELLINGER *zu Gunda* Genau, der Sohn macht es für die Mutter. Das ist die Dynamik. Der Sohn sagt: »Ich sterbe an deiner Stelle, damit du bleiben kannst.« Die Frage ist, was ist passiert in deiner Herkunftsfamilie? Was verursacht diese Dynamik?

GUNDA Ich habe vor kurzem meine Mutter gefragt, wer in ihrer Familie verstorben ist. Sie hat mir erzählt, ihr kleiner Bruder ist mit drei Jahren verstorben. Sie hatte fünf Geschwister, und das war das sechste Kind. Die ältere Schwester meines Vaters hat sich mit 70 Jahren das Leben genommen. Sonst weiß ich nichts.

HELLINGER *zu Peter* Fällt dir etwas ein?

PETER Zu meiner Herkunftsfamilie? Nein. An Besonderheiten bei ihr weiß ich, dass ihr Vater sehr früh verstorben ist, also mit 62, und dass im näheren Bereich eine Enkeltochter sich möglicherweise das Leben genommen hat. Das ist nicht ganz klar.

HELLINGER Eine Enkeltochter von wem?

PETER Von ihrem Vater.

HELLINGER Die Nichte? Nein, das zählt hier nicht. Das ist außerhalb des Systems hier. Merkwürdig. Ist in deiner Herkunftsfamilie etwas Besonderes passiert?
PETER Mein Bruder ist nach dem Tod meines Sohnes gestorben. Meine Mutter ist davor gestorben. Und jetzt ist die Tante, die bei meiner Geburt eine Rolle gespielt hat, auch gestorben.
HELLINGER Es zählen nur die frühen Ereignisse, die in der Kindheit erlebt wurden. Die späteren zählen nicht.
PETER Zu denen, die in der Kindheit erlebt wurden, gehören, dass ich eine große Beziehung zum Großvater und zu seinem behinderten Sohn hatte. Nicht so zur Mutter.
HELLINGER Wer ist behindert?
PETER Behindert ist der Sohn von meiner Großmutter.
HELLINGER Das ist ein Bruder von wem?
PETER Ein Bruder meiner Mutter.
HELLINGER Ist behindert? Was heißt das?
PETER Er war gelähmt, geistig und körperlich behindert.
HELLINGER Der ist der Bedeutsame. Da ist die meiste Kraft bisher.
GUNDA Mir fällt noch etwas dazu ein. Ich weiß, dass der Vater von meinem Mann sich auch das Leben nehmen wollte. Aber er ist verhindert worden. Das weiß ich von meinem Mann und von meiner Schwiegermutter. Die hat mir das auch erzählt.
HELLINGER Wann wollte sein Vater sich das Leben nehmen?
GUNDA Ich glaube, als mein Mann zehn Jahre alt war.
zu Peter Stimmt das?
PETER Ja, das war bei einer Eifersuchtsszene. Wir haben es miterlebt. Das war zwar offensichtlich, dass er das getan hat, aber in meinem Bewusstsein war es, als wir ihm den Tod unseres Sohnes geschildert haben, und er gesagt hat: So ein Kerl! Da ist der mir zuvorgekommen. Aber mein Vater lebt ja noch.

HELLINGER Den Vater stellen wir jetzt noch auf. Okay, stelle ihn auf.

Bild 3

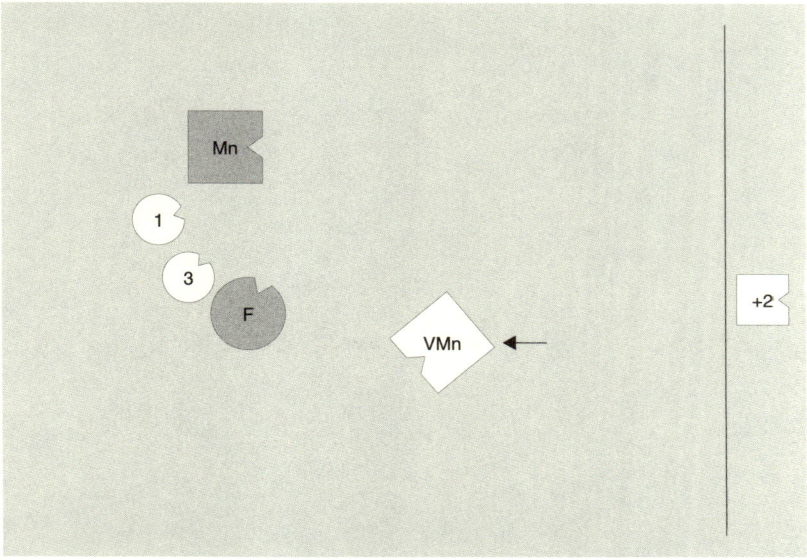

VMn Vater des Mannes

HELLINGER *zu den Teilnehmern* Wir holen den Sohn wieder herein, der vor der Tür ist.
zum Mann Was ist?

Mn MANN Ich kriege jetzt Luft. Ich habe die Frau berührt an Stellen, wo es eigentlich wohltun sollte, das war aber unangenehm. Meinen Vater hätte ich gerne hier. Ich kann ihn sehen, aber ich bräuchte ihn näher.

HELLINGER *zum Sohn, als dieser zurückkommt* Wie ist es dir draußen gegangen?

+2 ZWEITES KIND † Gut, sehr gut.

HELLINGER *zur Gruppe* Man sollte es nicht für möglich halten.

Hellinger stellt ihn wieder ins Bild.

Bild 4

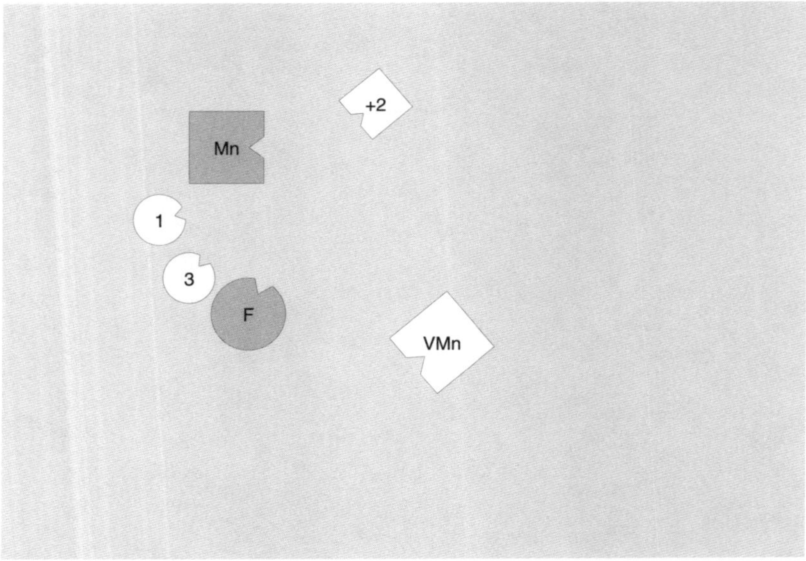

HELLINGER *zum Mann* Was ist?

Mn MANN Ich freue mich unwahrscheinlich, dass er da ist. Da ist ganz viel Wärme.

HELLINGER *zum Sohn* Wie geht es dir?

+2 ZWEITES KIND † Sehr gut. Ich spüre die Wärme auch.

HELLINGER Wie ist es dir vorher gegangen?

+2 ZWEITES KIND † Bevor ich rausgegangen bin? Ich hatte damit nichts zu tun. Das war nicht mein Bier. Ich fühlte mich neutral.

HELLINGER *zur Frau* Stelle dich noch einmal an den Platz von vorhin.
zum Sohn Du auch.

Bild 5

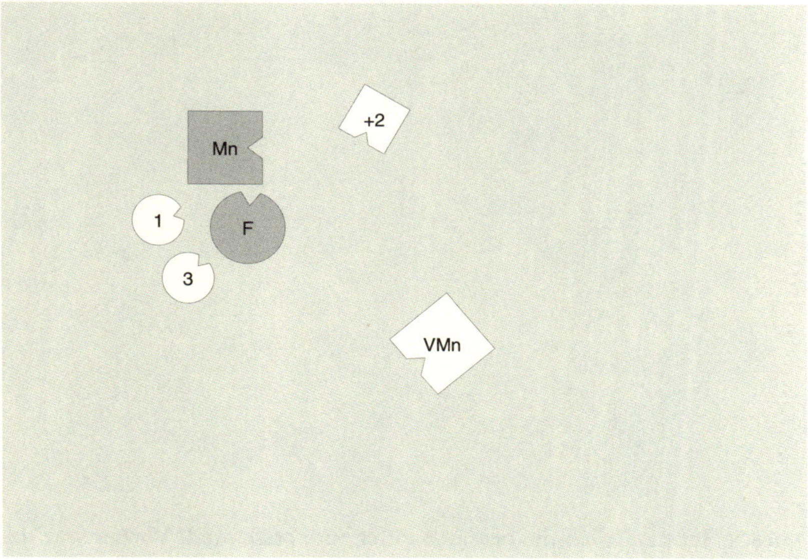

HELLINGER Wie geht es dem Mann?

Mn MANN Jetzt kommt zu der Bedrohung hier, von der Frau bedroht, noch etwas hinzu. Es zieht mich nach hinten, seit der Sohn hier steht und da vorbeiguckt.

HELLINGER Gib dem Zug nach hinten nach. Nicht fallen, nur gehen.

Bild 6

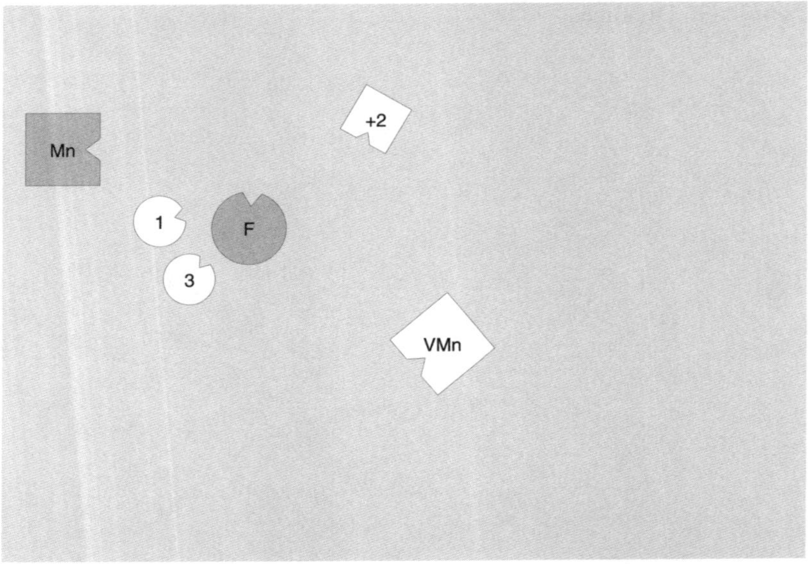

Mn MANN Jetzt sehe ich die beiden Kinder zum erstenmal. Vorher war das ganz diffus hinter mir. Da wusste ich gar nicht, wie mir geschah.

HELLINGER Wie geht es der Frau jetzt?

F FRAU Ich bin jetzt wieder erleichtert. Aber es ist wieder so, dass ich nirgendwo hingucken kann. Ich kann meinen Kopf nicht drehen. Eben auf dem anderen Platz war es viel besser.

Hellinger führt sie einige Schritte nach vorne.

Bild 7

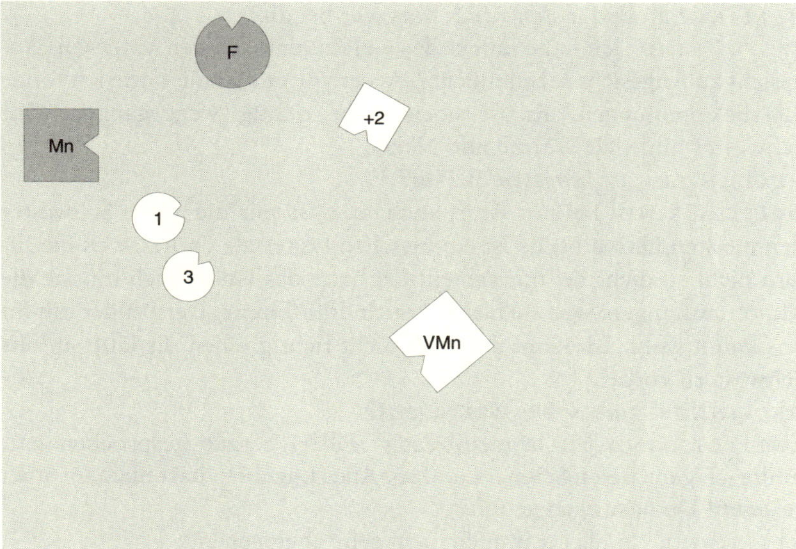

HELLINGER Wie ist das?

F FRAU Besser. Ich werde auch wieder ruhiger.

HELLINGER Wie ist das beim Mann jetzt?

Mn MANN Etwas Beziehung zu den Töchtern, aber noch nicht so ganz. Dass die Frau geht, beruhigt mich seltsamerweise.

HELLINGER Das beruhigt dich?

Mn MANN Ja.

HELLINGER *zum Sohn* Was ist bei dir jetzt?

+2 ZWEITES KIND † Ich dachte direkt: Lass mich nicht allein! Ich möchte zum Vater. Auch wenn ich es schön finde, dass jetzt die Schwestern da sind, aber ich möchte zum Vater. Es zieht mich dahin.

HELLINGER Merkwürdige Aufstellung.

zu Peter Was sagst du dazu?

PETER Dass er zu mir kommen wollte, habe ich teilweise als eine Schwäche von ihm gesehen. Wenn er mich gebraucht hat, habe ich es nicht so ernst genommen. Ich war der Meinung, dass ich nicht den gleichen Kontakt zu ihm finden kann, den er zu seiner Mutter hat. So ähnlich war es.

HELLINGER *zu Gunda* Was sagst du zu dem?

GUNDA Zu der Aufstellung?

HELLINGER Ja.

GUNDA So alleine habe ich mich gar nicht gefühlt. Ich habe mich schon mehr zum Mann zugehörig gefühlt.

HELLINGER *zum ersten Kind* Was war bei dir?

1 ERSTES KIND Ich habe immer das Gefühl, dass ich den Vater von Angesicht zu Angesicht sehen möchte. Als er vor mir stand, hatte ich totale Herzbeklemmungen. Es ist noch nicht richtig weggegangen. Zur Schwester fühle ich Wärme und Nähe.

HELLINGER *zur Jüngsten* Bei dir?

3 DRITTES KIND Bei mir ist es auch so, dass mir die große Schwester den meisten Halt gibt. Es ist ein bisschen besser als vorher, weil die Eltern nicht so dicht bei mir stehen. Ich hatte das Gefühl, ich müsste die Mutter auffangen, weil sie fast auf mich draufkippte. Der Bruder nimmt uns kaum wahr. Ich kann ihn auch nicht richtig sehen. Er läuft an uns Schwestern vorbei.

HELLINGER *zum Sohn* Was ist jetzt?

+2 ZWEITES KIND † Als mein Vater *(Peter)* gerade gesprochen hat, fühlte ich ganz tiefen Schmerz und so: Alles Lüge! Du hast mich im Stich gelassen! Du hast mich geopfert!

HELLINGER Ja, das war auch nicht sehr überzeugend.
als er die Augen schließen will Lasse die Augen auf. – Wie geht es dem Großvater?

VMn VATER DES MANNES Ich bin sehr losgelöst von dem und habe meine Bedeutung dadurch, dass ich losgelöst bin. Ich bin so etwas randständig. Wenn ich das nicht wäre, würde ich kleiner werden. Als vorhin mein Sohn sagte, er wollte mich näher bei sich, hatte ich das Gefühl: Ja nicht, sonst schrumpfe ich.

Hellinger führt den Mann abseits.

Bild 8

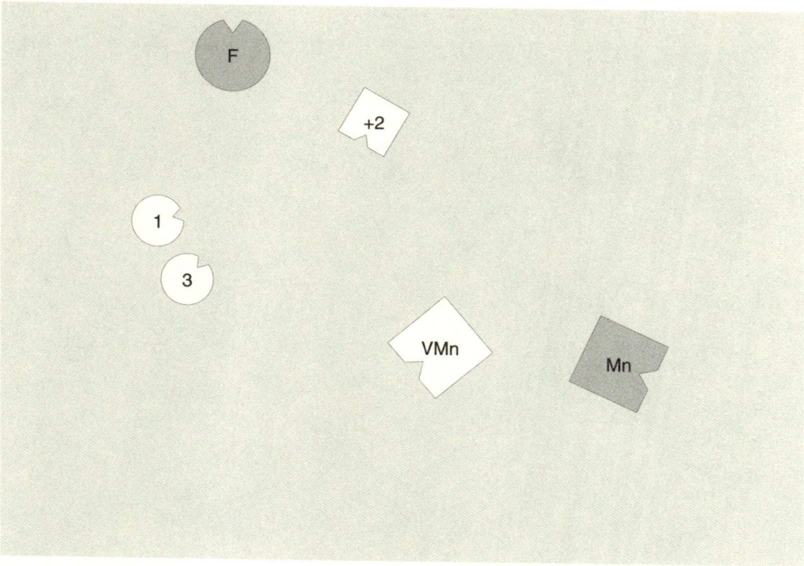

HELLINGER Wie ist das?

Mn MANN Etwas weich in den Knien, aber in Ordnung. Jetzt fehlt mir etwas. Ich würde mich rumdrehen wollen.

HELLINGER Bleib erst mal so. – Was ist jetzt bei der Frau verändert?

F FRAU Ich merke, dass ich immer mehr Sehnsucht habe, es zumindest mal zu sehen.

HELLINGER Ich drehe dich jetzt um und stelle die Kinder dir gegenüber.

Bild 9

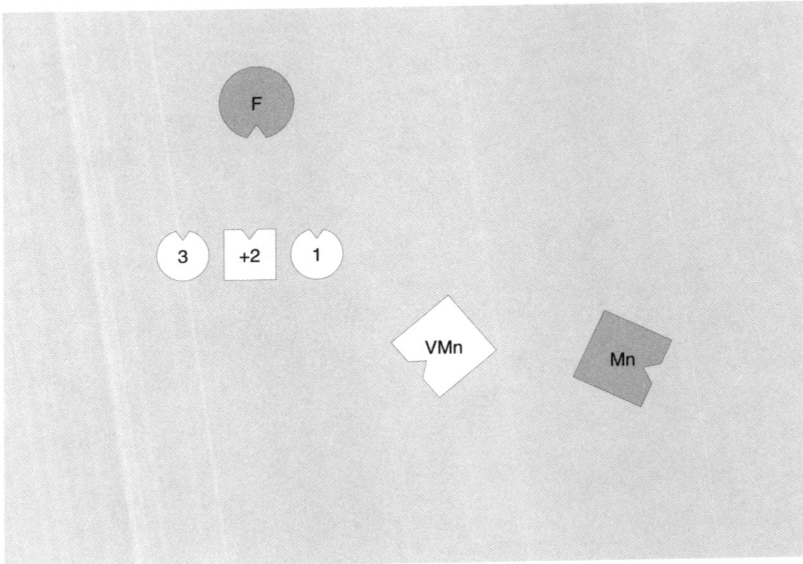

HELLINGER Wie ist das?

F FRAU Traurig und auch gut. Mir wird ganz warm.

HELLINGER *zur Ältesten* Bei dir?

1 ERSTES KIND Meine Herzbeklemmungen sind weggegangen, als der Vater dort rüberging, obwohl ich ihn immer noch gerne von Angesicht zu Angesicht sehen möchte. Und so? Okay.

HELLINGER *zum Sohn* Bei dir?

+2 ZWEITES KIND † Es rührt mich sehr. Ich möchte zur Mutter.

HELLINGER *zum Sohn, als der zittert und weint* Warte noch ein bisschen. Bleibe bei der Kraft.

zur Jüngsten Bei dir?

3 DRITTES KIND Es ist gut, die Mutter zu sehen, aber sie tut mir leid.

HELLINGER *zum Paar* Das ist eine sehr verzwickte Dynamik. Nach dem, was ich jetzt sehe und höre, ist es so, dass der Mann sich umbringen will, die Frau bereit wäre, es an seiner Stelle zu tun, und der Sohn es getan hat. Macht das Sinn?

PETER Ja.

HELLINGER *zu Gunda* Für dich?

GUNDA Ja.

HELLINGER Okay, das haben wir jetzt mal entwirrt. Jetzt müssen wir die gute Lösung finden für alle. Das mache ich jetzt.
zu Peter Da gab es also einen behinderten Bruder deiner Mutter. Stelle jetzt deine Mutter auf und diesen behinderten Bruder.

Bild 10

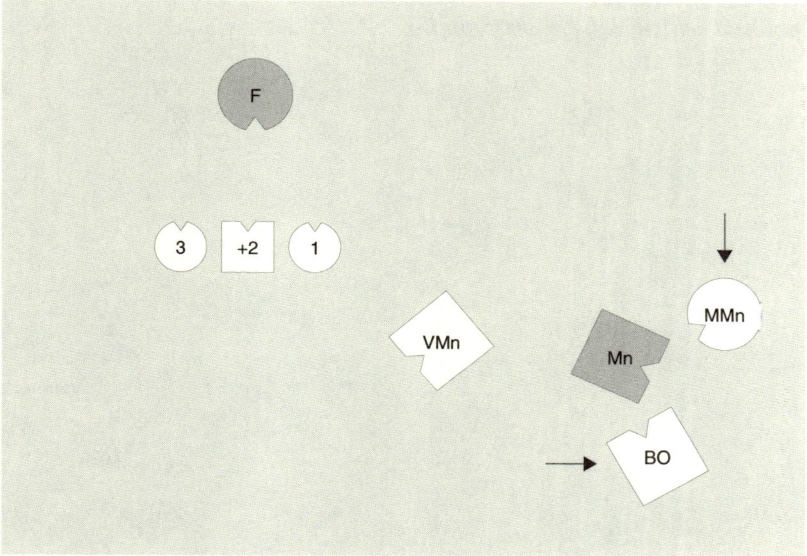

MMn Mutter des Mannes
bO Behinderter Onkel, Bruder der Mutter des Mannes

HELLINGER *als er die Aufstellung sieht* So etwas Ähnliches haben wir doch hier schon gehabt. Wie geht es dem Mann jetzt?

Mn MANN Die ganze Zeit habe ich gedacht, ich bin unter Wasser und nehme das nur in Trance wahr und nicht bewusst. Gerade dachte ich: Wo kommen die denn her? Gleichzeitig ist da eine gewisse Neugierde. Also, wie allmählich auftauchen.

HELLINGER Wie geht es der Mutter?

MMn MUTTER DES MANNES Ich bin ihm dankbar.

HELLINGER Ihm, deinem Sohn?

MMn MUTTER DES MANNES Ja.

HELLINGER Genau. Wie geht es dem behinderten Bruder?

bO BEHINDERTER ONKEL DES MANNES Ich will hier gar nicht hin. Ich will hier nicht sein. Er stört mich auch da, wo er steht. Ich würde ihn am liebsten wegschicken.

HELLINGER *zum Mann* Ja, gehe ein paar Schritte zurück.

Hellinger stellt den behinderten Bruder links neben die Mutter des Mannes und seinen Vater rechts von ihr.

Bild 11

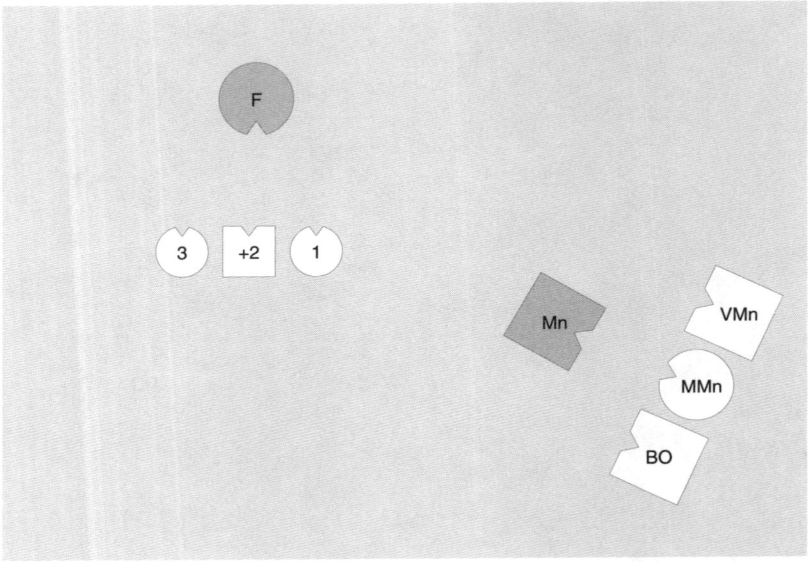

HELLINGER *zum Mann* Was ist jetzt?

Mn MANN Das weiche Gefühl in den Knien ist weg, aber noch eine Steifheit hier im Rücken, so, als ob ich da Widerstand leisten müsste. Aber seit der Vater dabei ist, geht es mir besser.

HELLINGER Wie geht es dem Vater jetzt?

VMn VATER DES MANNES Ich bin ganz überrascht, aber gut. Viel besser als draußen.

MMn MUTTER DES MANNES Ich habe das Gefühl, ich habe mehr Verantwortung, aber es ist auch gut so.

bO BEHINDERTER ONKEL DES MANNES Als mein Neffe wegging vorhin, da wurde mir schwindlig. Ich wäre fast hingefallen. Als du mich dann gleich ganz schnell hier herübergeschoben hast, merkte ich plötzlich, hier habe ich Halt. Das ist das einzige, was ich habe. Diese Schwester ist das einzige, was ich habe.

HELLINGER *zur Mutter des Mannes* Jetzt lege den Arm um deinen Bruder.

Beide legen den Arm um den anderen.

HELLINGER *zum Mann* Jetzt verneige dich vor deinem Onkel, tief. *Als Hellinger sieht, dass der Sohn außer sich gerät und nicht mehr an sich halten kann, geht er zu ihm hin und sagt:* Ach Gott, was ist denn da schon wieder los! Ich muss dich da rausholen. Gehe auch zum Onkel hin und verneige dich vor ihm. Einfach so, tief.

Der Sohn verneigt sich vor ihm, zusammen mit seinem Vater.

Bild 12

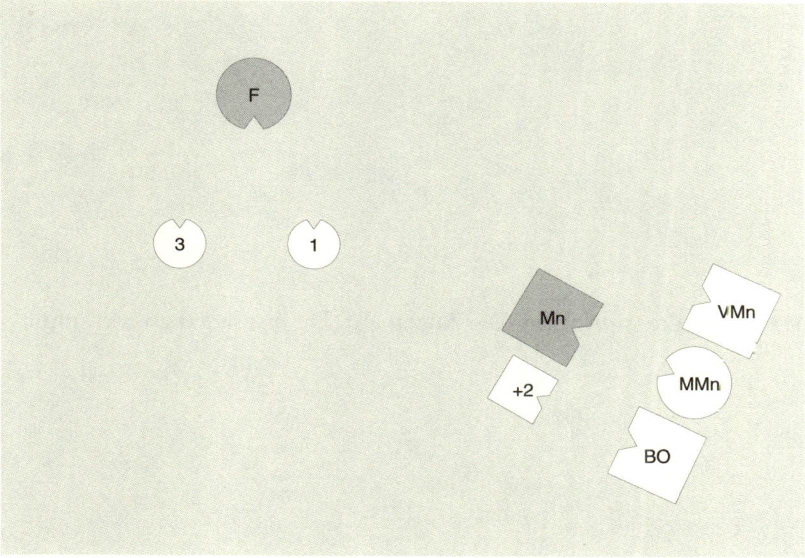

HELLINGER *als das heftige Gefühl beim Sohn nicht nachlässt* Stelle dich neben den Onkel.

Er stellt sich neben den Onkel, und dieser legt spontan den Arm um ihn. Der Sohn macht es ebenso.

Bild 13

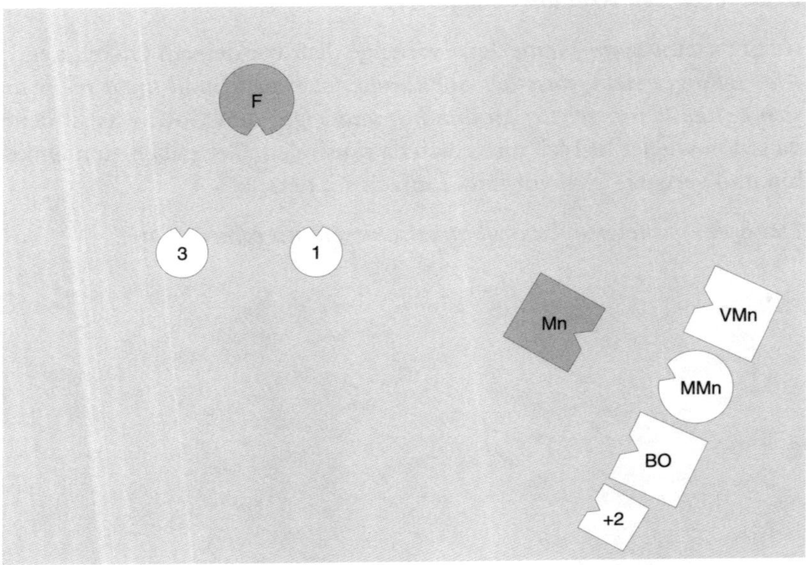

HELLINGER *zum Sohn* Die Augen auf. Du bist ja ganz verkrampft.

HELLINGER *zum Mann* Jetzt lege du den Arm um ihn, so. Du musst ihn mit Kraft festhalten, dann geht der Krampf weg.

Bild 14

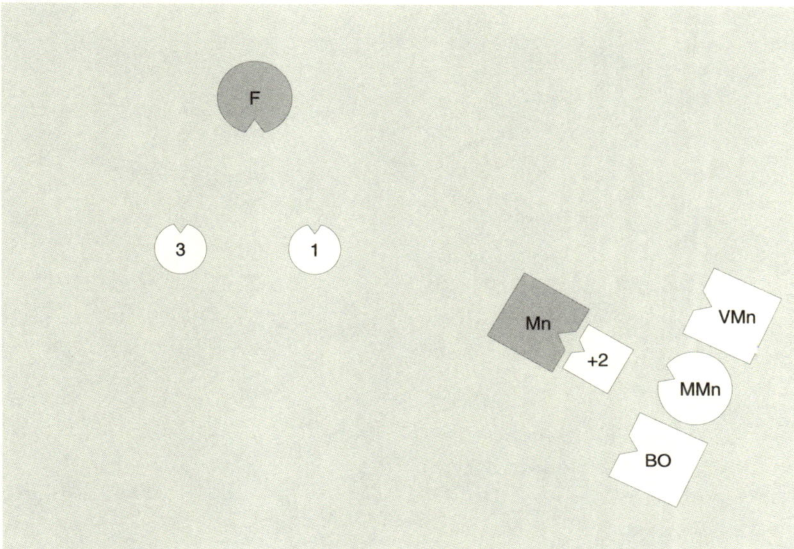

HELLINGER *zum Sohn* Ruhig atmen. Schau mich mal an. Siehst du mich? Was habe ich für eine Augenfarbe? Ja, was habe ich für eine Augenfarbe?

+2 ZWEITES KIND † Blau.

HELLINGER Blau? Noch nie gehabt! Du musst genau schauen. Was habe ich für eine Augenfarbe?

+2 ZWEITES KIND † Grau. *Er lacht.*

HELLINGER So ungefähr. Du musst ganz ruhig atmen jetzt. Bleibe mit mir in Blickkontakt, so. Mache die Finger gerade und halte den Vater fest. Ganz ruhig atmen jetzt. So, jetzt kommst du raus. Das ist nämlich psychotisch, was du da gerade erlebst. Du hast da eine schwere Rolle gekriegt hier.

zu Peter Was ist die Behinderung von deinem Onkel?

PETER Kinderlähmung.

HELLINGER Kinderlähmung hat er.

HELLINGER *zum Sohn* Jetzt stelle ich dich neben die Mutter. Ich glaube, das ist ganz wichtig hier. Dann kommst du aus diesem Bannkreis heraus.

Bild 15

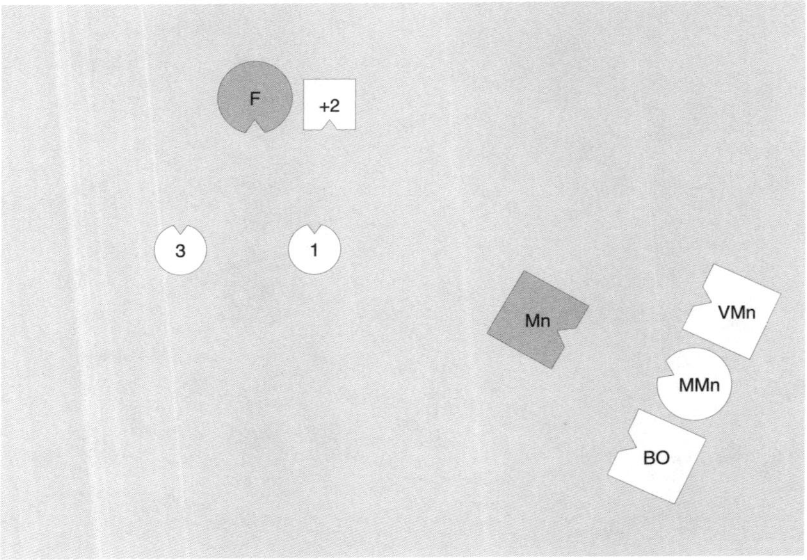

+2 ZWEITES KIND † Die Hände fangen wieder an, sich etwas zu verkrampfen. Also, ich komme wieder in diese Pfötchen rein, diese Fötushaltung.

HELLINGER Nein, nein. Weißt du, wann einer das kriegt hier?

+2 ZWEITES KIND † Nein.

HELLINGER Wo er sich bewegen müsste, hält er still.

+2 ZWEITES KIND † Ja.

HELLINGER Dann kriegt er das.

+2 ZWEITES KIND † Ja.

HELLINGER Schaue die Mutter an. Sage: »Liebe Mutter, schütze mich.«

+2 ZWEITES KIND † »Liebe Mutter, schütze mich.«

HELLINGER *zur Mutter* Tue es.

Die Mutter wendet sich ihm zu und umarmt ihn.

HELLINGER *zum Sohn* Ruhig atmen, ganz ruhig, mit offenen Augen. Wie ist das jetzt?

+2 ZWEITES KIND † Gut. Das entspannt.

Hellinger stellt nun den Mann auf die rechte Seite der Frau und seine Eltern und den Onkel etwas weiter zurück, rechts neben ihn.

Bild 16

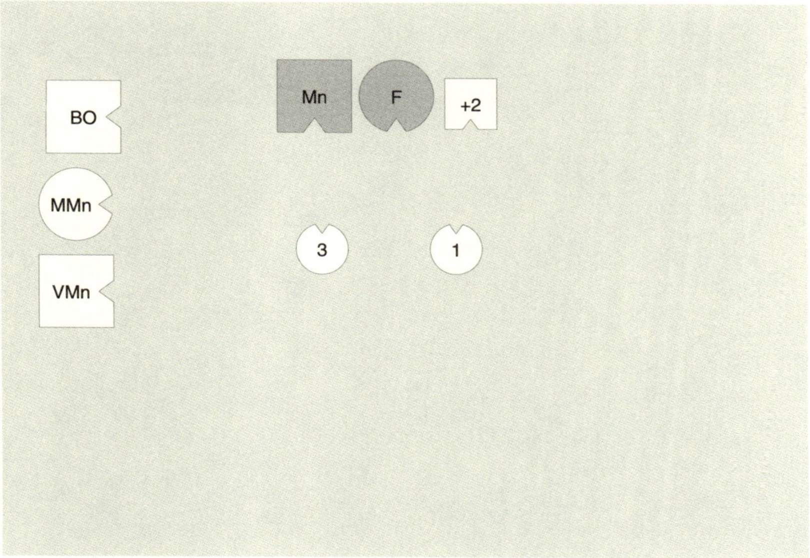

HELLINGER *nach einer Weile zum Sohn* Gut?

+2 ZWEITES KIND † Eigentlich ja, aber mir wird auch ein bisschen schlecht.

HELLINGER Jetzt kommst du wieder zurück zwischen deine Geschwister.

Hellinger stellt ihn zwischen seine Geschwister, und alle drei etwas weiter zurück.

Bild 17

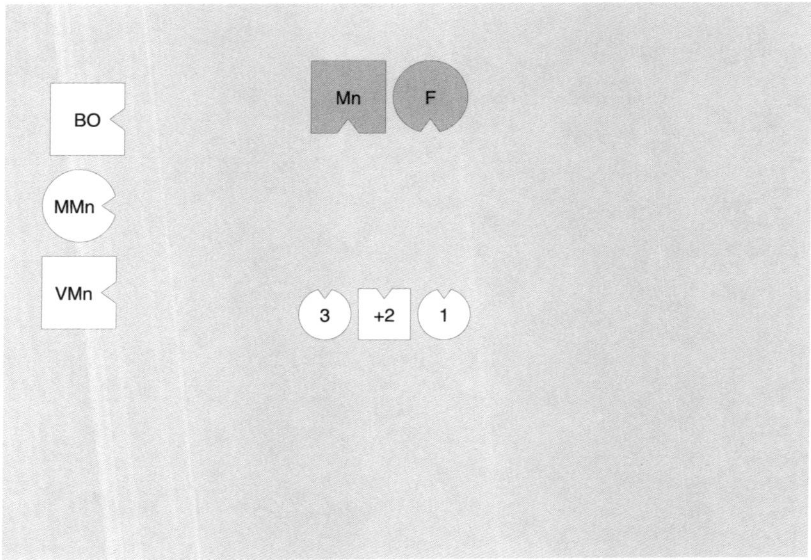

HELLINGER *nach einer Weile zum Sohn* Du musst die Augen auflassen. Den Kopf hoch.

HELLINGER *zur Frau* Wie ist es jetzt?

F FRAU Ich fühle das erste Mal Kraft und auch Gelassenheit.

HELLINGER Beim Mann?

Mn MANN Mir geht es gut. Der Onkel hat mir sehr gut getan. Ich sehe das erste Mal die jüngere Tochter, und das ist sehr schön. Und ich weiß den Sohn auch aufgehoben da.

HELLINGER *zum Paar* Jetzt nehme ich euch herein.

nach einer Weile zum Sohn Jetzt kommst du hierher und lehnst dich mit dem Rücken an die Eltern an.

HELLINGER *zu den Eltern* Ihr legt den Arm um ihn.

Bild 18

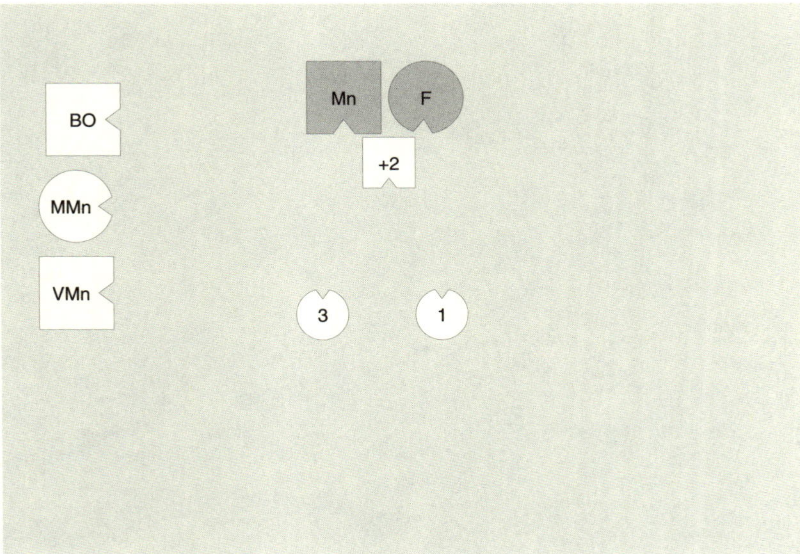

+2 ZWEITES KIND † *flüsternd* Das tut gut. *Er atmet tief aus.* Das ist gut. *Er atmet tief.*

HELLINGER Ich möchte etwas sagen zu Psychosen. Manche Psychosen hängen damit zusammen, dass etwas auseinander gerissen ist in der Seele, zum Beispiel, dass Vater und Mutter auseinandergerissen sind. Diese Übung oder diese Stellung fügt das Getrennte zusammen. Dann kommt er wieder zu sich.

HELLINGER *nach einer Weile zum Sohn* Jetzt stellst du dich wieder zwischen die Geschwister.

Bild 19

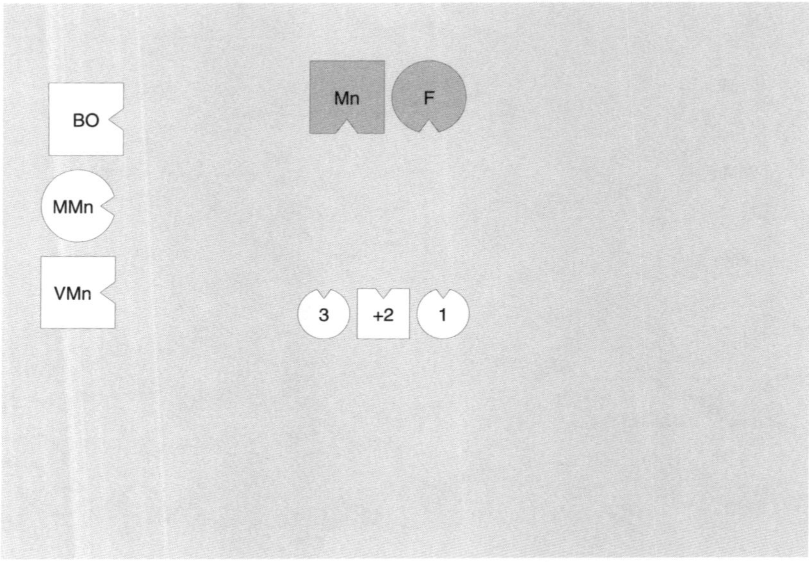

HELLINGER *zu Peter* Sage ihm: »Wir vermissen dich sehr.«

Mn PETER Wir vermissen dich sehr.

HELLINGER »Ich danke dir, dass du es für mich getan hast.« Schaue ihn an dabei.

Mn PETER Ich danke dir, dass du es für mich getan hast.

HELLINGER »Und ich nehme es von dir als ein Geschenk.«

Mn PETER Und ich nehme es von dir als ein Geschenk.

HELLINGER »Ich halte dich in Ehren als meinen Sohn.«

Mn PETER *sehr bewegt* Ich halte dich in Ehren als meinen Sohn.

HELLINGER »Und ich lasse dich jetzt in Frieden.«

Mn PETER Ich lasse dich in Frieden.

HELLINGER Sage es mit Liebe.

Mn PETER Ich lasse dich in Frieden.

HELLINGER »Ich lasse dich jetzt in Frieden.«

Mn PETER Ich lasse dich jetzt in Frieden.

HELLINGER Wie ist das für den Sohn?

+2 ZWEITES KIND † Es befreit. Sehr schön. Ja, ist sehr schön. Ich spüre Dankbarkeit. Ja. Danke, Vater. *Er weint.*

HELLINGER Sage ihm: »Jetzt ist es gut.«

1+2 ZWEITES KIND † Jetzt ist es gut. Ja.

HELLINGER »Es darf vorbei sein.«
+2 ZWEITES KIND † Es darf vorbei sein.
HELLINGER *zu Gunda* Sage ihm: »Liebes Kind.«
F GUNDA *schluchzend* Liebes Kind.
HELLINGER »Ich vermisse dich sehr.«
F GUNDA Ich vermisse dich sehr.
HELLINGER »Ich lasse dich jetzt ziehen mit Liebe.«
F GUNDA Ich lasse dich jetzt ziehen mit Liebe.
HELLINGER »Doch in meiner Seele hast du immer einen Platz.«
F GUNDA »Doch in meiner Seele hast du immer einen Platz.
HELLINGER *zum Sohn* Sage ihr: »Mama, jetzt ist es gut.«
+2 ZWEITES KIND † Mama, jetzt ist es gut. *Schluchzt.*
HELLINGER Ganz ruhig, ganz ruhig. Und jetzt ziehe dich zurück, noch ein Stück, so.

Bild 20

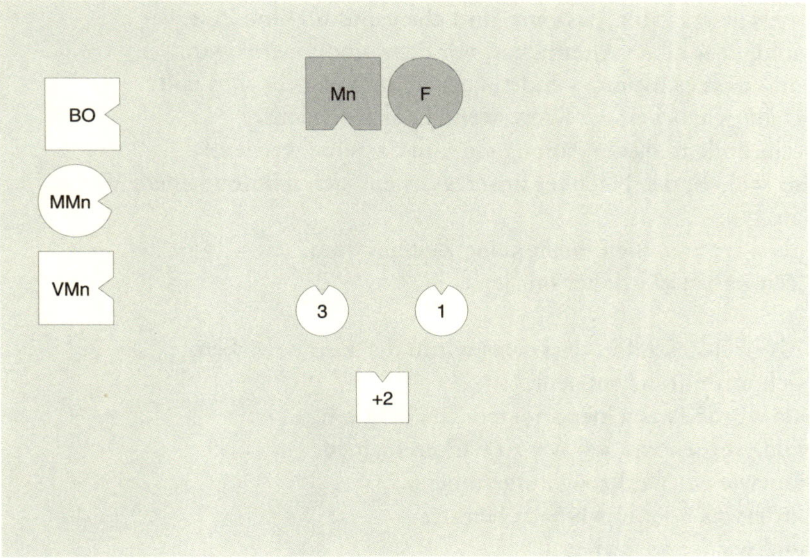

HELLINGER *zum Paar* Da lasse ich es jetzt. Einverstanden?
F GUNDA Ja.
Mn PETER Ja.
HELLINGER Okay, gut.
zum Stellvertreter des Sohnes Raus aus der Rolle, so, richtig. Du musst die Augen aufmachen. Ja?
zur Gruppe Es ist wichtig, dass man aus solchen Rollen sofort rausgeht.

Ich glaube, hier ist deutlich geworden, wie tief Kinder ihre Eltern lieben. Welche Kraft dahinter ist. Von wegen, die Kinder muss man ein bisschen gern haben, und dann gedeihen sie. Das ist völlig oberflächlich und wird der Tiefe der Kräfte, die da wirken, überhaupt nicht gerecht. Diese Liebe ist jenseits von Leben und Tod. Sie ist größer als das eine und das andere.

Ich erzähle euch eine Geschichte.

Der Kreis

Ein Betroffener bat einen, der mit ihm ein Stück des gleichen Weges ging:
»Sage mir, was für uns zählt.«

Der andere gab ihm zur Antwort:
»Als erstes zählt, dass wir am Leben sind für eine Zeit,
so dass es einen Anfang hat, vor dem schon vieles war,
und dass es, wenn es endet, zurück ins Viele vor ihm fällt.
Denn wie bei einem Kreis, wenn er sich schließt,
sein Ende und sein Anfang ein und dasselbe werden,
so schließt das Nachher unseres Lebens sich nahtlos seinem Vorher an,
als wäre zwischen ihnen keine Zeit gewesen.
Zeit haben wir daher nur jetzt.

Als nächstes zählt, dass, was wir in der Zeit bewirken,
sich uns mit ihr entzieht,
als würde es zu einer anderen Zeit gehören,
und würden wir, wo wir zu wirken meinen,
nur wie ein Werkzeug aufgehoben,
für etwas über uns hinaus benutzt
und wieder weggelegt.
Entlassen werden wir vollendet.«

Der Betroffene fragte:
»Wenn wir, und was wir wirken, jedes zu seiner Zeit besteht und endet,
was zählt, wenn unsere Zeit sich schließt?«

Der andere sprach:
»Es zählt das Vorher und das Nachher als ein Gleiches.«

Dann trennten ihre Wege sich,
und ihre Zeit.
Und beide hielten an
und inne.

Zusammenfassung

Die Verstrickung *Der Mann hatte einen behinderten Onkel. Sein Vater wollte sich umbringen. Auch er wollte sich umbringen. Seine Frau war bereit, es an seiner Stelle zu tun, doch der Sohn hat es mit 25 Jahren gemacht.*

Die Lösung *Der Mann kommt zur Ruhe neben seinem behinderten Onkel und seinem Vater. Der Sohn kommt zur Ruhe neben seiner Mutter. Er wird mit dem Rücken vor beide Eltern gestellt und dann ihnen gegenüber.*

Der Mann sagt dem Sohn: »Wir vermissen dich sehr. Ich danke dir, dass du es für mich getan hast. Ich nehme es von dir als ein Geschenk. Ich halte dich in Ehren als meinen Sohn und lasse dich jetzt in Frieden.«

Der Sohn sagt ihm: »Danke, Vater. Jetzt ist es gut. Es darf vorbei sein.«

Die Frau sagt dem Sohn: »Liebes Kind, ich vermisse dich sehr. Ich lasse dich jetzt ziehen mit Liebe. Doch in meiner Seele hast du immer einen Platz.«

Der Sohn sagt ihr: »Mama, jetzt ist es gut.«

Schlussbetrachtung

Die Versöhnung

Unser Kurs geht jetzt zu Ende. Es war ein reicher Kurs. Ihr wart sehr aufmerksam. Wir konnten hier bei vielen Paaren sehen, wie Versöhnung auch dort gelingt, wo es manchmal unmöglich scheint. Und wir konnten sehen, wie Paarbeziehungen beeinflusst werden von Verstrickungen, die beiden Partnern nicht bewusst sind. Dann sind sie in einem unbewussten Konflikt gefangen. Wenn man etwas weiß über Ordnungen der Liebe und wie man diese Ordnungen wieder ins Spiel bringt, dann kann man viel Gutes tun.

Die Aufstellungen

Ich möchte noch etwas sagen zu diesen Aufstellungen. Das ist eine Methode, die eigentlich ganz einfach ist. Man nimmt ein paar Leute, stellt sie auf und findet die Ordnung. Es ist ein ganz mächtiges Instrument, und man muss es benutzen mit Furcht und Zittern. Wie leicht kann man danebengehen. Wenn man zum Beispiel nicht herausfindet, wo die Verstrickung liegt, und einem etwas zuschiebt, das ihm nicht zugeschrieben werden darf. Man kann damit auch Verheerendes anrichten, wenn man nicht im Einklang ist.

Um das Aufstellen anzuwenden, braucht es auch ein weites Feld von Erfahrung, von Psychotherapieerfahrung, von den Kräften, die in der Seele wirken, und wie man damit umgeht. Und man soll behutsam sein, ganz behutsam, immer im Blick auf die, die Hilfe brauchen.

Wenn man in die Situation kommt, eine Aufstellung zu machen, und man hat selber Angst, ist man am besten vorbereitet dafür. Denn die Angst macht vorsichtig. Und sie bringt uns in Einklang. Wenn wir das aber machen wie ein Spiel, wie ein Rollenspiel, dann ist das gefährlich. Das achtet nicht die Tiefe der Kräfte, die wirken. Das möchte ich euch zu bedenken geben.

Man darf keine Aufstellung nur aus Neugierde machen, weil einer einmal wissen will: Was ist in meiner Familie? Nur wenn es etwas Ernstes ist, wenn es Probleme gibt, die nicht zu lösen sind, kann man das Familien-Stellen anwenden und sollte es auch machen.

Die Ebenen

Das Familien-Stellen wirkt auf verschiedenen Ebenen. Wenn einer von den Ordnungen weiß, dann kann er in leichteren Fällen auch aufstellen.

Wo es aber um Leben und Tod geht, ist etwas ganz anderes im Spiel. Es gibt eine innere Methode, mit der man dann vorgeht. Man geht in die Mitte, in die leere Mitte. Je tiefer wir da hineinreichen in die leere Mitte, desto selbstverständlicher gibt es Wirkungen nach außen, die man sich nicht erklären kann. Denn in der Mitte ist man am meisten mit allem verbunden und im Einklang.

Der Weg

Wer diese Art von Arbeit macht, der geht auf einen Weg. Einen spirituellen Weg, könnte man es nennen, wenn das Wort nicht so groß wäre. Man wird gezwungen zu Verhaltensweisen, zu Einsichten, zur Demut, zur Gelassenheit, zur Milde, je mehr man das macht. Und so reift man mit der Arbeit. Je mehr man reift, desto schöner kann man es machen. Das gebe ich euch noch mit am Ende dieses Kurses.

Also, auf Wiedersehen!

Veröffentlichungen von und über Bert Hellinger

Grundlagen

***Zweierlei Glück.** Die systemische Psychotherapie Bert Hellingers*
Herausgegeben von Gunthard Weber 1993

13. *überarb. Auflage* 2000. 338 *Seiten. ISBN* 3-89670-005-7. *Carl-Auer-Systeme Verlag*

In lebendigem Wechsel von Vorträgen, Fallbeispielen und Geschichten führt Gunthard Weber umfassend in die Denk- und Vorgehensweisen Bert Hellingers ein. Das übersichtlich gegliederte Buch beschäftigt sich ausführlich mit den verschiedenen Aspekten von Beziehungen, mit den »Bedingungen für das Gelingen«, dem »Gewissen als Gleichgewichtssinn in Beziehungen«, den Beziehungen zwischen Eltern und Kindern« sowie den Paarbeziehungen, den systemischen Verstrickungen und ihren Lösungen und abschließend mit der Praxis systembezogener Psychotherapie.

***Ordnungen der Liebe.** Ein Kursbuch* 1994

6. *überarb. und ergänzte Auflage* 2000. 528 *Seiten. ISBN* 3-89670-000-6, *Carl-Auer-Systeme Verlag*

Dies ist ein Kursbuch in mehrfachem Sinn. Erstens werden ausgewählte therapeutische Kurse wortgetreu wiedergegeben. So kann der Leser am Ringen um Lösungen teilnehmen, als wäre er selbst mit dabei. Zweitens werden Hellingers therapeutische Vorgehensweisen ausführlich dargestellt und erläutert, vor allem seine besondere Art, Familien zu stellen. Drittens nimmt Hellinger den Leser auf den Erkenntnisweg mit, der zum Erfassen der hier beschriebenen Ordnungen führt. Abschließend erläutert Hellinger in einem längeren Interview seine Einsichten und Vorgehensweisen.

***Die Quelle braucht nicht nach dem Weg zu fragen.** Ein Nachlesebuch*

erscheint Frühjahr 2001. 400 *Seiten. ISBN* 3-89670-183-5, *Carl-Auer-Systeme Verlag*

Die in diesem Buch gesammelten Aussagen wurden ursprünglich in Kursen über das Familien-Stellen als Einleitungen gesprochen oder als Zwischenerklärungen oder als Zusammenfassungen zu dem, was vorangegangen war, oder auch als Antworten auf Fragen und einige als Interviews. Alle diese Aussagen haben ein Umfeld. Der Kontext färbt auf sie ab und macht sie lebendig. Sie behandeln ein Thema nicht vollständig, sondern bringen es auf den Punkt, der es dem Hörer und Leser ermöglicht, entsprechend zu handeln. In diesem Buch wurden sie übersichtlich nach Themen geordnet

***Anerkennen, was ist.** Gespräche über Verstrickung und Lösung*
Zusammen mit Gabriele ten Hövel 1996

10. *Auflage* 2000. 198 *Seiten. ISBN* 3-466-30400-8. *Kösel Verlag*

In dichten Gesprächen mit der Journalistin Gabriele ten Hövel gibt Hellinger Einblick in die Hintergründe seines Denkens und Tuns. Und er zeigt, wie über die Anerkennung der Wirklichkeit auch in schwierigen Fragen die Verständigung gefunden und ein Ausgleich erreicht werden kann. Ein Glossar macht den Inhalt über zahlreiche Stichworte zugänglich.

Die Mitte fühlt sich leicht an. *Vorträge und Geschichten* 1996

7. erweiterte Auflage 2000. 248 *Seiten. ISBN* 3-466-30460-1. *Kösel Verlag*

Hellingers grundlegende Vorträge und Geschichten sind hier gesammelt vorgestellt. Sie kreisen um die gleiche Mitte, eine verborgene Ordnung, nach der Beziehungen gelingen oder scheitern.

Diese Vorträge und Geschichten sind auch auf CD und Video erhältlich, ebenso wie die folgenden Videos, CDs und Audiokassetten: alle im Carl-Auer-Systeme Verlag, Weberstraße2, D-69120 Heidelberg, Fax: 06221/64 38 22, Email: info@carl-auer.de.

CD-Paket 1 (2 CDs) bzw. Video 1

Schuld und Unschuld in Beziehungen (Vortrag)

Geschichten, die zu denken geben

141 Minuten

ISBN 3-931574-48-2 (CD)

ISBN 3-931574-54-7 (Video)

CD-Paket 2 (2 CDs) bzw. Video 2

Die Grenzen des Gewissens (Vortrag)

Geschichten, die wenden

135 Minuten

ISBN 3-931574-49-0 (CD)

ISBN 3-931574-55-5 (Video)

CD-Paket 3 (3 CDs) bzw. Video 3

Ordnungen der Liebe (Vortrag)

Geschichten vom Glück

206 Minuten

ISBN 3-931574-50-4 (CD)

ISBN 3-931574-56-3 (Video)

CD-Paket 4 (2 CDs) bzw. Video 4

Leib und Seele, Leben und Tod (Vortrag)

Psychotherapie und Religion (Vortrag)

120 Minuten

ISBN 3-89670-066-9 (CD)

ISBN 3-89670-067-7 (Video)

Finden, was wirkt. Therapeutische Briefe 1993

Erw. Neuauflage. 10. *Auflage* 2000. 191 *Seiten. ISBN* 3-466-30389-3. *Kösel Verlag*

Diese Briefe geben knapp und verdichtet – meist unter 20 Zeilen! – Antwort auf Fragen von Menschen in Not und zeigen, oft überraschend und einfach, die heilende Lösung. Sie lesen sich wie kleine Geschichten, denn jeder Brief erzählt verschlüsselt ein Schicksal. Es geht um die Themen: »Mann und Frau«, »Eltern und Kinder«, «Leib und Seele«, dem »tragenden Grund« und »Abschied und Ende«.

Religion, Psychotherapie, Seelsorge 2000

232 *Seiten. ISBN* 3-466-3526-8. *Kösel Verlag*

Dass eine Familie durch eine gemeinsame Seele verbunden, aber auch gesteuert wird, hat Bert Hellinger schon in vielen Publikationen dokumentiert. Seine Methode des Familien-Stellesn hat gezeigt, dass wir in größere Zusammenhänge eingebunden sind, die unser Leben unabhängig von unseren Ängsten und Wünschen beeinflussen. Die tiefgreifenden Auswirkungen des Holocaust in den nachfolgenden Generationen sind nur ein Beleg dafür.

Diese Erfahrungen gehen weit über unserre traditionellen Gottesbilder und religiösen Haltungen hinaus. Auch die bisherige Seelsorge wird solchen Erkenntnissen nicht mehr gerecht. Hellinger nähert sich diesen religiösen Fragen deshalb auf eine neue Weise.

Verdichtetes. Sinnsprüche – Kleine Geschichten – Sätze der Kraft 1995

5. *Auflage* 2000. 109 *Seiten. ISBN* 3-89670-001-4. *Carl-Auer-Systeme Verlag*

Die hier gesammelten Sprüche und kleinen Geschichten sind während der therapeutischen Arbeit entstanden. Sie sind nach Themen geordnet: »Wahrnehmen, was ist«, »Die größere Kraft«, »Gut und Böse«, »Mann und Frau«, »Helfen und Heilen«, »Leben und Tod«. Ihr ursprünglicher Anlass scheint manchmal noch durch, doch reichen sie weit darüber hinaus. Gewohntes Denken wird erschüttert, verborgene Ordnungen kommen ans Licht.

In den Sätzen der Kraft verdichtet sich heilendes Sagen und Tun. Sie bringen eine Lösung in Gang, wenn jemand in ein fremdes Schicksal verstrickt ist oder in persönliche Schuld, und machen für Kommendes frei.

Einsicht durch Verzicht. Der phänomenologische Erkenntnisweg in der Psychotherapie am Beispiel des Familien-Stellens (Vortrag)

Audio-Cassette 1999. 57 *Minuten. ISBN* 3-89670-164-9. *Carl-Auer-Systeme Verlag*

Auf dem phänomenologischen Erkenntnisweg setzt man sich der Vielfalt von Erscheinungen aus, ohne zwischen ihnen zu wählen oder zu werten. Die Aufmerksamkeit ist dabei zugleich gerichtet und ungerichtet, gesammelt und leer. Auf diese Weise gewinnt der Therapeut beim Familien-Stellen die Einsichten über das bisher Verborgene und findet die Wege, die aus Verstrickungen lösen. Worauf er dabei zu achten hat, zeigt dieser Vortrag.

Vom Himmel, der krank macht, und der Erde, die heilt *(Vortrag)*
Leiden ist leichter als lösen *(Vortrag)*

2 Audio-Cassetten. 1995/1993. Je 60 Minuten. ISBN 3-89670-047-2. Carl-Auer-Systeme Verlag

Der Vortrag »Vom Himmel, der krank macht, und der Erde, die heilt« beschreibt die grundlegenden Dynamiken, die in Familien zu schweren Krankheiten führen, oder zu Unfällen und Selbstmord, und zeigt, was solche Schicksale manchmal noch wendet (ähnlich dem Vortrag »Ordnung und Krankheit«). Auch im Buch »Ordnungen der Liebe«.

»Leiden ist leichter als lösen« ist ein Radiointerview mit Gabriele ten Hövel. Der Text findet sich auch im Buch »Anerkennen, was ist«.

Re-Viewing Assumptions. *Eine Debatte mit Anne Ancelin Schützenberger, Bert Hellinger und Rupert Sheldrake über Phänomene, die unsere Weltsicht in Frage stellen*

1 VHS-Cassette 2000. ca. 70 Minuten. ISBN 3-89670-161-4. Carl-Auer-Systeme Verlag

Dieses Video dokumentiert den Aufbruch in neue, vielversprechende Felder des therapeutischen, philosophischen und spirituellen Dialogs.

Paartherapie

Wie Liebe gelingt. *Die Paartherapie Bert Hellingers*
Herausgegeben von Johannes Neuhauser 1999

2. Auflage 2000. 360 Seiten. ISBN 3-89670-105-3. Carl-Auer-Systeme Verlag

Dieses Buch dokumentiert Bert Hellingers zwanzigjährige Erfahrung in der Arbeit mit Paaren. Die vielen Beispiele aus Hellingers Gruppen- bzw. Rundenarbeit und seinen Paar- bzw. Familienaufstellungen sind lebensnah und lösungsorientiert.

Im Zentrum der ausführlichen Erläuterungen und der Gespräche mit Hellinger steht der Lebenszyklus in Paarbeziehungen: das erste Verliebtsein, die Bindung, gemeinsame Elternschaft oder Kinderlosigkeit, schmerzhafte Paarkrisen, das Scheitern der Beziehung und die klare Trennung, das gemeinsame Altwerden und der Tod. Der Herausgeber Johannes Neuhauser hat für dieses Buch seit 1995 Hunderte von Paartherapien Hellingers aufgezeichnet und ausgewertet.

Wie Liebe gelingt. *Die Paartherapie Bert Hellingers*

5 VHS-*Cassetten* 1999. 12 ½ *Stunden. ISBN* 3-89670-087-1. *Carl-Auer-Systeme Verlag*

Dieses Video dokumentiert Bert Hellingers Rundenarbeit und das Familien-Stellen mit 15 Paaren in einer Kleingruppe. Es zeigt zum ersten Mal, wie Hellinger vor und nach dem Familien-Stellen mit den Paaren arbeitet, zum ersten Mal kann man ihm sozusagen über die Schulter schauen und die vielschichtigen Interventionen beobachten.

Wir gehen nach vorne. *Ein Kurs für Paare in Krisen* 2000

288 *Seiten. ISBN* 3-89670-103-7. *Carl-Auer-Systeme Verlag*

Wenn Partner in ihrer Beziehung leiden, obwohl sie einander lieben, dann bleiben ihre Appelle an den gegenseitigen guten Willen und ihre Anstrengungen oft vergebens. Denn Krisen in Paarbeziehungen haben oft haben mit Verstrickungen in der Herkunftsfamilie zu tun. Dieses Buch zeigt, wie man die eigentlichen Hintergründe ans Licht bringt und wie überraschend leicht Lösungen fallen, wenn sie bewusst sind.

Wir gehen nach vorne. *Ein Kurs für Paare in Krisen*

Video Edition. 3 *Videos ca.* 9½ *Stunden. ISBN* 3-89670-175-4. *Carl-Auer-Systeme Verlag*

Das Video zum gleichnamigen Buch.

Kurztherapien

Mitte und Maß. *Kurztherapien* 1999

2.*Auflage* 2000. 280 *Seiten. ISBN* 3-89670-130-4. *Carl-Auer-Systeme Verlag*

Den in diesem Buch erstmals dokumentierten 63 Kurztherapien ist gemeinsam, dass sich die Lösungen unmittelbar aus dem Geschehen ergeben und daher jedesmal anders und einmalig sind. Dazwischen gibt Hellinger weiterführende Hinweise, zum Beispiel über die Trauer, die Toten, die Hintergründe von schwerer Krankheit oder von Selbstmord, und er beschreibt den Erkenntnisweg, der zur Vielfalt der hier dokumentierten Lösungen führt.
Man kann diese Kurztherapien lesen wie Kurzgeschichten, manchmal aufwühlend, manchmal erheiternd, manchmal voller Dramatik und dann wieder besinnlich und still.

Was in Familien krank macht und heilt

Wo Ohnmacht Frieden stiftet. *Familien-Stellen mit Opfern von Trauma, Schicksal und Schuld* 2000

270 *Seiten. ISBN* 3-89670-111-8. *Carl-Auer-Systeme Verlag*

In diesem Buch wird an vielen Beispielen beschrieben, wie Opfern von Trauma, Schicksal und Schuld geholfen werden kann, sich ihrem Schicksal zu stellen und aus der Zustimmung zu ihren Grenzen ihre Würde zu wahren und Frieden zu finden. Dabei werden auch Vorgehensweisen dokumentiert, die über die bisherigen Methoden des Familien-Stellens hinausführen.

Wo Ohnmacht Frieden stiftet. *Familien-Stellen mit Opfern von Trauma und Schicksal*

3 *VHS-Cassetten.* 2000. 6 ½ *Stunden. ISBN* 3-89670-082-0. *Carl-Auer-Systeme Verlag*

Das Video zum gleichnamigen Buch

Was in Familien krank macht und heilt. *Ein Kurs für Betroffene* 2000

2. *Auflage* 2000. 288 *Seiten. ISBN* 3-89670-123-1. *Carl-Auer-Systeme Verlag*

Dieses Buch führt die bereits veröffentlichten Dokumentationen über das Familien-Stellen mit Kranken in wesentlichen Punkten weiter. Es vermittelt vertiefte Einsichten in die familiengeschichtlichen Hintergründe von schwerer Krankheit und Selbstmordgefährdung und dokumentiert das Familien-Stellen in neuen Zusammenhängen, wie Sucht, religiöser Verstrickung, Trauma und tragischen Schicksalsschlägen.

Was in Familien krank macht und heilt. *Ein Kurs für Betroffene*

3 *VHS-Cassetten.* 1999. 9 ½ *Stunden. ISBN* 3-89670-160-6. *Carl-Auer-Systeme Verlag*

Das Video zum gleichnamigen Buch

Wo Schicksal wirkt und Demut heilt. *Ein Kurs für Kranke* 1998

310 *Seiten. ISBN* 3-89670-029-4. *Carl-Auer-Systeme Verlag*

Dieses Buch dokumentiert das Familien-Stellen mit Kranken und die familiengeschichtlichen Hintergründe von schwerer Krankheit, von Unfällen und Selbstmord. Bert Hellinger erklärt ausführlich die einzelnen Schritte und vermittelt dadurch auch eine umfassende Einführung in das Familien-Stellen. Darüber hinaus enthält dieses Buch zahlreiche Beispiele von Kurztherapien.

Wo Schicksal wirkt und Demut heilt. *Familien-Stellen mit Kranken*

3 *VHS-Cassetten.* 1998. 9 ½ *Stunden. ISBN* 3-89670-060-X. *Carl-Auer-Systeme Verlag*

Das Video zum gleichnamigen Buch.

Schicksalsbindungen bei Krebs. *Ein Kurs für Betroffene, ihre Angehörigen und Therapeuten* 1997

2. *Auflage* 1998. 202 *Seiten. ISBN* 3-89670-008-1. *Carl-Auer-Systeme Verlag*

Dieses Buch dokumentiert am Beispiel von Krebs, wie Schicksalsbindungen in der Familie schwere Krankheiten mitbedingen und aufrechterhalten. Und es zeigt, wie die Liebe, die krank macht, sich löst in Liebe, die heilt.

Bert Hellinger arbeitet mit Krebskranken. *Ein Kurs für Betroffene, ihre Angehörigen und Therapeuten*

2 *VHS-Cassetten.* 7 ½ *Stunden. ISBN* 3-89670-007-3. *Carl-Auer-Systeme Verlag*

Das Video zum Buch: »Schickalsbindungen bei Krebs«.

Die größere Kraft. *Bewegungen der Seele bei Krebs* 2001
Herausgegeben von Michaela Kaden

Erscheint Frühjahr 2001. 220 *Seiten. ISBN* 3-89670-181-9. *Carl-Auer-Systeme Verlag*

Dieses Buch dokumentiert einen Kurs für Krebskranke in Salzburg. Es führt die Einsichten über die familiengeschichtlichen Hintergründe bei Krebs weiter. Es achtet noch genauer auf die Bewegungen der Seele, die auf der einen Seite die Krankheit aufrechterhalten und auf der anderen Seite die Hinwendung zum Leben ermöglichen.

Familien-Stellen mit Kranken. *Dokumentation eines Kurses für Kranke, begleitende Psychotherapeuten und Ärzte* 1995

3. *erweiterte u. überarb. Auflage* 1998. 339 *Seiten. ISBN* 3-89670-018-9. *Carl-Auer-Systeme Verlag*

Ein praxisnaher Einführungskurs in das Familien-Stellen mit Kranken und in die familiengeschichtlichen Hintergründe von chronischer und lebensbedrohender Krankheit. Im Anhang finden sich Rückmeldungen und Ergänzungen ein Jahr nach dem Kurs.

Familien-Stellen mit Kranken. *Ein Kurs für Kranke, begleitende Psychotherapeuten und Ärzte*

3 *VHS-Cassetten.* 1995. 10 *Stunden. ISBN* 3-927809-55-1. *Carl-Auer-Systeme Verlag*

Das Video zum gleichnamigen Buch.

Familienstellen mit Psychosekranken. *Ein Kurs mit Bert Hellinger*
Herausgegeben von Robert Langlotz 1998

232 *Seiten. ISBN* 3-89670-101-0. *Carl-Auer-Systeme Verlag*

Dieses Buch dokumentiert Bert Hellingers therapeutische Arbeit – vor allem das Familien-Stellen – in einem Kurs mit 25 Psychosekranken. Robert Langlotz hat viele Patienten nachbefragt und die Ergebnisse kommentiert in diesen Band aufgenommen. Er fasst die Verstrickungen, Verwirrungen und Loyalitätskonflikte zusammen, die durch die Aufstellungen der Psychosekranken sichtbar werden. Dieser erste Erfahrungsbericht lässt neue Sichtweisen, psychotisches Verhalten zu verstehen, aufleuchten und macht Mut, das Familien-Stellen als diagnostisches und therapeutisches Instrument in der stationären und ambulanten Psychotherapie anzuwenden.

Ordnung und Krankheit. *Vortrag und therapeutisches Werkstattgespräch* 1994 *(Video)*

130 *Minuten. ISBN* 931574-74-1. *Carl-Auer-Systeme Verlag*

Der Vortrag »Ordnung und Krankheit« beschreibt, was in Familien zu schweren Krankheiten, Unfällen und Selbstmord führt und was solche Schicksale wendet.
Im therapeutischen Werkstattgespräch erläutert Hellinger anhand von dreißig Fragen seine Psychotherapie und erzählt aus der Praxis seiner Arbeit. Die Fragen stellt Johannes Neuhauser.

Das besondere Thema

Der Abschied. *Nachkommen von Tätern und Opfern stellen ihre Familie* 1998

2.*erweiterte Auflage* 2001. 380 *Seiten. ISBN* 3-89670-092-8. *Carl-Auer-Systeme Verlag*

Wie Schuld und Schicksal von Tätern und Opfern des Nationalsozialismus auf deren Nachkommen wirken, dem ist Hellinger seit Jahren in seinen Kursen für Kranke begegnet. Mit den Kranken musste er sich den Tätern und Opfern in ihren Familien stellen und versuchen, im Einklang mit ihnen das Leid für ihre Nachkommen zu mildern und vielleicht zu beenden. Dieses Buch dokumentiert diese Versuche. Dabei kommen sowohl die Überlebenden und die Nachkommen zu Wort als auch die Schuldigen und die Toten. Wenn sie geachtet sind, ziehen sie sich still zurück, und die Lebenden ziehen frei über die Grenze, die sie von den Toten noch trennt.

Das Überleben überleben. *Nachkommen von Überlebenden des Holocaust stellen ihre Familie*

VHS-Cassette (2 ¼ *Stunden)* 1998. *ISBN* 3-89670-074-X *Carl-Auer-Systeme Verlag*
Video zum Buch »Der Abschied«.

Die Toten. *Was Opfer und Täter versöhnt*

1 *VHS-Cassette.* 1999. 60 *Minuten. ISBN* 3-89670-163-0. *Carl-Auer-Systeme Verlag*
Dieses Video dokumentiert die wohl bewegendste Aufstellung Bert Hellingers mit einem Überlebenden des Holocaust. Sie bringt auf erschütternde Weise ans Licht, dass die Opfer und ihre Mörder ihr Sterben erst vollenden, wenn sie beide einander als Tote begegnen. Und wenn sich beide im Zustand, der alle Unterschiede aufhebt, einem gemeinsamen übermächtigen Schicksal ausgeliefert erfahren, das jenseits aller menschlicher Unschuld und Schuld über sie verfügt und sie jetzt im Tod geläutert in Liebe eint und versöhnt.
Video zum Buch »Der Abschied«.

Systemische Lösungen nach Bert Hellinger

Haltet mich, dass ich am Leben bleibe. *Lösungen für Adoptierte* 1998

240 *Seiten. ISBN* 3-89670-92-8. *Carl-Auer-Systeme Verlag*
Der hier dokumentierte Kurs für erwachsene Adoptierte zeigt, wie die Bindung des Kindes an seine leiblichen Eltern weiterwirkt. Es zeigt aber auch, wie diese Bindung auf eine Weise gelöst werden kann, die es dem Adoptivkind ermöglicht, sich seinen neuen Eltern zuzuwenden und von ihnen den Halt und die Liebe zu nehmen, die sie ihm schenken.

Haltet mich, daß ich am Leben bleibe. *Lösungen für Adoptierte*

2 *VHS-Cassetten.* 1997. 7 *Stunden. ISBN* 3-89679-061-8. *Carl-Auer-Systeme Verlag*
Das Video zum gleichnamigen Buch.

In der Seele an die Liebe rühren. *Familien-Stellen mit Eltern und Pflegeeltern von behinderten Kindern* 1998

120 *Seiten. ISBN* 3-89670-093-6. *Carl-Auer-Systeme Verlag*
Eltern, die ein behindertes Kind haben, und Pflegeeltern, die ein solches Kind aufnehmen, werden vom Schicksal dieser Kinder auf eine besondere Weise in Dienst genommen. Wie ihre Liebe an diesem Schicksal und dieser Aufgabe wächst, wird uns in diesem Buch bewegend vor Augen geführt.

In der Seele an die Liebe rühren. *Familien-Stellen mit Eltern und Pflegeeltern behinderter Kindern*

1 *VHS-Cassette.* 1998. 2 ½ *Stunden. ISBN* 3-89670-064-2. *Carl-Auer-Systeme Verlag*
Das Video zum gleichnamigen Buch.

Wenn Ihr wüsstet, wie ich euch liebe
Von Jirina Prekop und Bert Hellinger 1998

2. *Auflage* 1998. 276 *Seiten. ISBN* 3-466-30470-9. *Kösel Verlag*
Wie schwierigen Kindern durch Familien-Stellen und Festhalten geholfen werden kann. Manche Kinder fordern ihre Umwelt in besonderem Maße heraus. Jirina Prekop und Bert Hellinger erkannten, dass die Gründe oftmals im verborgenen liegen und Ergebnis einer gestörten Ordnung des familiären Systems sind. Anhand von neun Fallgeschichten zeigen sie, wie Betroffene ihre Familien aufgestellt haben, um mögliche systemische Verstrickungen aufzudecken. Man nimmt daran teil, wie ihnen die Festhaltetherapie ermöglichte, das Erlebte emotional nachzuvollziehen. Eindrucksvoll erfährt der Leser, wie beide Methoden helfen, die Liebe zwischen Eltern und Kindern zu erneuern.

Kindliche Not und Kindliche Liebe. *Familien-Stellen und systemische Lösungen in Schule und Familie*
Von Sylvia Gomez Pedra (Hrsg.) u. Mitwirkung von Bert Hellinger 2000

224 *Seiten. ISBN* 3-89670-149-5. *Carl-Auer-Systeme Verlag*
Gestörtes und auffälliges Verhalten von Kindern bringt Eltern und andere erwachsene Begleiter oft an den Rand ihrer Kräfte, löst Aggressionen und Unverständnis aus und endet nicht selten in einem Ausschluss des schwierigen Kindes aus dem normalen Umfeld. Dieses Buch bietet hier konkrete Hilfe an. Die Autoren bringen ihre vielfältigen Erfahrungen als Therapeuten, Lehrer und Eltern ein, um zusammen mit den Betroffenen hinter Verhaltensstörungen und Krankheiten bei Kindern zu schauen. Werden einmal jene Beweggründe erkannt, die Kinder tatsächlich in auffälliges Verhalten treiben, so lassen sich auch die Kraftquellen in der Familie erschließen, aus denen ihnen Ruhe und Sicherheit zukommt.

Organisationsberatung und Organisationsaufstellungen. *Werkstattgespräch über die Beratung von (Familien-)Unternehmen, Institutionen und Organisationen. 26 Fragen an Bert Hellinger*
Interview: Johannes Neuhauser.

1 *VHS-Cassette.* 1998. 35 *Minuten. ISBN* 3-89670-077-4. *Carl-Auer-Systeme Verlag*

Literarisches

Rainer Maria Rilke: Duineser Elegien
Eingeführt und gelesen von Bert Hellinger

Doppel-CD. 135 Minuten. ISBN 3-89670-169-X. Carl-Auer-Systeme Verlag

Rilkes *Duineser Elegien* und seine *Sonette an Orpheus* haben Bert Hellinger lange begleitet. Hellinger führt die Hörer in diese Dichtungen ein und liest Rilkes Werke einfühlsam und gesammelt, so dass ihr Sinn sich der Seele erschließt.
Die *Duineser Elegien* sind Klagelieder, und zwar von jener seltsamen Art, die den Verlust, den sie beklagen, am Ende als Fortschritt und Vollendung erscheinen lassen. In den *Duineser Elegien* stellt sich Rilke den letzten Wirklichkeiten: dem Tod, der Verwandlung und dem Sinn – und fügt sich ihnen; doch so, dass er dennoch das uns verbleibende Hiesige feiert und preist.

Rainer Maria Rilke: Sonette an Orpheus
Eingeführt und gelesen von Bert Hellinger

Doppel-CD. 90 Minuten. ISBN 3-89670-168-1. Carl-Auer-Systeme Verlag

Die *Sonette an Orpheus* atmen die gelöste Klarheit der Vollendung. Was Rilke in den *Duineser Elegien* erst nach langem inneren Ringen gelang, wird hier ohne Bedauern bejaht und gefeiert: das Ganze des Daseins, wie es sich wandelt im Entstehen wie im Vergehen und Lebende wie Tote gleichermaßen umfasst. Als Sinnbild für dieses Ganze dient Rilke die Figur Orpheus. In ihm verdichten sich beide Bereiche zu Musik und Gesang.

***Der späte Rilke.** Der Weg zu den Elegien und Sonetten*
Von Dieter Bassermann .Mit einem Vorwort von Bert Hellinger

268 Seiten. ISBN 3-89670-134-7. Carl-Auer-Systeme Verlag

Die großartigen Visionen in Rilkes *Duineser Elegien* und den *Sonetten an Orpheus* haben sich in der intensiven Begegnung mit menschlichen Schicksalen als wegweisend und hilfreich erwiesen. Vielen gewagten Schritten, die Hellinger beim Familien-Stellen geht, liegen Einsichten zugrunde, die sich ihm aus diesem Buch eröffneten. Sie lösten am Ende in den Beteiligten Erfahrungen aus, die weit über den unmittelbaren Anlass und die naheliegende Lösung hinauswiesen. Andererseits hat das Familien-Stellen viele der gewagten Aussagen Rilkes als gültige Erfahrungen und Einsichten bestätigt.

Zeitschrift

***Praxis der Systemaufstellung.** Beiträge zu Lösungen in Familien und Organisationen*

Erscheint zweimal jährlich. Abonnement, Versand und Information: Internationale Arbeitsgemeinschaft (AG) Systemische Lösungen nach Bert Hellinger e.V. c/o Akademie im Park, Heidelbergerstr. 1a, D-69168 Wiesloch

Fremdsprachige Ausgaben

In englischer Sprache sind folgende Bücher erhältlich:

Love's Hidden Symmetry. *What Makes Love Work in Relationships*
Bert Hellinger / Gunthard Weber / Hunter Beaumont 1998

352 *pages. ISBN* 1-891944-00-2 *Carl-Auer-Systeme Verlag / Zeig, Tucker & Co, Inc.*
Bert Hellinger, Gunthard Weber and Hunter Beaumont have collaborated to present a beautiful collage of poetry, healing stories, transcripts of psychotherapeutic work and moving explanations of the hidden dynamics and symmetry love follows in intimate relationships. Original and provocative enough to change how you think about familiar themes.

Touching Love. *Bert Hellinger at Work with Family Systems. Documentation of a Three-Day-Course for Psychotherapists and their Clients* 1997

186 *pages. ISBN* 3-89670-022-7. *Carl-Auer-Systeme Verlag*
Bert Hellinger demonstrates the Hidden Symmetry of Love operating unseen in the lives of persons suffering with serious illness and difficult life circumstances. This book is a full documentation of a workshop for professionals held near London in February, 1996.

Touching Love (Volume 2). *A Teaching Seminar with Bert Hellinger and Hunter Baumont* 1999

256 *pages. ISBN* 3-89670-122-3
Carl-Auer-Systeme Verlag and Zeig, Tucker & Co, Inc.
This book contains the written documentation of a three-day-course for psychotherapists and their clients. It offers mental health professionals and interested non-professional readers a look in slow-motion at Bert Hellinger and Hunter Beaumont at work.

Acknowledging What Is. *Conversations with Bert Hellinger* 1999

162 *pages. ISBN* 1-891944-32-0. *Zeig, Tucker & Co, Inc.*
Deepen your understanding of Hellinger's transformative ideas on the »Natural Orders of Love« with his latest work – a moving dialog between the tough-minded journalist and the »Caretaker of the Soul«.

Coming soon: ***Supporting Loves*** (»Wie Liebe gelingt« in english)

Six English-language videos documenting Bert Hellinger's work are available in the series *Love's Hidden Symmetry (Volume 1 to 6):*
in PAL (European) format from Carl-Auer-Systeme Verlag
in NTSC (American) format from Zeig, Tucker & Co., Inc.,
(1935 East Aurelius Avenue. Phoenix, AZ 85020-5543, Fax ++1 602 944-8118)

Adoption *(Volume 1)*

1 VHS-Cassette. 90 minutes. ISBN 3-89670-072-3

Hellinger demonstrates how »love's hidden symmetry« can guide families in distress. In this case, workshop participants who are dealing with problems related to adoption discover ways to support hopeful alternatives in their lives.

Honoring the Dead and Facing Death *(Volume 2)*

1 VHS-Cassette. 80 minutes. ISBN 3-89670-154-1

Three different family constellations are presented to reveal the depth and power of this approach as family members struggle to deal with the difficult issues of death and dying.

Blind Love – Enlightened Love *(Volume 3)*

1 VHS-Cassette. 75 minutes. ISBN 3-89670-155-X

This presentation shows how children's blind love for their parents perpetuates family dysfunction. In three family constellations Hellinger demonstrates how this love can be transformed into the enlightened love that supports well-being.

Grieving for Children *(Volume 4)*

1 VHS-Cassette. 70 minutes. ISBN 3-89670-156-8

In this powerful video, four different family systems move toward resolution in the wake of the loss of a child.

Trans-Generational Systemic Effects *(Volume 5)*

1 VHS-Cassette. 70 minutes. ISBN 3-89670-157-6

Hellinger guides participants toward restoration of the flow of love that nurtures growth when entanglements across generations have disrupted it.

Hidden Family Dynamics *(Volume 6)*

1 VHS-Cassette. 70 minutes. ISBN 3-89670-158-4

Four family constellations show the harmful identifications that children sometimes have with parents and grandparents. Hellinger works with participants to acknowledge hidden dynamics and to discover healthy ways to recover compassion and love.

Holding Love. *A Teaching Seminar on Love's Hidden Symmetry*

3 Volumes. Length 7 hours.

in PAL (European) format from Carl-Auer-Systeme Verlag, ISBN 3-89670-173-8

in NTSC (American) format from Zeig, Tucker & Co., Inc., ISBN 1-891944-75-4

(1935 East Aurelius Avenue. Phoenix, AZ 85020-5543, Fax ++1 602 944-8118)

The professional Reference Series documents Bert Hellingers resolution-oriented approach to working with intimate relationship systems. The series is intended primarily for practitioners who wish to learn this approach. Holding Love was recorded in San Francisco (1999). The participants are mental health professionals and their clients, and the work covers a wide range of issues.

Healing Love. *A Teaching Seminar on Love's Hidden Symmetry*

3 Volumes. Length 7 hours.
in PAL (European) format from Carl-Auer-Systeme Verlag, ISBN 3-89670-174-6
in NTSC (American) format from Zeig, Tucker & Co., Inc., ISBN 1-891944-76-2
(1935 East Aurelius Avenue. Phoenix, AZ 85020-5543, Fax ++1 602 944-8118)

Healing Love was recorded in Washington (1999). Like Holding Love it is intended primarily for practioners who wish to learn this approach. The participants are mental health professionals and their clients, and the work covers a wide range of issues

In französischer, italienischer, spanischer und portugiesischer Sprache sind folgende Bücher erhältlich:

Les liens qui libèrent. *La thérapie familiale systémique selon Bert Hellinger*
Gunthard Weber (ed.) 1999
Edition Jacques Grancher, Paris
Die französische Ausgabe von »Zweierlei Glück«.

Riconoscere ciò che è
Urra Apogeo, Milano.
Die italienische Ausgabe von »Anerkennen, was ist«.

Felicidad Dual. *Bert Hellinger y su psicoterapia sistémica*
Gunthard Weber (ed.) 1999
Empresa Editorial Herder, S.A.
Die spanische Ausgabe von »Zweierlei Glück«.

Recononocer lo que es
Empresa Editorial Herder, S.A.
Die spanische Ausgabe von »Anerkennen, was ist«.

A Simetria Oculta do Amor. *Por que o amor faz os relationamentos darem certo*
Bert Hellinger / Gunthard Weber / Hunter Beaumont 1999
Editoria Cultrix Sao Paolo
Die portugiesische Ausgabe von »Love's Hidden Symmetry«.

In Griechisch ist eine Übersetzung von »Love's Hidden Symmetry« erhältlich.

Verwandte Veröffentlichungen

Bücher im Carl-Auer-Systeme Verlag

Derselbe Wind lässt viele Drachen steigen. *Systemische Lösungen im Einklang*
Herausgegeben von Gunthard Weber (in V.)

ca. 400 *Seiten. ISBN* 3-89670-124-x

Dieser Band enthält alle wichtigen Beiträge der 2. Arbeitstagung Systemische Lösungen nach Bert Hellinger im April 1999 in Wiesloch. Er dokumentiert einerseits das Tagungsmotto »Derselbe Wind lässt viele Drachen steigen«, zeigt aber auch, wie sich die Aufstellungsarbeit auf wesentliche Themen menschlicher Schicksale und menschlicher Existenz verdichtet.

Praxis der Organisationsaufstellungen 2000
Herausgegeben von Gunthard Weber

ca. 288 *Seiten. ISBN* 3-89670-117-7

Dies ist das erste Buch, das sich mit der Übertragung der Aufstellungsarbeit Bert Hellingers auf unterschiedlichste Aspekte von Organisationen befasst. Es ist faszinierend zu erfahren, wie in Organisationsaufstellungen – ähnlich wie beim Familien-Stellen – mit Hilfe der Stellvertreter zentrale Dynamiken der aufgestellten Organisationen ans Licht treten und anschließend durch die Entwicklung von Lösungsaufstellungen wichtige und oft langanhaltende Veränderungsanstöße gegeben werden können.

Systemdynamische Organisationsberatung. Handlungsanleitung für Unternehmensberater und Trainer 2000
Von Klaus Grochowiak und Joachim Castella

ca. 320 *Seiten. ISBN* 3-89670-180-0

Dieses Buch stellt eine völlig neue Form der Organisations- und Unternehmensberatung vor. Die Autoren übertragen die systemisch-phönomenologische Methode Bert Hellingers aus dem Kontext der Familientherapie auf Bereiche der Unternehmens- und Organisationsberatung. Die systemdynamische Organisationsberatung wird dabei erstmals in Theorie und Praxis vorgeführt.

Ach wie gut, dass ich es weiß. *Märchen und andere Geschichten in der systemisch-phänomenologischen Therapie* 2000
Von Jakob Robert Schneider und Brigitte Gross

140 *Seiten. ISBN* 3-89670-137-1

Die Autoren stellen zunächst die Grundlagen der phänomenologisch-Systemischen Psychotherapie dar, wie sie von Bert Hellinger praktiziert wird, und fassen die Prozesse zusammen, die sich aus den Bindungen und Verstrickungen in Familien ergeben. Im zweiten und dritten Teil des Buches beschreiben sie die Vorgehensweise der Geschichten-Arbeit und illustrieren an Fallbeispielen die systemische Bedeutung einiger Märchen sowie die Wirksamkeit ihrer Aufdeckung.